LA FÓRMULA DE LA SUERTE

JANICE KAPLAN

BARNABY MARSH

LA
FÓRMULA
DE LA
SUERTE

Cómo usar los principios científicos
de la fortuna para transformar la vida,
el amor y el trabajo

URANO

Argentina – Chile – Colombia – España
Estados Unidos – México – Perú – Uruguay

Título original: *How Luck Happens – Using the Science of Luck to Transform Work, Love, and Life*
Editor original: Dutton – An imprint of Penguin Random House LLC, New York
Traducción: Victoria Simó

1.ª edición Marzo 2019

Copyright © 2018 by Janice Kaplan and Barnaby Marsh
All Rights Reserved
© 2019 de la traducción *by* Victoria Simó
© 2019 by Ediciones Urano, S.A.U
Plaza de los Reyes Magos, 8, piso 1.º C y D – 28007 Madrid
www.edicionesurano.com

ISBN: 978-84-16720-42-2
E-ISBN: 978-84-17312-61-9
Depósito legal: B-5.195-2019

Fotocomposición: Ediciones Urano, S.A.U.

Impreso por: Rotativas de Estella – Polígono Industrial San Miguel
Parcelas E7-E8 – 31132 Villatuerta (Navarra)

Impreso en España – *Printed in Spain*

Para nuestros maravillosos hijos…
Y para todo aquel que desee atraer más suerte al mundo.

Índice

Primera Parte
CÓMO FUNCIONA LA SUERTE

Segunda Parte
CÓMO SER AFORTUNADO

Tercera Parte
SUERTE A LA CARTA

Cuarta Parte
LA OTRA CARA DE LA SUERTE

Quinta Parte
VISIÓN DE CONJUNTO

Prólogo

En Hollywood no hace falta excavar demasiado para encontrar a alguien que conduce un coche de Uber o hace tareas por cuenta de TaskRabbit mientras aguarda el golpe de suerte que lo catapulte al estrellato. Muchos han estudiado un grado superior en arte dramático o han participado en una producción local de *Rent* y ahora necesitan que alguien más reconozca su talento.

«Hay que propiciar la suerte», me dijo Cassie, una pelirroja de mirada vivaz que conocí una cálida tarde de verano en una cafetería de Sunset Boulevard. Estaba atendiendo la barra, donde preparaba su cóctel estrella: mula de Moscú, compuesto de vodka, lima y cerveza de jengibre. (Yo pedí una Coca-cola light.) Pese a todo, la ambición de Cassie en la vida no era preparar la bebida perfecta. Cuando nos pusimos a charlar, me contó que se había graduado hacía poco en la universidad y había viajado más de tres mil kilómetros en un maltrecho Kia para instalarse en Hollywood. Ahora estaba esperando ese encuentro providencial que la ayudaría a convertirse en una estrella.

«Me repito para mis adentros: Harrison Ford», me confesó Cassie.

Ah, sí, el afortunado de Harrison. Sus primeras aventuras son tan legendarias entre los actores aspirantes como las peripecias de Indiana Jones. Cuando llegó a Los Ángeles, en la década de 1960, el talento interpretativo de Ford pasó tan desapercibido que acabó trabajando de carpintero. Un joven director que también trataba de abrirse paso en la industria cinematográfica lo contrató para que le fabricara unos armarios. Se cayeron bien, y el director le ofreció a Ford un papel en la película de bajo presupuesto que estaba rodando. El filme fue rechazado por seis estudios, pero al final, inesperadamente, pegó con fuerza.

La película era *American Graffiti*, que fue dirigida por George Lucas. ¿Por casualidad has oído hablar de él? Pocos años después, un proyecto de Lucas en el que nadie acababa de creer —*Star Wars*— fue aceptado por otro estudio, y el director incluyó a su amiguete Harrison Ford en el reparto.

«¿Crees que encontrarás a tu George Lucas particular en la barra de un bar?», le pregunté a Cassie cuando se acercó a rellenarme el vaso.

«Ya lo creo», respondió ella con una sonrisa.

¿Y por qué no? Había acudido al lugar ideal para que le sonriera la suerte, los alrededores de las colinas de Hollywood, donde viven numerosos productores y directores. Tal vez su próximo cliente fuera un ejecutivo de la Paramount (o, cuando menos, de Disney Channel) que reparara en su potencial.

En el caso de Harrison Ford, el encuentro fortuito con Lucas propició una cascada de acontecimientos que lo convirtió en una de las estrellas más importantes de su generación. De no ser por aquellos armarios, jamás habría saltado a la fama internacional por su papel en *Star Wars*. Otro actor se habría quedado paralizado en un gran bloque de carbonita como le sucedió al genial Han Solo.

La idea de que la casualidad sea tan relevante en la carrera profesional resulta alentadora (¡podría pasarme a mí!) y desazonadora a un tiempo (pero ¿y si no es así?). En Hollywood y en el resto del mundo abunda la gente convencida de que uno se labra su propia suerte. Eso explica por qué los aspirantes a guionista llevan siempre sus trabajos consigo, dispuestos a mostrárselos a cualquiera que muestre el más mínimo interés.

Viendo a Cassie corretear por la cafetería con su gran sonrisa y su animada cháchara, comprendí que muy posiblemente la viera algún día en la gran pantalla. Pero su suerte no nacería de un mero encuentro al azar. Al trasladarse a Hollywood, ponerse a trabajar en un bar y charlar con la gente (como yo), estaba generando sus propias oportunidades. Había preparado el terreno para la suerte.

Hablamos un poco más hasta que llegó el amigo que yo estaba esperando, y le revelé a Cassie que en mis tiempos fui una productora de televisión con una profesión divertida e interesante. Al final de la tarde, cuando Cassie dejó la cuenta en la mesa, me preguntó:

«¿Algún consejo para que me sonría la suerte?»

«Te sonreirá», la animé yo.

Le dejé una gran propina y me marché dándole vueltas a una pregunta aún más trascendente.

¿Qué puede hacer cualquiera —incluida Cassie— para que le sonría la suerte? El azar tiene un papel importante, de eso no cabe duda, pero no podemos encogernos de hombros y esperar a ver qué pasa. Tenemos que tomar las medidas adecuadas y controlar todo aquello que esté en nuestra mano.

Recordé un poema de Emily Dickinson que habla de que la suerte no nace de la casualidad sino del sudor de la frente. «La costosa sonrisa de la fortuna —dice— hay que ganársela a pulso». Siempre me ha gustado esa frase y ahora, según me encaminaba al coche en la cálida noche de Los Ángeles, me pregunté qué más hace falta para ganarse a pulso la costosa sonrisa de la fortuna. ¿Cuál es la mejor forma de proceder para labrarse la propia suerte?

Seguía dándole vueltas a esa pregunta cuando llegué a Nueva York y me reuní con mi amigo Barnaby Marsh para tomar el té. A Barnaby, que pasó una temporada en Oxford gracias a una beca del prestigioso programa Rhodes, le gusta tomar té solo y fuerte acompañado de bizcochos, y yo siempre estoy encantada de acompañarlo. De cuarenta y pocos años y mentalidad un tanto excéntrica, Barnaby ejerce como investigador tanto en el Instituto de Estudios Avanzados de Princeton como con el Programa de Dinámicas Evolutivas de Harvard. En otras palabras, es la clase de persona a la que recurres cuando una pregunta importante te ronda la cabeza.

Así que le hablé de Cassie y le planteé el acertijo de Harrison Ford: si el hoy famosísimo actor no hubiera conocido a George Lucas, ¿aún se ganaría la vida con el martillo y los clavos?

Barnaby guardó silencio durante un par de minutos, con la vista clavada en el infinito, mientras meditaba la cuestión.

«Es complicado —respondió por fin—. Los acontecimientos imprevistos, como el encuentro con Lucas, son relevantes. Pero si le sumas a la ecuación los factores adecuados, la cuestión del azar pierde peso.»

Vaya, la idea parecía prometedora. Empecé a meditar cuáles serían los factores adecuados para favorecer la suerte. El talento sin duda era uno. Como también el esfuerzo.

«¿Qué consejo le habrías dado a Cassie?», le pregunté.

Cortó un trocito de bizcocho con los dedos y masticó con aire meditabundo.

«Le diría que la buena suerte está siempre a nuestro alrededor, al alcance de todo el mundo. Pero la mayoría de la gente pasa de largo, sin darse cuenta de que para atraparla solo hay que alargar la mano. Hay suficiente suerte en el mundo para todos, si sabes dónde buscarla.»

Entonces, ¿por qué la obviamos con tanta frecuencia? Barnaby exhibió su lado científico y me señaló que, biológicamente, el umbral de atención del ser humano está diseñado para pasar por alto todo aquello que no es imprescindible para la supervivencia. En el mundo actual, dijo, tenemos que transformar ese instinto con el fin de reparar en lo que normalmente nos pasa desapercibido.

«Las oportunidades están por todas partes, solo hay que aprender a reconocerlas —prosiguió—. Cualquiera puede incrementar sus posibilidades de ser afortunado.»

Barnaby se mostró convencido de que, tanto si eres Harrison Ford en busca de tu gran papel como un milenial que ansía el verdadero amor o un ejecutivo que aspira a ser directivo, tenemos más control sobre los acontecimientos del que pueda parecer a simple vista. A menudo pasamos por alto la gran cantidad de elementos que ponemos en juego con nuestros actos. En ocasiones, la semilla de la oportunidad que hemos plantado tarda semanas o meses en dar fruto, o todavía más tiempo. Y cuando lo hace, el resto del mundo considera el resultado una feliz casualidad, cuando en realidad ha sido uno mismo el que ha propiciado la suerte. Podríamos denominar a este proceso serendipia.

La investigación que Barnaby había llevado a cabo en Oxford, me contó, versaba sobre el riesgo. Ahora estaba trabajando en la idea de la suerte como concepto teórico para el Instituto de Estudios Avanzados. Mediante sus investigaciones académicas, estaba en el proceso de determinar los principios científicos de la fortuna.

«Podría decirse que he creado un laboratorio de la suerte», sentenció con una sonrisa.

Apenas tardé un par de bizcochos en comprender que, si usábamos su trabajo teórico como base de un enfoque más práctico, podíamos formar un gran equipo. Juntos, dedicaríamos el año siguiente a explorar todos los aspectos de la suerte: la prosperidad en el amor, el trabajo, la familia y las finanzas. Barnaby me guiaría y nos reuniríamos semanalmente para responder a la pregunta de Cassie acerca de cómo agenciarse la sonrisa de la suerte.

Lo que acabamos descubriendo nos sorprendió a ambos. Averiguamos que ni la magia, ni la serendipia, ni frotar un montón de herraduras ayudaría a Cassie a ser una persona afortunada, sino saber qué pasos se requieren. Así pues, te invitamos a participar en nuestro emocionante viaje de descubrimiento. Las conclusiones a las que hemos llegado aumentarán la suerte de Cassie, de Barnaby, la mía... y también la tuya.

Primera Parte
CÓMO FUNCIONA LA SUERTE

«La suerte surge del encuentro entre la preparación y la oportunidad.»

Séneca

1
Prepárate para ser afortunado

No dejes pasar las oportunidades. Reúne la información que nece-
sitas. Intenta mirar más allá. Conduce hasta el cruce entre la ca-
sualidad, el talento y el duro trabajo.

El Laboratorio de la Suerte de Barnaby, adscrito al Instituto de Estudios Avanzados, está en medio de los hermosos bosques de Princeton, en el estado de Nueva Jersey, un lugar perfecto para generar grandes
ideas sobre la ciencia de propiciar la buena estrella. Una mañana, mientras recorríamos juntos los apacibles jardines, Barnaby me contó que Albert Einstein había paseado por esos mismos caminos flanqueados de árboles cuando estaba formulando su famosa teoría. Puede que nuestras
ideas no desembocasen en la teoría de la relatividad, pero esperábamos
que cambiasen la mentalidad de las personas en relación a la suerte... y a
las posibilidades que les brinda el futuro.

La noche anterior había llovido a mares y el sol todavía no había
secado los caminos. Rodeando un charco, le comenté a Barnaby que la
redacción de mi libro anterior, *El diario de la gratitud*, me había enseñado que poseemos más control sobre nuestra propia felicidad del que
creemos. Me hacía muy feliz saber que la obra había inspirado a tantas
personas a llevar vidas más felices y tenía el presentimiento de que
averiguar cómo podemos ser más afortunados provocaría un efecto
parecido.

Barnaby asintió.

«Nuestra propuesta ayudará a la gente a conseguir la suerte que deberían estar disfrutando, siempre y cuando estén dispuestos a hacer algunos cambios y sean capaces de preguntarse por qué las cosas no siempre les salen bien.»

Ambos estábamos de acuerdo en que azar no equivale a suerte. Si tiras una moneda al aire cada vez que tienes que tomar una decisión importante, estás confiando tu vida al azar. Y estarás de acuerdo en que no se trata de una actitud muy inteligente. Ahora bien, si hablas con gente, te preparas, buscas oportunidades y atrapas la ocasión al vuelo cuando (casualmente) se presenta, estás generando suerte. Y eso es lo que todos deberíamos hacer.

«La suerte no es un juego de suma cero. Las ganancias de uno no implican las pérdidas de otro. Hay suerte de sobra para todos, si sabemos cuándo y dónde buscarla», afirmó Barnaby.

Él opinaba que hay pruebas de sobra para afirmar que la buena suerte no surge de la pasividad; requiere acción. A menudo los acontecimientos que parecen casuales no guardan ninguna relación con el azar, en realidad. Afirmó que, si comprendes las dinámicas ocultas de la buena suerte, adquieres control sobre aspectos de tu vida que antes parecían depender de la casualidad, el destino o las fases de la luna. Trabajaríamos juntos, recurriendo a nuestros conocimientos y a los más recientes descubrimientos en psicología, economía conductual, matemáticas y neurociencia, para desarrollar una nueva teoría sobre la suerte.

«Nos estamos internando en un campo totalmente inexplorado. En lugar de recurrir a investigaciones existentes, vamos a tener que emprenderlas», advirtió.

El Laboratorio de la Suerte ofrecía el lugar ideal para empezar, por cuanto el Instituto de Estudios Avanzados, donde Barnaby ejerce como investigador, es famoso por su capacidad para generar grandes ideas. A lo largo de los años, ha atraído a genios de todo el mundo, y es divertido recorrer las calles de la zona, que llevan el nombre de muchos de ellos. Además de Albert Einstein, el matemático y filósofo Kurt Gödel impartió clases allí, así como el científico John von Neumann, pionero en ciencias de la computación y en la teoría de juegos. El brillante físico teórico

J. Robert Oppenheimer, conocido también por su participación en la construcción de la primera bomba atómica en el Laboratorio Nacional de Los Álamos, dirigió el Instituto durante largo tiempo.

Barnaby y yo teníamos la sensación de formar el equipo ideal para sacar adelante el proyecto. Poseíamos formaciones muy distintas y nuestras experiencias vitales diferían también. Yo había disfrutado de una exitosa carrera como periodista, editora de revistas y productora de televisión en la ciudad de Nueva York y había criado a dos hijos maravillosos junto con mi marido, un atractivo médico. Barnaby había crecido en Alaska y se había educado en casa hasta que empezó los estudios universitarios, momento en el cual protagonizó experiencias académicas y profesionales que lo llevaron por todo el planeta. Fue contratado por una importante fundación que destina cien millones de dólares anuales a obras benéficas. De pensamiento ágil y mentalidad original, tiene más contactos que nadie que yo conozca. Recientemente se había instalado en Nueva York con su esposa, Michelle, y sus dos adorables hijas de corta edad, si acaso puedes hablar de «instalarse» tratándose de Barnaby.

Albergábamos la esperanza de que nuestra investigación sobre la suerte fuera potente y relevante, y que ofreciera a las personas un nuevo punto de vista sobre sus vidas y experiencias. Barnaby ya había ideado algunas estrategias sobre el riesgo, la oportunidad y el esfuerzo, y sobre cómo estos aspectos afectan a la capacidad de transformar el futuro. Todo ello formulado en un tono muy erudito y sesudo. Mi trabajo consistiría en aportar un aire más práctico a sus ideas y explorar cómo esas teorías funcionaban en la vida cotidiana.

Como plan de trabajo, habíamos acordado que Barnaby abandonaría su torre de marfil los lunes y martes para crear modelos conceptuales a partir de los que crear teorías sobre la suerte en todos los contextos: desde la búsqueda de empleo o pareja hasta la supervivencia como especie en el sorteo evolutivo. Los miércoles nos reuniríamos para comentarlas. Entretanto, yo buscaría intelectuales, empresarios y celebridades que pudieran servir de ejemplo y que nos ayudaran a comprobar si es posible, o no, generar suerte de forma deliberada.

Para finales de año, sabríamos exactamente qué hace falta para convertirse en una persona afortunada. La nueva ciencia de la suerte ofrecería principios claros a partir de los cuales mejorar todos los aspectos de la vida.

«Más allá de la teoría, es importante entender qué acciones son las más adecuadas para tomar la ruta de la buena suerte y crear el destino que uno desea para sí», comentó Barnaby.

Estábamos tan absortos en la conversación que apenas nos percatábamos de cómo nos empapábamos los pies de barro según resbalábamos y patinábamos por el camino que estábamos recorriendo. Acabé con las zapatillas de lona sucias y empapadas.

«La suerte podría parecerse a la gratitud porque también depende del punto de vista que adoptes —le dije mientras dejábamos el bosque atrás—. Yo, por ejemplo, considero este paseo una suerte por cuanto hemos compartido ideas emocionantes y hemos diseñado un buen plan de trabajo. Otras personas, en cambio, lo considerarían desafortunado, pues tendré que tirar las zapatillas a la basura.»

Él sonrió.

«La ciencia siempre exige sacrificios.»

Bajé la vista hacia mi embarrado calzado. La suerte depende en parte de la capacidad de atisbar nuevas oportunidades. En comparación, encontrar una zapatillas nuevas no resultaría complicado.

Dos días después, ya en Nueva York, Barnaby me sugirió que hiciera una primera prueba para comprobar cómo funcionaba en la práctica nuestro planteamiento básico. Si estábamos en lo cierto y es posible generar buena suerte, ¿por qué no intentaba yo mejorar un día determinado?

El experimento no me exigía llenar una pizarra de ecuaciones. Sencillamente, trataría de propiciar la suerte.

El día no prometía demasiado. Tenía previsto hacer unos cuantos recados a primera hora de la mañana y luego desplazarme a la estación Pensilvania, donde tomaría un tren para visitar a mi encantadora suegra.

«¿Alguna parte del plan te parece especialmente venturoso?», le pregunté a Barnaby.

Casualmente, era un viernes 13 de mayo. A priori, no parecía el día ideal para que me llovieran del cielo oportunidades maravillosas.

Pese a todo, Barnaby me pidió que abordara la jornada desde una perspectiva una pizca distinta a la que adoptaría normalmente. Con ese fin, me proporcionó unas directrices básicas para generar buena suerte: debía estar atenta a las oportunidades, preparar bien las actividades y hacer algo inusual.

«¿Y la suerte me saldrá al paso sin más?», le pregunté, poco convencida.

Como estaba lloviendo a mares, me planteé por un momento dejar la prueba para un día más soleado. Pero un reto es un reto y, en cualquier caso, el plan me intrigaba.

El día comenzó como cualquier otro. Fui a correos y a la farmacia, y luego me encaminé a la estación Pensilvania. Tenía tiempo de sobra y llegué con mucho tiempo de sobra (demasiado) para coger el tren de las diez y cuarto. La estación Pensilvania es un tanto lúgubre, y la perspectiva de aguardar allí un buen rato no me parecía el colmo de la buena suerte.

Ahora bien, siguiendo el consejo de Barnaby relativo a la preparación, había consultado el horario de trenes de antemano y sabía que salía uno más temprano, a las 09.46. No creía que llegara a tiempo, pero ¿por qué no intentarlo?

Cuando crucé la puerta de la estación, descubrí que las escaleras mecánicas (misteriosamente) subían desde el andén en lugar de bajar. Corrí hacia un guardia de seguridad que había allí cerca y le pregunté qué hacer.

«Tendrá que dar toda la vuelta y bajar por las escaleras normales», me informó.

De momento me invadió el desánimo; faltaba poco más de un minuto para la salida del tren y el pasillo que llevaba al otro lado de la estación parecía largo. Pero me acordé de un entrenador del instituto que siempre nos animaba diciendo: «¡Venga! ¡Inténtalo!» Así que crucé el vestíbulo a la carrera, bajé los peldaños de cuatro en cuatro y subí al tren instantes antes de que se cerraran las puertas.

¡Qué suerte!

Me invadió una súbita euforia. La victoria no era gran cosa, pero yo la había suscitado.

Un momento. ¿Acaso el secreto era ese? ¿Poseía yo más control sobre los acontecimientos del que pensaba?

Una semana atrás había protagonizado una situación prácticamente idéntica y no me había dado tanta prisa. La puerta del tren se cerró en mis narices. Aquel día me sentí desgraciada, mientras que mi sensación en este momento era mucho más positiva.

La victoria del tren me proporcionó una inyección de seguridad y confianza. Llegué a mi destino antes de lo previsto así que, en lugar de buscar un taxi, di un agradable paseo hasta el apartamento de mi suegra (ni siquiera había dejado de llover). Cuando salimos a comer, charlamos alegremente con la camarera del restaurante. Le di las gracias por traerme una ensalada que no estaba en el menú y le confesé que me había propuesto generar buena suerte a lo largo del día. Al llegar a los postres, la camarera trajo un pastel de chocolate con una vela encendida.

«Invita la casa. Un día especial como este merece una celebración», anunció.

Alcanzar a tomar un tren anterior y que te inviten a pastel de chocolate no son acontecimientos trascendentes precisamente. Pero en viernes 13, sin duda implicaban tener la suerte de cara.

Cuando le conté esta historia a Barnaby al día siguiente, estaba entre sorprendida y desconcertada. Empezaba a aceptar que la suerte no es una fuerza mágica y mística que cae del cielo sino algo que podemos (al menos en parte) propiciar. Comprenderlo es impactante, por cuanto tendemos a esperar sentados la buena suerte en lugar de tomar medidas para atraerla. «Los hombres que se han hecho a sí mismos creen en la suerte y envían a sus hijos a Oxford», observó la mordaz novelista australiana Christina Stead en 1983. En otras palabras, el azar tiene un papel en la vida, pero no lo es todo. Nuestros actos sientan las bases de la buena estrella: qué metas perseguimos, con quién hablamos, cuán rápido corremos para no perder un tren.

Si la suerte está en todas partes, esperando a que la encuentren, tenemos que dejar de pasar de largo ante ella, tanto si vamos a pie como si viajamos zumbando en nuestro todoterreno. Los lances afortunados no son tan casuales como pudiera parecer. Es cierto que la suerte no se distribuye equitativamente y que ciertas opciones quedan fuera de nuestro alcance. Yo nací en Estados Unidos, en una familia de clase media que planificó mi llegada y, en la gran historia del mundo, estas circunstancias se pueden considerar inmensamente privilegiadas. Sin embargo, sea cual sea el punto de partida o el destino al que aspiras, conocer la dinámica de la posibilidad multiplica... pues eso, tus posibilidades.

«Puedes encontrar la suerte, no dejarla pasar y compartirla con los amigos», me dijo Barnaby.

Para generar buena suerte, hay que empezar por informarse. De ese modo te puedes preparar de antemano para reaccionar de la mejor manera posible ante un imprevisto. Conocer las distintas posibilidades evita el azote de fuerzas que no puedes controlar y te proporciona poder sobre un abanico mayor de aspectos que conforman tu vida. A menudo poseemos más control sobre el futuro del que pensamos. Me emocionaba saber que no tenía que esperar a los días buenos; podía propiciarlos.

Barnaby y yo decidimos comenzar el proyecto con una encuesta sobre la suerte de ámbito nacional. La planificamos con sumo cuidado para que fuera de amplio espectro y estadísticamente significativa. Cuando empezaron a llegar los resultados, nos invadió la sorpresa... y la satisfacción. El 82 por ciento de la población creía poseer alguna o mucha influencia sobre la suerte que se manifestaba en su vida. Tan solo un 5 por ciento opinaba que, hiciera lo que hiciese, no podría cambiar su fortuna. Así pues, nuestra teoría de que uno puede favorecer la buena estrella encajaba con la creencia generalizada entre la población estadounidense de que algunos acontecimientos se deben al azar, pero eso no significa que la vida sea ingobernable. Para transformar la suerte, debes adoptar nuevos enfoques.

Descubrir qué enfoques eran esos constituía nuestro gran desafío, porque la suerte radica en los detalles. El gran científico Louis Pasteur señaló en cierta ocasión que «la suerte acompaña a las mentes preparadas». Un sabio pensamiento, pero nunca dijo qué tipo de preparación se requería. De modo que intentaríamos rellenar los huecos y descubrir el proceso, paso por paso, que te predispone para que te sonría la fortuna.

Cuando le comenté a mi amiga Liz que estaba aprendiendo a generar suerte me preguntó de inmediato si había comprado un cupón de lotería. Ahora bien, la lotería no constituye un buen modelo de cómo incrementar la suerte a lo largo de la vida. Aunque existe desde los tiempos del Imperio romano y millones de compradores (y soñadores) adquieren cupones a diario, la lotería solo es un juego que mueve dinero y esperanzas. Una vez que has adquirido el cupón, todo queda en manos del azar. Las probabilidades de que tu número salga premiado son mínimas y tú no puedes hacer nada por aumentarlas. (De hecho, unos australianos descubrieron una manera de ganar. Pero ya hablaremos de eso más adelante.)

En los aspectos que de verdad importan —tener un buen trabajo, formar una familia feliz y disfrutar de una sensación de éxito— la vida no se parece en nada a una lotería. El azar sin duda tiene un papel en nuestra vida y en ocasiones ocurren acontecimientos producto de la serendipia que resultan difíciles de explicar, pero la casualidad tan solo es un elemento más de la totalidad de la existencia. Si atribuyes la suerte únicamente al azar, estás pasando por alto lo más importante. Para ser afortunado, debes dejar a un lado aquello que no puedes controlar y concentrarte en los aspectos que sí dependen de ti.

Cuando visité a Barnaby en el Laboratorio de la Suerte por segunda vez, me llevó a la biblioteca de la Facultad de Matemáticas, donde le gusta trabajar. En las bibliotecas suele reinar cierta oscuridad, pero su mesa favorita se encontraba junto a una ventana en saliente por la que entraba luz a raudales. Por lo visto, el despacho en que el acostumbraba a trabajar Albert Einstein quedaba justo debajo.

«Seguramente las vistas son mejores aquí que en su despacho», comentó Barnaby alegremente.

Inspirados por el recuerdo del genio, charlamos de las personas afortunadas que conocíamos e intentamos desentrañar qué propiciaba su suerte. Ciertos rasgos —como la inteligencia, la determinación, la energía y la creatividad— salían a colación una y otra vez. El azar surgía de tanto en tanto —estar en el sitio oportuno y todo eso— pero nunca aparecía aislado.

Al margen de la encuesta nacional, Barnaby había enviado preguntas sobre la suerte a cientos de becados del programa Rhodes, y procedimos a revisar las respuestas. Mucha gente contaba que un acontecimiento inesperado le había cambiado la vida: un viaje al extranjero que había desembocado en un empleo, la oferta de una beca por parte de una fundación, el encuentro casual con un inversor que había ofrecido ayuda para fundar una empresa.

«¡¡¡Serendipia!!!», escribió una persona (con demasiados signos de admiración).

No obstante, lo que parecía serendipia a simple vista, a menudo guardaba relación con otros factores si retrocedías un poco en el tiempo. La persona que había conocido al inversor en un restaurante, por ejemplo, tenía una idea interesante y le hablaba de ella a todo aquel que prestaba oídos. De hecho, un colega impresionado por sus planteamientos lo había invitado a cenar. ¿Suerte? Sí. ¿Azar? En realidad no. Comencé a vislumbrar el papel que tiene cada cual en su propia suerte y una sencilla fórmula me vino a la mente con absoluta claridad.

«La verdadera suerte surge en el cruce entre casualidad, talento y esfuerzo», dije.

Barnaby asintió con aire pensativo.

«Me gusta. Casualidad, talento y esfuerzo. —A continuación, con una pequeña sonrisa, añadió—: Un tanto poético, pero bonito.»

Antes de aportar la ciencia a la poesía, teníamos que definir cada uno de los elementos. Decidimos, de momento, dejar la casualidad al margen y centrarnos en los otros dos.

El esfuerzo está al alcance de todos y también, por sorprendente que parezca, el talento. No hace falta cantar como Beyoncé o tener las dotes interpretativas de Meryl Streep para ser afortunado (aunque tampoco viene mal), por cuanto el talento implica también aspectos que todos podemos desarrollar: estar abierto a las oportunidades, predisposición a correr riesgos, ser capaz de pensar de manera original e incluso ciertas dosis de optimismo. Con el enfoque adecuado, cualquiera puede propiciar la combinación ganadora de casualidad, talento y esfuerzo; y aumentar su buena suerte en todas las facetas de su vida.

Mi afortunado viernes 13 me había demostrado el poder de esos principios básicos. Una buena planificación y la disposición a intentarlo (*correré para alcanzar ese tren*) encajan en el elemento del duro trabajo que aparece en la fórmula de la suerte. Mi decisión de adoptar una actitud positiva, que me llevó a hablar con la camarera, darle las gracias y mostrarme amigable, fue una de las habilidades que contribuyó a que la fortuna me sonriera (y me obsequiaran con un pastel).

Pensando en los tres factores de la suerte, me vino a la mente una antigua máquina tragaperras. El juego consiste en empujar la palanca con la esperanza de que coincidan tres elementos iguales en las ranuras. La gente se vuelve adicta a la posibilidad de que tres cerezas, por ejemplo, aparezcan en fila. Los psicólogos lo llaman «refuerzo de razón variable»; no sabes cuándo vas a obtener la recompensa, así que lo intentas una y otra vez, pensando que la siguiente será la definitiva. Yo soy demasiado lógica como para que me atraigan las tragaperras, pero puede que me enganchase si supiese que puedo alinear yo misma dos cerezas.

Y eso es lo que sucede en la vida real. Si buscas algún tipo de premio o recompensa —un nuevo empleo, un nuevo amor— no tienes por qué dejar al azar la aparición de las tres cerezas. Ya posees control sobre dos de ellas: el talento y el esfuerzo. Puedes aprender a colocarlas directamente en las ranuras. Y entonces habrás recorrido dos terceras partes del camino que conduce a la buena suerte.

Podría decirse que, cuando descubres cómo generar fortuna, tu vida se transforma en un cuenco rebosante de cerezas.

2

Algunas personas han nacido con estrella... y tú puedes ser una de ellas

Consigue la información pertinente. Convéncete de que eres afortunado. Aprende una lección de Vanna White. Busca un trébol de cuatro hojas (y no renuncies hasta haberlo encontrado).

En nuestra siguiente reunión, Barnaby y yo conversamos acerca de las ideas preconcebidas que la gente alberga sobre la suerte. Un porcentaje sorprendentemente reducido atribuye la buena fortuna al azar, según había mostrado la encuesta. Alrededor de un 67 por ciento de los encuestados pensaba que trabajar con ahínco les había ayudado a obtener resultados positivos y el 64 por ciento relacionaba la buena suerte con la curiosidad y la búsqueda de nuevas oportunidades.

Identificar qué factores exactos favorecen la buena suerte puede resultar complicado. A lo largo de milenios, los filósofos y los teólogos han reflexionado y debatido en torno al tema. Allá por el 293 a. C. los romanos dedicaron uno de sus primeros templos (al que seguirían muchos más) a Fortuna, la diosa de la buena suerte. Se le rendía culto por su capacidad de distribuir abundancia y dispensar prosperidad. Los artistas medievales representaban su naturaleza caprichosa colocándola sobre una esfera o junto a una rueda de la fortuna. Cuando el poeta romano Ovidio partió al exilio, señaló con amargura que Fortuna, «que siempre tiene bajo su inseguro pie la cúspide, confiesa cuan voluble es por su inestable rueda». Ah, el inseguro pie del destino. La deidad griega equivalente es Tique, representada en ocasiones con los ojos vendados. Si la diosa que controla el destino es ciega, no debería sorprendernos que sucedan cosas inesperadas.

Hay que viajar muy lejos (y avanzar un par de milenios) para desplazarse de Fortuna a Vanna White, la presentadora en Estados Unidos del archipopular programa *La rueda de la fortuna*. Se trata del concurso televisivo más antiguo de todos los tiempos; lleva en antena, en uno u otro formato, desde 1975. Al comienzo del programa, el concursante depende enteramente del azar: hace girar una ruleta de veinticuatro casillas que determina por cuánto dinero va a jugar: trescientos dólares, por ejemplo, o mil u otra cantidad. También puede ir a parar a la casilla de la bancarrota; entonces lo pierde todo. Ovidio tenía razón sobre la volubilidad de la fortuna.

Sin embargo, tras el giro de la ruleta al estilo casino, el concursante deja la fortuna atrás y empieza el juego de verdad. Para ganar debe esforzarse en rellenar los huecos y ser lo bastante hábil como para adivinar la respuesta antes que sus contrincantes. Esa combinación de azar, talento y esfuerzo representa bastante bien el mecanismo de la fortuna, ya sea en un concurso televisivo o en la vida real. Con perdón de la loable Fortuna, Vanna y su concurso ofrecen un ejemplo más apropiado de la naturaleza de la suerte en el mundo actual, por cuanto coloca al individuo en la intersección entre el esfuerzo, el talento y la casualidad.

Algunas personas parecen haber nacido con estrella, pero puede que, en realidad, sean expertos en el arte de tejer los hilos de la habilidad, el trabajo y la oportunidad. Yo tenía el presentimiento de que cualquiera puede aprender esa técnica. Y decidí mirar a mi alrededor a ver qué podía encontrar.

Al cabo de pocos días, acudí a un parque cercano a ver jugar al *softball* a un niño de siete años que conozco. Era un partido amistoso, así que una de las niñas, cansada de estar plantada en mitad del campo, gritó que se iba a buscar tréboles de cuatro hojas. Varios de sus compañeros la siguieron de inmediato. Al cabo de un rato casi todos los niños habían abandonado la búsqueda. Volvieron al partido o empezaron a hacer piruetas para distraerse. Pero una niña pequeña que vestía una camiseta amarilla y vaqueros cortados (la llamaré Sunny) siguió buscando y por fin brincó de la emoción. ¡Lo había encontrado! Corrió en busca de sus amigos para mostrarles su amuleto.

«¡Tienes mucha suerte y ahora tendrás aún más!», exclamó uno de los críos que se apiñaban a su alrededor.

Es verdad, Sunny había tenido suerte, pero no en un sentido místico. Fue tan constante como para seguir buscando cuando los demás habían abandonado y supo distinguir patrones o diferencias que la mayoría habría pasado por alto. No se desanimó ante las decepciones y tuvo la resiliencia necesaria para seguir adelante. Como los tréboles de tres hojas superan a los de cuatro en una proporción de diez mil a uno, sin duda afrontó abundantes fracasos antes de encontrar el tesoro. Pero disfrutó con el desafío y nunca dejó de confiar en que acabaría por encontrar lo que buscaba. Es probable que encontrara divertido el desafío.

El amiguito de Sunny seguramente acertó al pensar que la niña había tenido suerte y aún tendría más (y no porque Sunny hubiera encontrado un trébol de cuatro hojas). Las cualidades que llevaron a Sunny a encontrarlo —persistencia, concentración y atención a la posibilidad— le proporcionarán una gran ventaja de cara a generar fortuna. Cuando calificamos a alguien de afortunado, estamos diciendo en realidad que los tres elementos clave —casualidad, talento y esfuerzo— han convergido con buenos resultados. Y si bien las consecuencias parecen tan improbables y mágicas como el hallazgo de un trébol de cuatro hojas, son los actos previos los que, de un modo u otro, han propiciado los resultados. Sucedió así en el caso de Sunny, aunque ella no fuera consciente del proceso.

Al considerarse una persona afortunada, y al ser considerada como tal por los demás, la fortuna de Sunny no puede sino aumentar. La suerte genera un efecto cascada. Una vez que te sonríe, tiendes a atraer más. Imaginé a los adorables niños de siete años volviendo a casa y quejándose durante la cena de la buena suerte de su amiga. ¿Cómo es posible que haya encontrado un trébol de cuatro hojas? *Es una suertuda*. Los padres, para tranquilizarlos, tal vez respondieran: «La próxima vez serás tú el afortunado». Pero si bien la frase cumplirá su propósito de ayudar al niño a cenar tranquilo, no mejorará su buena estrella. Tanto si tienes siete años como setenta, si te consideras una víctima pasiva del destino, tiendes a renunciar y a lamentarte de tu mala pata. Sería mejor recordarle al joven buscador de tréboles que su suerte podría mejorar a base de esfuerzo y tesón.

En la obra teatral *Un tranvía llamado deseo*, el escritor Tennessee Williams pone en boca del tosco Stanley Kowalsky la maravillosa frase: «¿Sabes qué es la suerte? La suerte consiste en creer que uno es afortunado, nada más». Puede que Stanley —interpretado en la película por Marlon Brando— no sea el más listo (ni el más agradable) de los personajes, pero estaba tremendo con su camiseta y tenía toda la razón en su apreciación sobre la suerte. «Para no quedarse atrás en esta carrera de ratas, hay que creerse un hombre con suerte», dijo.[1] Carrera de ratas o no, la observación tiene sentido. Debes creerte afortunado para emprender las acciones que te traerán prosperidad.

En la vida pasan cosas inesperadas y de nuestra forma de reaccionar (o no) a estos sucesos dependerán nuestras posibilidades de contarnos entre las filas de los afortunados. Es posible que, al volverte a mirar los giros y revueltas de tu vida, descubras asombrado el papel que jugó la serendipia en tu trayectoria. Tal vez un amigo te arrastrara a una fiesta a la que no pensabas asistir y allí conocieras al amor de tu vida. O coincidieras con un ejecutivo en el ascensor y una conversación casual derivara en tu empleo actual. ¿Qué habría pasado si ese día te hubieras quedado en casa o hubieras tomado otro ascensor? Sacudes la cabeza con incredulidad y te maravillas de tu propia suerte.

Es verdad que, en ocasiones, acontecimientos que no habíamos planeado influyen extraordinariamente en el curso posterior de la vida. Ahora bien, *lo que hacemos* en esas circunstancias es mucho más importante que los hechos objetivos. Al subir al ascensor te podrías haber quedado allí plantado sin más, demasiado intimidado como para hablar con el ejecutivo, en cuyo caso el viaje no te habría traído suerte. O podrías haber

---

1. El segundo momento estelar de Brando en *Un tranvía llamado deseo* es el grito: «¡Stella! ¡Eh, Stella!». Una frase que no aporta nada nuevo a sus teorías sobre la suerte.

bebido demasiados tequilas en esa fiesta y haber sido incapaz de fijar la vista en el atractivo marido en potencia apostado junto al guacamole. De manera parecida, el hecho de que George Lucas contratara a Harrison Ford para que le construyera los armarios de la cocina fue un suceso (más o menos) casual que no garantizaba consecuencias más allá de unos buenos estantes para guardar la pasta y el kétchup. Ford tuvo suerte porque tomó las decisiones adecuadas a partir de ese momento.

La casualidad influye en la vida, pero no la determina hasta el punto que tendemos a creer. Mi maravillosa agente literaria, Alice Martell, inició su carrera profesional como abogada de un importante bufete y pronto comprendió que se había equivocado. Sencillamente, el derecho no la apasionaba. Resultó que una de sus clientas era una escritora de éxito y, cuando las dos mujeres trabaron amistad, Alice la ayudó a negociar un buen contrato. El editor quedó tan impresionado que le preguntó a Alice si alguna vez se había planteado convertirse en agente. Ella nunca lo había considerado, hasta ese momento.

«Cuando me lo dijo, decidí empezar a trabajar en el mundo editorial y al final creé mi propia agencia —me confesó Alice un día mientras charlábamos sobre la vida y la suerte en su bonito despacho—. Me encanta mi trabajo y no me puedo creer la suerte que tuve. Si el editor no hubiera hecho ese comentario, seguramente seguiría ejerciendo como abogada... ¡y me sentiría desgraciada cada día de mi vida!»

La idea de que has aterrizado en tu profesión por obra de la serendipia desprende cierto romanticismo. Sin embargo, la suerte rara vez aparece de la nada. Las semillas de la buena estrella se deben plantar en terreno fértil y los acontecimientos casuales deben unirse a la intención y a una dirección determinada para que den fruto. Le sugerí a Alice que, habida cuenta de que su profesión la hacía más o menos desgraciada, seguramente llevaba un tiempo atenta a otras posibilidades. El hecho de que una escritora de éxito la contratara abrió una puerta a la suerte pero, si esa ocasión no se hubiera presentado, Alice habría aprovechado cualquier otra.

«Si hubiera aparecido un actor y hubieras negociado su contrato, tal vez hubieras tomado ese rumbo. En ese caso, ahora serías la directora de un estudio de Hollywood», le dije, bromeando solo a medias.

Un par de semanas después de que mantuviéramos esa conversación, Alice me llamó para decirme que seguía impresionada por mi modo de enfocar el asunto de su profesión. Siempre había tenido la sensación de que fuerzas externas habían decidido su destino por ella: dejar de ser una (infeliz) abogada para convertirse en una (brillante y feliz) agente literaria. Ahora empezaba a pensar que su determinación y fuerza de voluntad habían propiciado su buena suerte.

«Llevaba años pensando aterrada que, de no haber sido por aquel golpe de suerte, seguiría pasando apuros como abogada. ¡Has transformado totalmente mi perspectiva!», me confesó. También la entristecía saber que podría estar dirigiendo un estudio cinematográfico.

Igual que Alice, seguro que has protagonizado momentos cruciales que lo han cambiado todo. Al mirar atrás los vislumbras con absoluta claridad: cierto comentario, cierta oferta de trabajo o esa mirada que atrapó la tuya en una sala atestada. Al contar la historia de tu vida, es posible que describas al detalle esos acontecimientos clave. Pero ¿qué hiciste tú, puede que sin percatarte siquiera, para propiciar esos instantes? Y, lo que es igual de importante, ¿cuántos habrás dejado pasar sin darte cuenta? (Ahora podrías estar dirigiendo un estudio cinematográfico.) El truco está en aprender a reconocer esos momentos críticos de antemano.

La combinación de casualidad, talento y esfuerzo que puede transformar los aspectos más importantes de la vida, como el amor y la profesión, influye también en los sucesos cotidianos. Muchas de las circunstancias que atribuyes al más puro azar son menos casuales de lo que piensas. Por ejemplo, imagina que vas conduciendo por una gran ciudad y necesitas aparcar. Circulas a paso de tortuga (por culpa de la furgoneta que tienes delante, claro) cuando un todoterreno deja una plaza libre. Acudes a toda prisa y, sin apagar el motor, descubres que la plaza ni siquiera tiene el acceso limitado. ¡Yuju! Te acabas de ahorrar los 32,50 dólares que te costaría dejar el coche en un aparcamiento privado. Incluso puedes destinar el dinero a tomar una copa más y un aperitivo en la cena. (En algunas ciudades, tendrás que pagar el parquímetro, pero qué le vas a hacer.)

Encontrar esa plaza libre podría parecer el típico ejemplo de pura carambola. A primera vista, no has hecho nada especial. Sencillamente pasabas por allí cuando alguien se marchaba. ¡Qué suerte! Pero si encontrar aparcamiento de verdad dependiera del azar y nada más, todo el mundo tendría la misma facilidad para ello y resulta que no es el caso. Algunos te dirán que, sencillamente, se les da fatal aparcar (yo me cuento entre ellos), así que ni siquiera lo intentan, mientras que otros, incluido mi marido, Ron, tienen un don especial para encontrar plaza. Acude en coche al teatro o a cualquier otro acontecimiento social en Manhattan un mínimo de dos veces a la semana y nunca jamás deja el coche en un aparcamiento privado. No lleva una pata de conejo colgada del espejo retrovisor pero sí posee ciertas habilidades. Es increíblemente observador y tiene buena vista, así que, si alguien sube a un coche en alguna calle adyacente o un vehículo empieza a moverse, se percata al momento y se dirige hacia allí de inmediato. También recurre a su buena memoria y a su facilidad para los números (cada calle tiene su horario) para saber qué vía exacta ofrece mejores posibilidades. Su combinación de experiencia, preparación, conocimiento y capacidad de observación le garantiza buena suerte.

Los que adolecemos de mala vista e impaciencia siempre tendremos problemas para aparcar, pero conocer nuestros puntos fuertes así como nuestras flaquezas nos ayuda a ser más afortunados. (Mi técnica consiste en dejar que conduzca mi marido.) Comprender que hay otros factores en juego además del azar implica saber que uno puede cambiar de enfoque e incrementar su buena estrella. Todo el mundo puede aprenderse las calles tan bien como Ron, llegar temprano a una zona que se libera a partir de las seis de la tarde y encontrar un «buen» sitio. Incluso yo lo consigo de vez en cuando.[2]

Una vez que descubres los factores que generan suerte, comprendes que la buena estrella no depende del azar, sobre todo si tenemos en cuenta que algunas personas parecen poseerla en cantidades ilimitadas. Las

---

2. Aquí se impone una advertencia que Barnaby aprendió cuando, en un alarde de optimismo, aparcó en la calle sin echar un vistazo a las señales. Cuando volvió, el coche había desaparecido. Lo que había tomado por buena suerte se convirtió en una tarde interminable en el depósito municipal.

coincidencias afortunadas casi nunca son tan fortuitas como pudiera parecer. Igual que estrellas fugaces desplazándose por el firmamento, se nos antojan mágicas a simple vista. Ahora bien, una vez que conoces los principios que las gobiernan, se tornan predecibles y explicables. La gente a menudo habla de acertar con el lugar y el momento, pero esos supuestos aciertos se producen porque has preparado el terreno de antemano.

El escritor y cineasta Jean Cocteau señaló una vez con ironía que creía en la suerte porque «¿cómo explicar si no los éxitos de las personas que te caen mal?» Le entiendo. Consuela pensar que si alguien brilla en su carrera (o ha encontrado aparcamiento) es, sencillamente, porque ha tenido más suerte que tú y no porque posea más talento, determinación o inteligencia. Y puede que sea verdad. Sin duda hay un montón de gente que conduce coches de lujo y cuenta con infinitos seguidores en Instagram que no parece... merecerlo. Sin embargo, en lugar de atribuir su éxito a una increíble buena suerte podríamos preguntarnos cómo han llegado a donde están. La buena noticia es que hay suerte de sobra para todos. No tienes que tirar a nadie de su pedestal para mejorar tu estrella. La fortuna está en todas partes si sabes dónde buscarla. La cuestión es: ¿qué hacer para que la suerte te sonría?

En ocasiones, la buena suerte radica en conseguir la información pertinente; haces una pregunta más y de súbito te conviertes en el más afortunado de toda la sala. Como ejemplo, Barnaby propuso un problema de lógica. Tienes que decidir si quieres recorrer un túnel en completa oscuridad al final del cual aguarda una gran recompensa. Te dicen que, de cada cien personas que lo han intentado, una ha caído en un pozo muy hondo del que no se puede salir. ¿Entrarías?

«Seguramente no», respondí yo, demostrando mi poca propensión a correr riesgos.

Barnaby soltó una carcajada.

«Bien, pero mucha gente pensaría que las posibilidades no son malas y lo intentaría. ¿Y si te dijeran que cincuenta personas de cada cien han caído al pozo?»

«Me mantendría bien alejada del túnel. Ninguna recompensa merece un riesgo tan grande.»

«Estoy de acuerdo —asintió Barnaby—. Pero ahora te daré un dato más. Todas las personas que han llegado al final del túnel y han conseguido el premio llevaban linterna.»

¡Aja! Sabiendo eso, la excursión ya no parece tan peligrosa ni arriesgada. Te acercas a unos grandes almacenes, compras la mejor linterna LED que encuentres y vas en busca del premio. Has descubierto cómo ser afortunado.

En la vida real, la información rara vez es tan clara. Ahora bien, metafóricamente siempre estamos recorriendo túneles oscuros con la esperanza de encontrar algo especial y precioso al otro extremo: un trabajo mejor, más éxito, la oportunidad de conocer al príncipe azul o a la princesa encantada. Y sin duda hay pozos y baches por el camino. Ser capaces de arrojar cierta luz sobre una situación aumenta nuestra buena suerte y nos hace más capaces de afrontar riesgos y encontrar oportunidades.

Una vez que nos hemos agenciado la linterna, tenemos que saber dónde enfocar el haz de luz. Con frecuencia desperdiciamos oportunidades de oro por buscar en el sitio equivocado o por ser incapaces de ver lo que tenemos delante. Casi todos creemos ver el mundo tal como es... cuando no es así.

Todas las personas aparentemente afortunadas poseen un talento básico, el más importante en estos casos: la capacidad de prestar atención y reparar en las oportunidades. Los psicólogos Christopher Chabris y Daniel Simons, que se conocieron hace cosa de veinte años en la Universidad de Harvard y llevan todo ese tiempo estudiando la atención y la percepción, plantean un buen ejemplo. Crearon un vídeo, hoy día muy conocido, en el que seis universitarios se pasan una pelota de baloncesto. La mitad de los estudiantes lleva una camiseta blanca y la otra mitad negra, y tú tienes que contar cuántos pases ejecuta el equipo blanco.[3] Vale, no parece difí-

---

3. Puedes buscar el vídeo «El gorila invisible» en YouTube. Te sorprenderá.

cil. Te concentras en los jugadores blancos y observas la pelota atentamente. Al final del breve vídeo, la voz del locutor te pregunta cuántos pases has contado. Si has contado los quince pases, es muy posible que te felicites. ¡Buenas dotes de observación! La siguiente pregunta, sin embargo, te hará cambiar de idea: «¿Has visto el gorila?»

Esto... ¿el gorila? Hacia la mitad del vídeo, una persona disfrazada de gorila aparece en la pantalla, se golpea el pecho y se marcha. Ups. En los experimentos llevados a cabo una y otra vez con personas de todas las edades y procedencias (empezando por los estudiantes de Harvard), la mitad de los observadores o más pasan por alto la presencia del gorila. Si no has visto el vídeo, sin duda pensarás que tú sí repararías en él. Todo el mundo lo piensa. Pero la verdad es que estás tan pendiente de los pases que, sencillamente, no ves las cosas que están sucediendo ante tus narices.

El vídeo fue tan comentado cuando apareció por primera vez que los investigadores decidieron actualizarlo. Lo encontré en Internet y lo miré nuevamente. Ahora ya conocía la presencia del gorila así que lo vi entrar y salir aun mientras contaba los pases. Me sentí de maravilla (¡no me he perdido detalle!). Pero los investigadores habían reservado otra sorpresa para el final. ¿Te has fijado en que uno de los jugadores abandona la cancha? ¿O en que la cortina roja del fondo se vuelve dorada en mitad del partido? Si eres como la mayoría de la gente, entre la que me incluyo, las respuestas son no y no.

Si eres capaz de pasar por alto a un gorila que se golpea el pecho y un fondo que cambia de color, es muy posible que te estés perdiendo muchos de los acontecimientos que se producen a tu alrededor, algunos de los cuales se podrían transformar en suerte. ¿Cómo ponerle remedio? Barnaby y yo lo estábamos meditando cuando asistimos a un congreso en Chicago, donde coincidimos con dos neurocientíficos que investigan la atención. Una noche, durante la cena, en el transcurso de la cual sin duda reparé en el exquisito pescado a la brasa, saqué el tema del gorila invisible y el problema de saber dónde mirar. El doctor Ed Hamlin, que ha sido profesor en la Universidad de Duke y en la de Carolina del Norte y que ahora dirige el Centro para el Desarrollo del Potencial Humano en Asheville, explicó que el secreto de la buena atención está en la capacidad de abrir y cerrar el foco. En el vídeo del gorila, enfocamos la atención en contar los pases, así que nos perdemos la totalidad. Cuando observas la escena desde una perspectiva más amplia, ves el gorila, pero tienes dificultades para contar.

Entonces ¿dónde mirar para captarlo todo?

«La buena atención es flexible —dijo el doctor Hamlin—. Se ajusta a las necesidades de cada situación.»

Gran aficionado al béisbol, Hamlin nos contó que, en el partido de las estrellas de las Grandes Ligas que acababa de ver, al jugador de la segunda base se le había escapado una pelota bateada en su dirección.

«Seguramente ha practicado esa jugada cientos de veces en los entrenamientos y nunca ha fallado. Pero esta vez ha desviado la vista para comprobar dónde estaba el corredor y ha perdido la concentración.»

La capacidad de estrechar y ampliar el foco de atención puede ser clave para una buena jugada... o llevarnos a cometer un fallo imperdonable.

Mudar el foco de atención y saber dónde mirar en el momento oportuno no siempre es fácil. El doctor Hamlin reconoció que, si bien su trabajo consiste en estudiar los problemas de atención, su esposa se queja de que nunca sabe cuando está lista la cena. Se concentra tanto en el trabajo que tiene delante que pasa por alto otras señales, como el hecho de que son la siete y media de la tarde o el aroma a pollo asado que sale flotando de la cocina.

Barnaby, que posee un gran poder de concentración, señaló que, pese a estar sentados en un restaurante ruidoso rodeados del zumbido de la conversación, si alguien pronunciara su nombre en el otro extremo de la sala, él lo oiría de inmediato. Nuestro segundo compañero de mesa, David Ziegler, investigador de neurociencia en la Facultad de Medicina de la Universidad de California, en San Francisco, describió esa capacidad como «atención automática», ligada a esos estímulos que captan nuestra atención sean cuales sean las circunstancias. Más importante (y sutil) es la atención vertical, esa que usamos cuando nos concentramos en hechos y situaciones concretos.

Todos estamos bombardeados a diario por millones de piezas de información y aumentamos nuestra suerte cuando sabemos en qué queremos concentrarnos o qué posibilidades deseamos intensificar. Los cálculos varían, pero los análisis de datos masivos llevados a cabo por IBM afirman que creamos unos 2.5 trillones de bits de información al día, lo que expresado en números sería 2.500.000.000.000.000.000, si acaso la cifra te ayuda a comprender la magnitud de la cantidad. Ni que decir tiene que no estamos diseñados para captar ni una mínima fracción de toda esa información. Abundan las posibilidades por todas partes, y si te quedas sentado esperando a que una de esas posibilidades o estímulos se transforme en suerte, no vas a conseguir nada. E igual que sucedía en el vídeo del gorila, tienes que saber dónde mirar, porque ser afortunado requiere fijarse en los detalles pertinentes.

Tendemos a relacionar la suerte con la atención automática. ¡Has ganado la lotería! ¡Has llegado al cruce justo cuando el semáforo cambiaba a verde! ¡Un árbol ha caído a consecuencia de una tormenta y no ha rozado tu casa! Ese tipo de sucesos pregonan buena suerte a los cuatro vientos. ¿Cómo no fijarse en ellos? Sin embargo, la suerte casi siempre llega de manera más sutil. Hay que estar muy atento a su silencioso revoloteo para atraparla.

Cuando la cena terminó, Barnaby y yo charlamos de la dificultad de reconocer las oportunidades que favorecen la buena estrella y acordamos hacer un esfuerzo consciente por reparar en más posibilidades. Sin embargo, era un plan muy general y nos emocionaba más empezar a analizar y a comprender las gestos específicos que contribuyen a generar suerte, así como desarrollar los principios que incrementan la buena estrella en cualquier aspecto de la vida.

Teníamos un tema pendiente. Si la suerte se manifiesta en el cruce del talento, el esfuerzo y el puro azar, ¿hay algún modo de influir en la casualidad?

3

Elige a qué grupo de las estadísticas quieres pertenecer

Aprende cómo funcionan las probabilidades. No confundas riesgo con suerte. Viste camisas hawaianas en Boston (de vez en cuando).

Cuando hablamos de la necesidad de incrementar la propia fortuna, Barnaby y yo a menudo decimos, para abreviar, que la suerte no cae del cielo. Ahora bien, sabemos que, en un sentido literal, eso no es del todo cierto. En 1954, una mujer llamada Ann Hodges que vivía en Sylacauga, Alabama, estaba echando una siesta en el sofá de su casa envuelta en una gruesa colcha cuando un pedazo de roca negra atravesó el techo y le cayó sobre la pierna. La (infausta) caída de un trozo de cielo la convirtió en la única persona (a saber) que ha sufrido el impacto de un meteorito.

No deberías dedicar mucho tiempo a preocuparte por los meteoritos, por cuanto «hay más probabilidades de sufrir el azote de un tornado, un rayo y un huracán al mismo tiempo», comentó el astrónomo Michael Reynolds, de la Universidad del Estado de Florida, en relación al extraordinario suceso. Y sin embargo lo hacemos. Los científicos afirman que el impacto de un meteorito contra la Tierra hace 66 millones de años fue la causa del cambio climático que provocó la extinción de los dinosaurios. Sucedió hace mucho tiempo y fue un hecho aislado, pero quién sabe... Si un meteorito se estrella contra la Tierra cada 66 millones de años, mañana podría caer el siguiente.[4]

Si estaba decidida a considerar la suerte una combinación de azar, talento y esfuerzo, debía dejar de lado el azar y concentrarme en los otros dos factores, esos que sí se pueden controlar. Sin duda, el enfoque más inteligente. Pero sabía también que lo impredecible e imprevisto puede resultar abrumador. Si un meteorito se va a estrellar contra nuestro planeta cualquier día de estos, todo lo demás pierde importancia.

Así pues, antes de desentrañar los principios de la suerte, decidí aprender algo más sobre la cuestión de la aleatoriedad. Todos hemos protagonizado coincidencias que parecen imposibles: viajas a un país lejano y te encuentras con un conocido, o una vieja amiga de la universidad te llama justo cuando estás pensando en ella. Seguro que tu reacción viene a ser algo como: *¡Imposible!* ¿Qué probabilidades hay?

Pues resulta que hay más de las que imaginas.

El azar y lo improbable nos fascinan, al menos en parte, porque poseen la capacidad de transformar por completo la vida y las expectativas. Pero debes tener en cuenta que hay 7.000 millones de personas en nuestro planeta. Así pues, una probabilidad entre un millón implica que lo impensable se producirá 7.000 veces a lo largo y ancho del mundo. Esas son muchas posibilidades de que suceda lo imposible.

Tener las probabilidades en contra no implica que algo no vaya a suceder. En 2016, al club de fútbol Leicester City, de Inglaterra, le daban una probabilidad entre 5.000 de ganar la Premier League. Los corredores de apuestas le otorgaban a Bono idénticas posibilidades de convertirse en el nuevo Papa, a saber por qué.

La Premier League (primera división de fútbol) es potente y poderosa. No hay leyes antimonopolio ni tope salarial, y los mismos cuatro equipos han ganado el campeonato durante los últimos veinte años. El humilde Leicester City había perdido tantos partidos durante la temporada

---

4. En *Armageddon*, la película más taquillera de 1998, un grupo de expertos en perforación de pozos petrolíferos viaja al espacio para salvar a la Tierra de la amenaza de un meteorito. La supervivencia de nuestro planeta acaba en manos de Bruce Willis.

anterior que se libró por poco del descenso a segunda. Lo más cerca que estuvo de ser campeón fue un segundo puesto en la temporada de 1928-1929. Gastaba en jugadores la décima parte que los equipos más importantes, como el Manchester United y el Arsenal.

Pese a todo, ganaron. Una probabilidad entre 5.000 equivaldría a decir que, para ganar una vez, tendrían que jugar la final durante 5.000 años. La BBC se refirió a la proeza como «uno de los acontecimientos deportivos más importantes de todos los tiempos». En Estados Unidos, la NBC Sports advirtió que «en Estados Unidos no podemos entender lo que significa». Otros señalaron que, durante los entrenamientos de primavera, aun el peor equipo de béisbol estadounidense tiene una probabilidad entre 500 (más o menos) de ganar las Series Mundiales. El Leicester City se consideraba 10 veces peor que el más flojo.

Lo más curioso es que, tras la victoria, varios comentaristas formularon teorías sobre lo sucedido. Elogiaron los análisis empleados para escoger y fichar a los jugadores, apuntaron al magnífico entrenador y señalaron que los cuatro mejores equipos habían renqueado. ¿Habían forjado su propia suerte los jugadores del Leicester City (como las dos primeras explicaciones sugerían) o, sencillamente, el año 5.000 acaba por llegar si esperas el tiempo suficiente? Yo, está claro, no entiendo tanto de fútbol como para afirmar una cosa o la otra, pero sin duda resulta más fácil explicar un acontecimiento a posteriori.

Lo mires como lo mires, la anécdota del Leicester City inspira incluso a aquellos que ignoran que el fútbol inglés es idéntico al *soccer* estadounidense. Por escasas que sean las probabilidades de ganar, si quieres que la suerte te sonría no debes abandonar. Algo puede suceder. Las estadísticas pueden cambiar. Puedes sorprenderte a ti mismo y a todos los demás.

Conozco una fábula sobre dos gobernantes que se juegan a los dados el control del mundo. El primero tira y saca doble seis; la máxima puntuación.

«He ganado. No hace falta que tires», le dice a su contrincante.

El otro gobernante, sin embargo, se empeña en jugar. Cuando tira los dados, uno cae en el seis y el otro se rompe en dos: la mitad muestra seis puntos y la otra mitad, uno. De modo que ha obtenido un trece. ¿Qué probabilidades había? En realidad no sabes hasta dónde puedes llegar a menos que sigas intentándolo. El resultado podría superar aun tus esperanzas más optimistas.

Barnaby dedicó años de su carrera a estudiar el riesgo y, cuando saqué a colación el tema de las probabilidades en nuestra siguiente reunión, señaló que un modo de burlar las estadísticas es personalizarlas.

«Elige en qué lado de las estadísticas te quieres colocar», me dijo.

«¿Y eso que significa?», le pregunté.

Estábamos desayunando en una cafetería y eché un vistazo al bizcocho de plátano, tratando de decidir si pedía una porción. Barnaby siguió mi mirada y sonrió. Acababa de encontrar el ejemplo que estaba buscando.

«Piénsalo de este modo. Las estadísticas dicen que un tercio de la población estadounidense sufre obesidad. Pero eso no significa que cada uno de los norteamericanos se enfrente a una posibilidad entre tres de padecer sobrepeso. Puedes decidir qué vas a comer y cuánto ejercicio harás, y eso influirá en tu peso. Puedes decidir en qué lado de las estadísticas te quieres colocar.»

«Entonces no debería pedir el bizcocho de plátano», suspiré.

Barnaby soltó una carcajada.

«En tu caso, no creo que debas preocuparte. Y esa es la cuestión. Decir que hay un treinta por ciento de probabilidades de sufrir obesidad es una cosa. Pensar que tú, seas quien seas, corres peligro de sufrirla es otra muy distinta.»

Pedí el bizcocho de plátano. Y como el tema me interesaba, investigué un poco más y descubrí que Barnaby tenía toda la razón. La mayoría de estudios demuestra que los factores genéticos influyen relativamente poco en el sobrepeso, a diferencia del estilo de vida. Las investigaciones sobre salud pública de la Universidad de Harvard han probado que, aunque hayas heredado los genes asociados con la obesidad, lo que comes y la cantidad de ejercicio que haces determinará tu condición física en mayor grado que la genética. El lugar de residencia también influye. En algunos estados norteamericanos (encabezados por Alabama), la obesidad supera el 35 por ciento, mientras que en Colorado, el estado que tradicionalmente ostenta la plusmarca en delgadez, se encuentra por debajo del 20 por ciento. Pero si vives en uno de los estados con mayor índice de obesidad y comes frutas y verduras y sales a correr a diario, burlarás la estadísticas con facilidad. De hecho, las probabilidades no se aplicarán en tu caso.

Mientras seguíamos disfrutando del desayuno y charlando de riesgo y estadísticas, Barnaby me sorprendió diciendo que cuando nació su primera hija, Mandarin, quiso que la niña durmiera en la cama conyugal. A Michelle, su mujer, no le pareció buena idea. Arguyó que el riesgo de muerte entre los niños que duermen con sus padres es cinco veces mayor que si descansan en cunas. Algunos pierden la vida aplastados por los adultos, que se dan la vuelta en la cama sin darse cuenta, o se ahogan con las sábanas y las mantas, o se quedan encajados en los bordes de la cama. También ha quedado establecida la relación entre la devastadora muerte súbita del lactante y dormir con los padres en la misma cama. Un estudio exhaustivo demostró que el 69 por ciento de los lactantes fallecidos por muerte súbita dormía con sus padres. Las estadísticas son muy claras al respecto: el lugar más seguro para un niño es su propia cuna.

«Sin embargo, los niños llevan siglos durmiendo con sus madres en diversas culturas del mundo y yo pensaba que supondría un gran beneficio de cara a la crianza y otros aspectos. Así que eché otro vistazo a las estadísticas», continuó Barnaby.

Descubrió que buena parte de los peligros de dormir en la misma cama se relacionan con padres ebrios, obesos o de bajo nivel cultural. Otro de los factores de riesgo guarda relación con la cama: dormir en superficies blandas —un sofá, una cama de agua o un colchón demasiado mullido— y el exceso de mantas. Ninguno de esos factores se aplicaba en el caso de su familia.

«Así pues, calculé que, si el riesgo era de uno entre mil para el patrón de referencia estadístico empleado, en nuestro caso sería muy inferior —expuso Barnaby—. Alterando o eliminando ciertos factores, puedes transformar la curva de riesgo y cambiar así las probabilidades, o la suerte.»

Mandarin se acurrucó con mamá y papá durante un año, al igual que la pequeña Jasmine cuando nació. Hoy son dos niñas preciosas, sanas y perfectas. Mucha gente desaprueba que los bebés duerman con los padres en la misma cama mientras que otros lo defienden a capa y espada —el tema es polémico donde los haya— pero esa no es la cuestión.

«No podemos evitar todos los riesgos, y la vida es una negociación constante», afirmó Barnaby. Señaló que, estadísticamente, asumes un riesgo considerable cada vez que llevas a tus hijos en coche, pero lo haces de todos modos—. Lo más importante es entender qué peligros corres en realidad.

Mark Twain popularizó la frase: «mentiras, grandes mentiras y estadísticas», y es muy fácil dejarse convencer por los expertos cuando esgrimen cifras o te animan a malinterpretarlas. Si descubres (normalmente por boca de un médico en la tele) que comer col rizada o correr quince kilómetros al día disminuye a la mitad el riesgo de padecer determinada enfermedad, es posible que tus probabilidades de sufrirla bajen de un 0.002 a 0.001. En términos prácticos, esa disminución del 50 por ciento no significa nada en absoluto. Si te gusta la col rizada, adelante, añádela a tu ensalada. Pero no esperes que te traiga una suerte inmensa. De igual modo, por más que sepas en teoría que una probabilidad de lluvia de un 80 por ciento predice las condiciones meteorológicas ocho veces de cada diez, a ti lo que te importa en realidad es saber si se va a cancelar el partido de la tarde.

Si entiendes las estadísticas, puedes alterarlas. Así pues, por ejemplo, en 1992 un sindicato de inversiones australiano ideó un método para que le sonriera la suerte en la lotería. En lugar de jugar a una combinación (o dos o tres) decidieron ganar la lotería de Virginia jugando a todas las combinaciones posibles. En aquella época, cada cupón de un dólar contaba con seis casillas que podías rellenar con cifras del 1 al 44, lo que implica unos 7 millones de combinaciones. Rellenar todos esos cupones requería mucho tiempo, así que compraron tacos enteros de cupones en más de cien administraciones distintas. En las tiendas reinaba la indignación. «Nadie quiere hacer cola detrás de una persona que va a pasar allí cuatro o cinco días», dijo un contrariado virginiano en una audiencia pública tras el tongo de la lotería. El sindicato consiguió abarcar 5 de los 7 millones de combinaciones antes de que se agotara el plazo, pero las estadísticas estaban de su lado y ganaron el bote de 27 millones.

Dudo mucho que quieras intentarlo. Aunque pudieras conseguir el dinero para comprar todos esos cupones, ahora es mucho más difícil ganar la mayoría de loterías estatales. (El hecho de que los números a elegir abarquen hasta el 49 en lugar del 44 puede parecer irrelevante, pero dobla a 14 millones las posible combinaciones.) Y aunque lo consiguieras, correrías el riesgo de tener que compartir tu fortuna con otros jugadores que (casualmente) hubieran escogido la combinación ganadora. Sería imposible imprimir la cantidad de cupones necesaria para llevarte uno de los grandes botes, como el de los Mega Millones (equivalente en Europa al sorteo de los Euromillones), por más administraciones que se mostraran dispuestas a complacerte. Sin embargo, los inversores australianos acertaron con su teoría: si aumentas las oportunidades, incrementas tus probabilidades de ganar.

Cuando escuché por primera vez la historia de la lotería de Virginia, pensé: ¡Hala! El sindicato solo pudo abarcar cinco millones de siete. *¡Habría podido perder!* Barnaby me confesó que su pensamiento fue: *Cinco de siete. ¡Tienen muchas posibilidades!* Eso es lo más curioso de las probabilidades y las estadísticas: solo son números y cada uno les confiere sus propias emociones. En el juego de la suerte (y de la vida) tomamos decisiones muy personales acerca de los riesgos que estamos dispuestos a correr en cualquier aspecto, desde la familia hasta las finanzas.

Una persona que conozco pasaba mucho tiempo escalando cuando era veinteañero. Era fuerte y cuidadoso, y estaba seguro de que no cometería la clase de errores que, estadísticamente, han hecho de esa actividad un deporte de alto riesgo. Sin embargo, a medida que fue accediendo a rutas cada vez más peligrosas y pasando más y más tiempo en las resbaladizas laderas, comprendió que las estadísticas estaban en su contra. Cuando practicas la escalada de alto nivel, ocurren accidentes que no puedes prever. Guardó las cuerdas para siempre.

Otros escaladores deciden seguir conquistando picos y montañas o practican deportes de alto riesgo. Uno de los alpinistas más famosos del mundo, Ueli Steck, murió en 2017 cuando se preparaba para una travesía por una cara particularmente complicada del monte Everest. Había logrado plusmarcas de velocidad en picos famosos, como el Matterhorn, y en una ocasión remontó todos los grandes picos de los Alpes a un ritmo desenfrenado; escaló ochenta y dos montañas (todas de más de cuatro mil metros) en sesenta y dos días. Su muerte a la edad de cuarenta años fue una noticia triste, pero seguramente Steck sabía que estaba apurando las probabilidades. Decidió que una vida de fuertes emociones y adrenalina le compensaba el riesgo. Es probable que tú, yo y mi amigo escalador hubiéramos elegido otra cosa, pero cada cual define en sus propios términos lo que implica ser afortunado en la vida.

En mi siguiente visita al Laboratorio de la Suerte, Barnaby y yo dimos un paseo por el bosque. (En esta ocasión no había tanto barro; no tuve que sacrificar más zapatos en nombre de la ciencia.) Le mencioné que, en nuestra encuesta nacional, un 66 por ciento de los encuestados aproximadamente pensaba que para incrementar la suerte hay que estar dispuesto a correr riesgos. Barnaby no estaba del todo de acuerdo con ellos.

—Cada cual concibe el riesgo a su manera y, de todas formas, no está tan claro que más riesgo implique más suerte —afirmó.

La relación entre el riesgo y la suerte está muy arraigada en la mentalidad norteamericana. Antaño venerábamos al valiente vaquero que cabalgaba por las llanuras en busca de su buena estrella y actualmente ensalzamos al vaquero emprendedor que se salta las reglas, se la juega y cabalga triunfante hacia la gloria. La imagen funciona de maravilla en las películas y en las leyendas... pero no tanto en la vida real.

«A menudo pensamos que las personas de éxito y afortunadas tienden a correr riesgos, pero la verdad es que siempre saltan con red de seguridad, para no hacerse daño —afirmó Barnaby—. Conozco montones de historias de personas que se han hecho ricas. En lugar de arriesgarlo todo, labraron su propia suerte viendo lo que otros no veían y aprovechando la ocasión.»

Mientras paseábamos, me fijé en un puente colgante a un lado del camino, fabricado con listones de madera y alambre. Atravesaba un estanque y, si bien no parecía haber gran cosa al otro lado, le pregunté a Barnaby si quería cruzarlo.

«Me han dicho que los estudiantes de ingeniería de Princeton lo diseñaron y lo construyeron», comentó Barnaby. Trepó un par de peldaños y luego caminó con tiento hasta el centro del oscilante puente.

«¿Quieres que te acompañe?», le pregunté.

Él miró a su alrededor un momento, negó con la cabeza y regresó.

«Este puente ofrece un ejemplo excelente de la asimetría que a veces acompaña a la suerte. La fortuna que te ofrece es limitada, pero la mala pata será considerable si caes —observó—. Hay riesgos que no vale la pena correr.»

Nos encaminamos al interior del Laboratorio de la Suerte y Barnaby me relató que, en los comienzos de su carrera, trabajó como asesor de una petrolera (este hombre ha hecho de todo), y eso lo llevó a meditar largo y tendido sobre las distintas clases de riesgo... y la recompensa que ofrecen. Según explicó Barnaby, los geólogos salen a buscar bolsas de petróleo en la tierra pertrechados con equipos sofisticados. Una vez que han recogido abundantes datos y localizado las mejores posibilidades (la certeza nunca es completa), la empresa tiene que decidir en qué puntos se concentra. La perforación es muy cara, así que no pueden explorarlo todo.

«Para obtener el mayor rendimiento posible, la opción más segura es perforar campos de tamaño medio que resulten rentables para la empresa. Pero también hay presiones para el hallazgo de bolsas enormes en lugares inesperados, cuya exploración sale más cara. Es complicado abarcar ambas posibilidades, de modo que hay que escoger una cosa o la otra. Y esos distintos enfoques dan lugar a formas diferentes de afrontar el riesgo, entre ingenieros y también entre ejecutivos.»

En la vida, tomamos constantemente esa clase de decisiones. ¿Apostamos por una pequeña posibilidad que ofrece una recompensa enorme? ¿O tomamos la ruta más segura, que rinde unos beneficios menos espectaculares pero más tangibles? Dicho de otro modo, ¿deberías animar a tu hijo cuando decide, mirando un partido de baloncesto, que su sueño en la vida es jugar en la NBA? A menos que mida dos metros de estatura y nunca falle los triples, seguramente no. Nos encanta escuchar historias de personas que piensan a lo grande, que se lanzan en pos de lo imposible y salen victoriosas, pero uno puede ser afortunado en la vida tomando rutas más seguras y haciendo apuestas menos arriesgadas.

«La senda del héroe no es la única que lleva a la suerte —observó Barnaby—. Los resultados extraordinarios son infrecuentes, y nos hacemos un flaco favor si pensamos que hay que correr grandes riesgos para tener buena suerte.»

Prosiguiendo con el ejemplo de las prospecciones petrolíferas, Barnaby señaló que un ingeniero puede tomar la decisión de pasar diez años tiritando de frío en el Ártico con la esperanza de encontrar el recóndito pozo que lo cambiará todo. O puede vivir cómodamente en Houston dedicando sus esfuerzos a pozos más asequibles que le reportarán beneficios constantes. Los estudios cinematográficos se enfrentan al mismo dilema. Pueden apostar por el mismo tópico de siempre (hola, *Batman* parte 18 o probar algo insólito y distinto que seguramente será un fiasco pero que podría triunfar por todo lo alto. Un estudiante que se plantea su futuro hace cálculos similares. ¿Se especializa en odontología y apuesta por un futuro seguro? ¿O se convierte en empresario e invierte todo su capital en una empresa de nueva creación para vender sándwiches de helado por correo?

Plantearse la vida a partir de las estadísticas tiene sentido en la teoría. Fíjate en la cantidad de dentistas que se arruinan en comparación con los creadores de empresas de nueva creación que lo pierden todo. Solo tienes que calcular las probabilidades de éxito y tomar la senda que te traerá más suerte. Ahora bien, la mayoría de personas no estamos hechos para enfocar la vida en plan «¿qué probabilidades hay?» Tomamos decisiones basadas en informaciones poco fiables, nos inspiramos en el ejemplo de nuestros amigos o seguimos nuestras corazonadas (lo que a veces nos lleva a correr riesgos estúpidos). Si tu compañero de piso ha creado una empresa de éxito, es más probable que tú te lances a intentarlo también. Esperamos desenlaces positivos aun sabiendo que las estadísticas no nos favorecen e ignoramos los posibles inconvenientes.

Soy una gran admiradora de Leonard Mlodinow, físico y matemático del Instituto de Tecnología de California, cuyo superventas *El andar del borracho* es uno de mis libros favoritos desde su publicación. Tiene un modo muy sugestivo de explicar las probabilidades estadísticas y en una ocasión se preguntó (por provocar, principalmente) cuántas personas comprarían lotería si les dijeran que, de todos los compradores, una persona ganará una fortuna, varios millones se quedarán sin nada y otra morirá de forma violenta. Porque, básicamente eso es lo que sucede. Combinando las estadísticas de accidentes automovilísticos con el número de personas que se desplazan en coche para comprar un cupón, concluyó que habrá un accidente mortal más por cada sorteo importante. Ahora bien ¿quién tiene en cuenta ese dato cuando se plantea si comprar un cupón de lotería?

Hace años, cuando trabajaba como redactora jefa de una gran publicación, la empresa organizaba desayunos mensuales para toda la plantilla. Además de bandejas de fruta y demasiados dónuts rellenos, se repartían entre todos los asistentes números para un sorteo. Al final del almuerzo, el director sacaba papeles numerados de un sombrero para adjudicar los premios: una comida para dos en un restaurante, una cesta regalo, un pañuelo de diseño. Según los ganadores se aproximaban a recoger su recompensa, al menos uno de ellos gritaba en cada ocasión: «¡No me lo puedo creer! ¡Es la primera vez en mi vida que gano algo!»

No debe sorprendernos. Ganar un sorteo o cualquier tipo de lotería implica burlar las estadísticas. Pero Barnaby me contó que su esposa, Michelle, participa regularmente en el sorteo de una semana de compras gratuitas que celebra el popular supermercado Trader Joe de su barrio. Cientos de personas compran en ese supermercado, pero ella ha ganado tres veces.

«No entiendo nada», confesó Barnaby.

Y sin embargo, los sucesos inesperados, buenos y malos, ocurren constantemente. A los matemáticos les gusta señalar la diferencia entre las probabilidades de que Michelle gane en tres ocasiones y las posibilidades de que alguien, quien sea, tenga la misma suerte. Piénsalo así. Si diez mil personas depositan su cupón en la urna cada semana, hay una posibilidad entre diez mil de ganar. Pero hay un cien por cien de posibilidades de que alguien gane; y el hecho de que sea la misma persona en el transcurso de unos meses no es tan extraño como pueda parecer. Los matemáticos se refieren a ello como la ley de los grandes números y nos ofrece una nueva perspectiva sobre las estadísticas. Hace unos años una mujer de Nueva Jersey ganó la lotería estatal dos veces en cuatro meses. Todavía más sorprendente que las compras de Michelle, ¿verdad? La prensa afirmó que las probabilidades de que sucediera algo así eran de una entre 17 billones. Pero dos estadísticos de la Universidad de Purdue, el doctor Stephen Samuels y George McCabe, lamentaban disentir. Señalaron que esos cálculos partían de la premisa de que una persona hubiera comprado un solo cupón para cada uno de los dos sorteos y hubiera ganado en ambas ocasiones. Sin embargo, habida cuenta de los millones y millones de personas que compran cientos de millones de cupones de lotería, las probabilidades de que hubiera un doble ganador en alguna parte del país eran muy distintas. ¿Una entre 17 billones? No, señor; más bien una entre 30.

Otro ejemplo clásico es la paradoja del cumpleaños. Si vas a una fiesta en la que hay 23 personas, es probable que dos cumplan años el mismo día. En cambio, para que sea probable que alguien celebre su cumpleaños el mismo día que tú, hará falta mucha más gente: algo así como 183 personas. (Si te da vueltas la cabeza, al final del libro encontrarás la demostración matemática.)

Y a veces es importante recordar que no pasa nada por tirar las estadísticas por la ventana y tomar la decisión de labrarte tu propia suerte. Barnaby piensa que, si alguien sabe de eso, es un conocido suyo, Doug Rauch, que durante muchos años trabajó como director general de los supermercados Trader Joe.

«¡Por eso ganó Michelle! —exclamé—. ¡Estaba amañado!»

«¡Desde luego que no! ¡Dough ya ni siquiera trabaja allí!», protestó Barnaby.

Así que llamamos a Rauch y al momento me convencí de que no sabía nada acerca de Michelle y sus compras gratuitas. En cambio, sabía mucho sobre tener suerte en el negocio de la alimentación. Cuando era uno de los primeros dependientes de Trader Joe y la actual cadena no era más que un pequeño colmado de Los Ángeles, Rauch protagonizó unos cuantos éxitos; incluida la invención del famoso sucedáneo de la mantequilla de cacahuete All American Nut Butter.

«Más alta en proteínas que la mantequilla de cacahuete normal y significativamente más económica. Vendimos cientos de miles de tarros», declaró con orgullo, pese al tiempo transcurrido.

Hace años, la disminución de la cosecha de cacahuetes aumentó el precio de este alimento básico en los hogares estadounidenses. A Rauch se le ocurrió la idea de crear un sucedáneo a base de semillas de algodón. El desarrollo del producto fue complicado, pero, por encima de todo, Doug Rauch aprendió una lección importante:

«La suerte te sonríe cuando adoptas una mentalidad innovadora. En lugar de pensar en lo que ya existe, empiezas a pensar en lo que no existe y en aquello que podría existir.»

Convertir las semillas de algodón en cacahuetes (que parece magia a primera vista) no fue el único riesgo que asumió Rauch. Ideó un plan para llevar el negocio a casi cinco mil kilómetros de distancia, de California a la Costa Este. ¿Un gran riesgo? Más bien una inmensa locura. A los propietarios y al director les gustó la idea, pero el fundador de la empresa, Joe Coulombe, que ya se había jubilado por aquel entonces, lo invitó a comer y le dijo que no vendiera su casa de California cuando se mudase a Boston. Si el negocio no funcioaba volvería.

«Pensé: "¡Este es el fundador de Trader Joe! ¡Es igual que si el mismísimo Dios me dijera que voy a fracasar!"», confesó.

Por si no bastara con ese mensaje divino, un prestigioso empresario de Nueva Inglaterra, Tom Chappell, que había creado la empresa de pasta dentífrica Tom's of Maine, llevó a Rauch a cenar y le expresó sus dudas también. Tom no creía que la empresa fuera a cuajar en la Costa Este, empezando por los uniformes de los empleados.

«Tom me dijo: "No pensarás conservar las camisas hawaianas, ¿verdad? En California quedan bien, con la playa y los surfistas, pero en Boston vais a parecer un puñado de idiotas" —recuerda Rauch. Tom opinaba también que el modelo de tienda (sin mostrador ni servicio ni comida fresca) fracasaría. Boston es la capital del pescado fresco. ¿Por qué iba nadie a comprar pescado congelado?—. Me marché de aquella cena con una depresión de caballo. Incluso le había pedido a nuestro proveedor que confeccionara una camisa hawaiana de manga larga para ver cómo quedaba.»

La camisa hawaiana de manga larga resultó ser tan ridícula como cabía esperar. Así que Rauch decidió hacer caso omiso de las predicciones y trasladarse a la Costa Este con camisas hawaianas normales y pescado congelado. Si tenía las probabilidades en contra, él fabricaría las suyas propias y se atendría al modelo en el que creía.

«Fue largo y complicado. Requirió un gran esfuerzo y mucho trabajo —nos confesó Rauch—. Pero así son los negocios, y la vida. El éxito pocas veces llega de la noche a la mañana. No puedes dejar de ser quien eres para convertirte en otra persona. Tienes que creer en ti mismo y mostrar el valor de seguir adelante.»

Rauch y su equipo se atuvieron al plan y siguieron expandiéndose por toda la Costa Este. Finalmente se convirtió en el director nacional de Trader Joe's y, para cuando dejó la empresa, había abierto 104 tiendas.

Desafiar las estadísticas no siempre funciona. Pero la historia de un gran éxito es difícil de predecir. Las probabilidades decían que a Trader Joe le iría mejor si los empleados de Boston llevaban bonitas camisas bordadas y vendían pescado fresco detrás de mostradores. Rauch recurrió al instinto, a la investigación y a sus conocimientos sobre la industria de la alimentación para adoptar otro enfoque.

Decidir si apuestas o no es una sencilla ecuación. O, cuando menos, lo es para los matemáticos. Solamente tienes que multiplicar las probabilidades de que algo suceda por la recompensa esperada. Así pues, por ejemplo, si tienes un 10 por ciento de probabilidades de ganar 1.000 dólares, multiplicas el 10 por ciento (0.1) por 1000 y obtienes 100. En teoría, la posibilidad de ganar merece que arriesgues cien pavos. Pero, en la vida real, las probabilidades y las posibles recompensas no siempre están tan claras; y las emociones también intervienen. Yo, ante ese mismo problema, solo veo un 90 por ciento de posibilidades de perder lo que sea que apueste. Así que me jugaría, como mucho, cinco dólares. (Eso explica por qué no me dedico a invertir en bolsa ni en capital riesgo.)

¿Contaba Doug Rauch con un 10 por ciento de probabilidades de éxito cuando trasladó Trader Joe a Boston? ¿Un 20 por ciento? ¿Un 5? Cada uno de sus actos modificaba las posibilidades. Y, en último término, eso es lo que importa a la hora de labrarse la propia suerte. Poco después de charlar con Rauch, recibí la llamada de una agente que me informó de que se estaba barajando mi nombre para un proyecto muy atractivo. Habían descartado ya a una larga lista de candidatos, aunque seguían considerando a unos diez, pensaba ella.

No me dejé llevar por la emoción. De hecho, me dije al instante que no caería esa breva. Una probabilidad de uno entre diez no es gran cosa. Los demás candidatos tenían mucho talento. No hice caso y aguardé a saber algo más.

¡Un momento! ¿No había algún modo de aumentar mis posibilidades? Mi instinto natural me empujaba a retirarme; si no esperas nada, no te llevas una desilusión. Pero tampoco te sonríe la suerte. Así que me pregunté cómo podía destacar del resto. Llamé a unas cuantas personas. Envié un correo electrónico divertido. Saqué a relucir un proyecto anterior muy parecido que podía marcar la diferencia. Puede que de buen comienzo no me consideraran la opción más evidente... pero las camisas hawaianas en Boston tampoco eran una apuesta segura. Alguien creyó que podrían generar suerte.

Una semana después me llamaron para decirme que la lista de candidatos se reducía a cuatro y que las personas encargadas de tomar la decisión me esperaban el miércoles siguiente. En teoría, tenía que viajar a las Bahamas para dar una conferencia. Pero... ¡crea tus oportunidades! ¡Elige *a qué grupo de la estadística quieres pertenecer!* Pagué una gran suma para retrasar un día el billete (y llegar a tiempo para la conferencia). Preparé la reunión y lo di todo.

Mientras escribo esto, todavía no sé si me encargarán el proyecto; pero eso no tiene importancia. Hice cuanto pude por aumentar mis probabilidades. De un modo u otro, me esforcé por labrarme mi suerte. Y, cuando te paras a mirar tu vida, saber que has trabajado con ahínco, has creído en ti mismo y has intentado mejorar tus posibilidades te hace sentir afortunado.

Charlé sobre el tema con una mujer llamada Christy Clark, que vive en Boulder, Colorado. O, más bien, vivía en Boulder. Cuando hablamos, me dijo que la semana siguiente su marido, su hija de seis años y ella se mudaban a París.

«¡Qué maravilla!», exclamé.

En lo concerniente a riesgo personal, era uno de los gestos más audaces que había visto jamás.

Interesada en París desde su infancia en Nueva Jersey, Christy se casó con su novio del instituto, Cliff, y escogieron esa hermosa ciudad como destino de su luna de miel. Regresaron al cabo de un tiempo, esa vez con su hija de meses. Iban siempre de vacaciones y al final compraron y reformaron un precioso apartamento cerca de Saint-Germain-des-Prés. Últimamente Christy tenía la sensación de que había llegado el momento de emprender una nueva aventura.

Trasladarte a París con una hija pequeña cuando no hablas francés parece un tanto aventurado. Pero Christy había hecho todo lo posible por asegurarse de que funcionase.

«Nuestra vida en Boulder es maravillosa, pero mi corazón vibra cuando estoy en París», me reveló.

Como psicoterapeuta, siempre les dice a las parejas que, para multiplicar su suerte (y su amor), prueben cosas que nunca hayan hecho antes.

«Uno debe preguntarse por qué hace las cosas —observó—. ¿Lo estoy haciendo por costumbre? El cambio requiere un esfuerzo y da miedo, pero imagina toda la suerte que podemos atraer si estamos dispuestos a soportar una pequeña incomodidad.»

Días después de haber hablado con Christy seguía pensando en ella. La imaginaba paseando por el Louvre, comiendo *pain au chocolat* y jugando con su hija en los jardines de Luxemburgo. ¿Había incrementado sus probabilidades de ser afortunada? Puede que las estadísticas digan que los habitantes de Boulder son más felices que los de París y tal vez algún matemático señalaría que las probabilidades de quebrar la paz conyugal aumentan si te desplazas a la ciudad de tus sueños en lugar de quedarte donde estás. Pero, de ser así, yo le diría a Christy que, con todos mis respetos, no hiciera el menor caso. En toda vida hay días buenos y días malos, y labrarse la propia suerte supone hacer lo posible por aumentar la proporción de los primeros frente a los segundos. Puede que optar por eso que hace vibrar tu corazón sea un buen modo de elegir a qué grupo de la estadística quieres pertenecer.

Segunda Parte
CÓMO SER AFORTUNADO

«Los mismos que afirman que todo está predestinado y que no podemos hacer nada por cambiar nuestro destino miran a ambos lados antes de cruzar la calle.»

Stephen Hawking

4

Calcula la trayectoria del disco y patina hacia allí

Sitúate allí donde la ocasión pueda dar contigo. Recuerda que una cosa lleva a la otra. Aléjate de mamá. Por qué la Madre Teresa volaba en primera clase.

Después de pasar lunes y martes en el Laboratorio de la Suerte de Princeton, Barnaby llegaba a nuestros encuentros semanales del miércoles rebosante de ideas y teorías. Cuando acudía a Nueva York, nuestra primera duda siempre involucraba el lugar de reunión. Había un par de sitios que me gustaban especialmente, pero ahora mis garitos favoritos se habían expandido de manera espectacular. Un nuevo restaurante en Columbus Circle, el Loeb Boathouse de Central Park, una cafetería del West Side... Barnaby siempre buscaba un local mejor que los anteriores.

«Es importante escoger dónde pasas el rato —me advirtió Barnaby en una ocasión, mientras charlábamos en uno de esos espacios de trabajo compartidos que han proliferado en las grandes ciudades—. Para ser afortunado, debes acudir allí donde abundan las oportunidades.»

Me dijo que, cuando se planteaba cómo el entorno influye en la suerte, siempre le venía a la mente el gran jugador de hockey Wayne Gretzky.

«Poseía una habilidad increíble para atraer buena suerte», afirmó.

El equipo de Gretzky ganó cuatro copas Stanley de hockey sobre hielo en la década de 1980 y en la de 1990, y el propio jugador estableció récords de puntos que todavía no se han batido. Cuando le preguntaban cómo se las arreglaba para anotar tantos puntos, siempre respondía lo mismo: «Calculo la trayectoria del disco y patino hacia allí».

Procuré disimular mi decepción. Si a Barnaby le parecía una respuesta brillante, tal vez lo fuera, pero... ¿en serio?

«¿Calculo la trayectoria del disco y patino hacia allí?», repetí.

Barnaby asintió.

«Hacer eso es importante. Y no solo en el hockey, también en la vida, porque las personas afortunadas se colocan allí donde saben que llegarán las oportunidades. Entonces pueden esperar tranquilamente y atrapar la suerte según se aproxima.»

«¿Y no lo hacemos todos?», pregunté.

Barnaby negó con la cabeza.

«La mayoría de la gente se queda en casa mirando la tele.»

Me reí. Tenía razón. Unas estadísticas recientes de Nielsen constataban que el estadounidense normal y corriente pasa una media de cinco horas al día mirando la tele en uno u otro formato, además de otras dos horas aproximadamente consumiendo entretenimiento en sus teléfonos y tabletas. Siete horas al día es casi una jornada laboral completa. Pero, a menos que te estés preparando para ejercer como juez de *Mira quién baila*, la suerte no te va sonreír si te quedas en casa mirando la televisión. La buena estrella brilla en lugares que te permiten sacar partido de lo inesperado. El sofá de tu casa no es uno de ellos.

«¡Deberíamos fabricar adhesivos para el televisor que advirtieran: APARATO ANTISUERTE!», bromeó Barnaby.

Le recordé que yo había trabajado como productora de televisión, pero entendía a qué se refería.

La frase de Gretzky sobre calcular la trayectoria del disco y patinar hacia allí tenía gracia pero también era práctica y cierta, por cuanto él siempre estaba preparado para recibir el disco; y a menudo era el único. Puedes marcarte toda clase de tantos (reales y metafóricos) si estás en el lugar adecuado para que te sonría la suerte, ya sea en forma de trabajo, pareja o trofeo deportivo. Yo ya había aprendido que los golpes de suerte no son, ni de lejos, tan casuales como pueda parecer. En ocasiones aciertas con el momento y el lugar por pura chiripa, pero la mitad de las veces has llegado allí calculando una trayectoria. Si tratas de incrementar tu buena estrella, tienes que pensar bien a dónde te diriges y calcular dónde estará el disco dentro de un momento.

Recordé una historia que había oído sobre la oscarizada actriz Charlize Theron, que abandonó su hogar en Sudáfrica tras la cadena de desgracias que azotó su infancia, particularmente dramática. Su madre mató de un disparo al padre alcohólico de Theron en un acto de autodefensa (no fue acusada de ningún crimen) y Charlize Theron se mudó a Italia y después a Estados Unidos con la intención de mejorar su suerte. No lo consiguió de inmediato. Quería ser bailarina, pero se lesionó las rodillas. Estaba tan deprimida que su madre le pidió que volviera a casa. Pese a todo, a los diecinueve años, Charlize decidió desplazarse a Los Ángeles para concederse una última oportunidad. La cosa no tenía buena pinta... hasta que estalló en gritos en un banco, cuando un cajero se negó a cambiarle el cheque que su madre le había enviado desde Sudáfrica.

Si te estás preguntando qué tiene que ver todo eso con la buena suerte, sigue leyendo. Por lo visto, uno de los clientes que hacía cola en el banco era un cazatalentos. Vio a esa mujer tan hermosa exteriorizar sus sentimientos y le dio su tarjeta. La carrera de la actriz despegó aquel día.

No digo que estallar en gritos sea el modo ideal de agenciarse la buena suerte. Pero al desplazarse a Los Ángeles, la popular actriz acudió al lugar donde más se prodigan las oportunidades. Si se hubiera rendido y hubiera regresado a Sudáfrica, todo el mundo lo habría entendido y la habrían consolado por su mala pata. En cambio, ella se concedió la oportunidad de ser afortunada, y el Óscar a la mejor actriz de 2004 acabó en la repisa de su chimenea y no en la de otra persona.

Los estadounidenses tiene fama de moverse de un lado a otro constantemente, pero resulta que los grandes desplazamientos al estilo del que protagonizó Charlize Theron no son nada corrientes en Estados Unidos. Según un análisis de *The New York Times*, apenas un 20 por ciento de los estadounidenses vive a más de un par de horas en coche del hogar materno, y la mitad de los adultos del país se instalan a menos de treinta kilómetros de la casa de mamá.[5] Soy fan de las madres, pero no son necesariamente la panacea en relación a la suerte. Alejarse de las faldas maternas puede propiciar nuevos contactos y mejores posibilidades.

Cazar la suerte al vuelo es complicado, porque no siempre resulta fácil predecir las oportunidades. Un día te mudas a Los Ángeles pensando en grabar anuncios y, en lugar de eso, tienes un berrinche en un banco, consigues un agente, tomas clases de interpretación y te ofrecen un papel de peso con el que ganas un Óscar. Cada uno de esos incidentes por separado (la pataleta en el banco, conseguir el agente...) podría haber desembocado en distintos desenlaces y uno no conduce necesariamente al siguiente. Hay que atisbar la posibilidad y atraparla al momento.

Barnaby tiene ejemplos para dar y tomar sobre personas a las que les ha sonreído la suerte cuando se han desplazado allí donde abunda. Aristóteles Onassis, el magnate griego de la industria naviera, no nació con buena estrella; su familia lo perdió todo durante la guerra greco-turca y él se desplazó a Buenos Aires siendo un adolescente. Aun cuando pasaba tantos apuros que ni en sueños podía pagarse una comida en un restaurante, Onassis acudía a los hoteles más caros y pedía té.

«Comprendió que, si quieres ser rico, debes acudir a los sitios que frecuenta la gente rica», comentó Barnaby.

Onassis hizo alguna que otra trampa, como conseguir un trabajo de operario de telefonía para poder escuchar las llamadas de los hombres de negocios y planear estratagemas. Siempre procuraba codearse con gente que pudiera echarle un cable. Sería exagerado decir que gracias a esa costumbre llegó a ser uno de los hombres más ricos del mundo, a conquistar a la cantante de ópera María Callas y a casarse con Jacqueline Kennedy. Pero su incansable afán por labrarse su propia suerte sin duda le ayudó a salir adelante y su principio «ve a por ello» todavía resuena en nuestros tiempos.

Dudo mucho que yo gastara mis últimos diez centavos en tomar té en un hotel elegante. Tal vez por eso no soy tan rica como Onassis. Para

---

5. Como los padres no siempre permanecen juntos, parece ser que sale más a cuenta tener cerca a mamá que a papá.

ser afortunado, debes desplazarte a los lugares que propician las oportunidades. Cuesta poco encontrar razones y excusas para no hacer algo y una actitud derrotista a menudo parece la más racional. Puede que lo sea. Ahora bien, con esa actitud no te va a sonreír la suerte.

«El miedo y la inseguridad inhiben la suerte, porque te impiden perseguir tu sueño y hacer los contactos que te permitirán cumplirlo», afirmó Barnaby.

La suerte no irá a buscarte si te quedas deprimido en casa o te escondes bajo las mantas de la cama. (A diferencia del ratoncito Pérez, la suerte no se desliza hasta tu almohada mientras duermes.) Si quieres ser afortunado, tienes que armarte de valor y probar lo inesperado.

Barnaby está convencido de que la idea de Gretzky de anticiparse a la trayectoria del disco funciona para todo el mundo. El secreto radica en adaptar ese principio a tus propios objetivos. Incluso los santos se forjan su suerte.

«Por eso la Madre Teresa de Calcuta volaba en primera clase —explicó Barnaby—. Conseguía más dinero para sus obras de caridad en un vuelo de la India a Londres en primera clase que en ningún otro sitio.»

En cuanto llegué a casa comprobé el dato. Durante buena parte de su vida, la Madre Teresa residió en la India, donde ayudaba a las personas que describía como abandonadas, olvidadas y desatendidas por la sociedad. Fundó una congregación denominada «Misioneras de la Caridad», que se expandió rápidamente con el transcurso de los años. Para cuando murió, en 1997, su comunidad incluía a miles de monjas que trabajaban en más de un centenar de países, todas ellas consagradas a ofrecer «ayuda desinteresada a los más necesitados de entre los pobres».

La Madre Teresa comprendió rápidamente que hacía falta mucho dinero para cuidar de los desamparados, y estaba decidida a conseguirlo a base de donativos. Si bien creía que para comprender la pobreza debía vivir entre los pobres, a menudo viajaba en primera clase. Algunas personas la criticaron por ello, pero hacer sus frecuentes viajes en las primeras filas del avión le granjeaba una suerte que luego podía compartir con los demás. Hablar con los viajeros en el transcurso de los largos vuelos de la India a Londres (o a cualquier otra parte) le permitía exponer su causa a un público cautivo. Mediante ese método obtuvo algunas de las donaciones más generosas. Sabía que, si un ejecutivo podía permitirse el asiento 1A, contaba con más recursos para hacer un generoso donativo que el viajero de la última fila de la clase económica. En persona, esa mujer pequeña y resuelta tenía gran poder de convicción. Su pasión era su gran poder.

La Iglesia católica beatificó en 2016 a la Madre Teresa, que se convirtió a partir de entonces en Santa Teresa de Calcuta. La canonización levantó polémica (si bien nadie esgrimió como argumento su costumbre de viajar en primera). Algunos de los más críticos señalaban, incluso en vida de la santa, sus relaciones con empresarios dudosos (y, en consecuencia, ricos) y dictadores. Siendo más positivos, hizo cuanto pudo y más para sufragar sus importantes actividades y llevar algo de suerte a los más necesitados. En ocasiones conocía en la India a las personas que la podían ayudar, en otras en reuniones internacionales y, de vez en cuando, en el baño de primera clase de un avión. Acudía al encuentro de los benefactores.

En la década de 1980, una banda de *new wave* llamada The Fixx triunfó con una canción titulada «Una cosa lleva a la otra». Es probable que a sus fans les interesase más el pegadizo ritmo de baile que el mensaje de la letra, pero el título expresa una verdad muy sencilla; porque en la vida y en la suerte, una cosa lleva a la otra. Tomas medidas para propiciar un desenlace positivo, nuevos acontecimientos derivan de este y a menudo la suerte se multiplica. El escritor E. B. White lo expresó de un modo encantador: «La vida se puede complicar infinitamente, porque una cosa lleva a la otra.»

Las personas muy ambiciosas tienden a reunirse entre sí, como si intuyeran que la suerte atrae más suerte. Cuando Mark Zuckerberg estaba estudiando en Harvard y creó Facebook, pasó el verano en Palo Alto para asegurarse de que su empresa tuviera las máximas oportunidades de triunfar. Acudió al encuentro de la fortuna. En aquel ambiente enfocado en la tecnología, una cosa sin duda llevó a otra, porque una persona conduce a otra. Zuckerberg contrató a Sean Parker (el creador de Napster) como presidente de su empresa emergente. Buscando inversores, Parker acudió a Reid Hoffman, que dirigía la red social LinkedIn. A Hoffman le gustó la idea, pero no podía invertir (consideró que había un conflicto de intereses), así que puso en contacto a Parker con Peter Thiel, con el que había trabajado en PayPal, y Zuckerberg consiguió su primera inversión por un valor de quinientos mil dólares.[6] El hecho de estar allí donde la suerte y el apoyo podían fluir hacia él reportó a Zuckerberg un gran beneficio (enorme, a la postre). Para Zuckerberg, y para Facebook, la clave de la buena suerte fue saber que una persona lleva a otra: de Parker a Hoffman y de este a Thiel.

Si tienes una idea brillante para un posible negocio que requiere un montón de dinero, es posible que hayas pensado en mudarte a Silicon Valley (o cuando menos darte una vuelta por allí). Tal vez estés dispuesto a tirar la casa por la ventana en el precioso restaurante Madera de Sand Hill Road y deducir la comida de los impuestos, pues hay bastantes probabilidades de que la mesa contigua esté ocupada por alguien que te pueda ayudar. No vas a abordarlo mientras da cuenta de su tartar de atún, pero las posibilidades de hacer el contacto propicio son mayores cuando estás en mitad de la acción y a un par de manzanas de las oficinas en las que trabajan los inversionistas de riesgo más poderosos del mundo. Te has desplazado al lugar en el que más abundan las oportunidades.

Ahora bien, antes de comprar un billete de ida a San Francisco, vale la pena recordar que esos entornos tan prometedores, como Silicon Valley o Hollywood, también concentran una gran competencia. Barnaby me explicó que los biólogos conocen desde hace tiempo este fenómeno, observable en el mundo natural. Lo llaman «distribución libre e ideal». Significa que en las zonas más ricas en recursos se concentran más animales. A una ardilla, un frondoso campo sembrado de nueces y frutas podría

---

6. Ese medio millón de dólares proporcionó a Thiel más del 10 por ciento de la joven compañía. La inversión acabó siendo la más próspera que hiciera jamás. Cuando Facebook empezó a cotizar en bolsa algunos años después, Thiel vendió sus acciones por más de mil millones de dólares. (Cómo empleó ese dinero ya es otro cantar.)

parecerle el paraje ideal para pasar el rato. Sin embargo, si todas las ardillas de la zona andan por allí también, y la ardilla no es demasiado grande ni cuenta con garras afiladas, tal vez se sienta mejor en el terreno más árido que se extiende a unos metros de distancia. No encontrará tantas nueces y bayas, pero se las arreglará, muchas gracias, y disfrutará una vida tranquila y agradable (incluso en invierno).

La misma teoría se aplica a los seres humanos que buscan fortuna en el terreno profesional o amoroso, o la ocasión de hacerse ricos. La mejor estrategia consiste en buscar suerte en esos parajes que ofrecen las mejores oportunidades *y la posibilidad de competir*. Si eres un emprendedor con un pequeño negocio digital que a duras penas sale adelante en la rural Indiana, tal vez tengas que desarrollarlo un poco más antes de trasladarte a Silicon Valley. Por otro lado, si la empresa sube como la espuma y las cosas te van mejor que a cualquiera de tus conocidos, puede que no sea mala idea dar el gran salto a la costa. Una medida audaz incrementará tu suerte solo si juzgas que estás preparado.

Hace un par de meses, mientras pasaba unos días en Cedar Rapids, una ciudad de Iowa, para dar una charla en un congreso de liderazgo femenino (un lugar ideal para que te sonría la suerte), conocí a una joven llamada Alice Brooks. Yo había pronunciado el discurso inaugural y ella impartía un seminario vespertino, pero coincidimos en un coche de regreso al aeropuerto y ya no pudimos dejar de charlar. Por una vez, me alegré de pasar tanto rato esperando la salida del avión.

Alice supo sacar partido a las condiciones del entorno después de graduarse en el MIT en 2010 y matricularse en Stanford para cursar un postgrado en ingeniería mecánica. Era una de las pocas mujeres del programa y, animada por el espíritu emprendedor que se fomenta en Stanford, decidió crear un juguete para las niñas que les transmitiera su misma emoción por la ingeniería. Imaginó un artefacto que permitiera a las niñas diseñar un proyecto, construirlo y ponerlo en funcionamiento.

«Cuando era pequeña, pedí una Barbie para Navidad, y me padre me regaló una sierra. Así que construí muñecas y una casa para ellas —me relató entre risas—. Es justo la clase de experiencia que las niñas necesitan.»

En Stanford, empezó a diseñar juguetes para chicas con luces parpadeantes y circuitos. Junto con su amiga Bettina Chen, que también estaba matriculada en el programa de ingeniería, decidió fundar una empresa. Era una gran idea pero, claro, todo el mundo llega a Silicon Valley con grandes ideas. Abordaron cada uno de los elementos de la cadena de la suerte concienzudamente, para que el proyecto fuera un éxito: buscaron los contactos adecuados, solicitaron colaboración masiva, pidieron orientación, se movieron por el mundillo para propiciar encuentros positivos. Y fueron a parar a uno de los lugares más codiciados por los emprendedores: el programa de televisión *Shark Tank*.

Si nunca has visto el programa, tendrás que creerme si te digo que es mucho más entretenido de lo que pudiera parecer. Los «tiburones» son cinco empresarios megapoderosos («titanes de la industria», los llama el programa) que escuchan las presentaciones de los emprendedores y deciden si quieren invertir (su propio dinero) en los negocios emergentes. Producido por Mark Burnett, que se inició en la telerrealidad hace años con el programa *Supervivientes*, *Shark Tank* es una especie de *Supervivientes* para capitalistas. El espacio se ha hecho tan popular que los productores reciben alrededor de cuarenta mil solicitudes al año de gente que quiere nadar en el tanque. Pero también buscan emprendedores que den juego en la tele... y no tardaron demasiado en oír hablar de dos atractivas ingenieras de Stanford que habían creado un juguete inteligente para chicas.

Alice me dijo que se sintió halagada cuando recibió la llamada de los productores, pero rechazó la oferta. Sabía que, si bien el espacio buscaba entretener a los espectadores, los tiburones eran astutos empresarios en busca de emprendedores espabilados con proyectos potencialmente rentables. Tendría una sola oportunidad de impresionarlos. Estar en el lugar adecuado no sirve de nada si no estás listo para sacar el máximo partido a la oportunidad. Alice quería que las ventas de su empresa fueran mejores y sus logros más impresionante antes de acudir al concurso.

Por fin, la empresa creció lo necesario para que Alice aceptara la oferta de los productores.

«Íbamos a aparecer en el primer episodio de la sexta temporada, así que vimos las cinco temporadas anteriores y anotamos todas las preguntas que formulaban —me contó Alice—. A continuación nos dividimos las preguntas con el fin de contestar de inmediato cuando plantearan un interrogante y no tener que mirarnos.»

El espacio televisivo ofrecía sin duda el lugar propicio; y la elegante presentación y las rápidas respuestas causaron una impresión muy favorable en el grupo. Los resultados de aquel programa constituyen un claro ejemplo de cómo la suerte favorece a los que se preparan a fondo. El multimillonario Mark Cuban invirtió 250.000 dólares a cambio de un 2,5 por ciento de la empresa.[7] Cuando Alice y su amiga Bettina aparecieron en antena, las ventas de su negocio ascendían ya a 1,7 millones de dólares, que aumentaron a 5 millones el año siguiente. Poco tiempo después, en enero de 2016, vendieron la compañía a una juguetera con sede en Wisconsin; y Alice se hizo muy rica antes de cumplir los treinta.

Si queremos saber cómo calcular la trayectoria del disco, tal vez nos ayude oír el consejo que el padre de Gretzky, obsesionado con el hockey, le dio a su hijo. Aunque el famoso jugador demostró un talento natural para el deporte a muy temprana edad, su padre lo machacaba con los fundamentos del juego. Gretzky cuenta que las conversaciones discurrían más o menos así:

Padre:	¿Cuál es el último lugar al que mira uno antes de pasar el disco?
Joven Wayne:	Al chico al que se lo pasa…
Padre:	¿Hacia dónde patinas?
Joven Wayne:	Hacia donde va el disco, no de donde viene.

No cuesta mucho entender por qué hay que patinar calculando la trayectoria del disco, pero la segunda parte de la frase es tan importan-

---

7. En el programa, Cuban y otra compañera, Lori Greiner, de QVC, iban a formar equipo con el mismo número de acciones, pero Lori se retiró después. Lo que se ve en antena no siempre refleja la realidad final.

te como la primera. No debes patinar a la zona donde el disco *ya ha estado*. Cuando vamos en busca de suerte, o de éxito, lo más habitual es acudir allí donde otros la han encontrado. Puede que suene la flauta —los científicos afirman que un rayo puede caer dos veces en el mismo sitio— pero también es posible que las mejores oportunidades se hayan desplazado. Todos los demás se concentran en la zona de suerte anterior, así que averiguar a dónde se dirige el disco a continuación marcará la diferencia.

Los jóvenes emprendedores como Alice siempre están probando distintas versiones de su negocio y son tan flexibles como para avanzar hacia un futuro cambiante. Ella llevó una primera versión del juguete a las familias de su entorno para ver cómo jugaban las niñas y a partir de sus observaciones efectuó los cambios oportunos. Su disposición a trabajar con ahínco y a modificar el plan las veces que hiciera falta incrementó sus posibilidades de éxito. Las empresas emergentes siempre hablan de la versión beta; eso significa que todavía se encuentran en fase de pruebas y que buscan maneras de mejorar el producto. O dicen que van por la versión 2.0, lo que implica que el primer plan no funcionó y que han pasado al siguiente. Ambos enfoques se pueden aplicar a la vida. Cuando cambian las reglas (y siempre lo están haciendo) el único modo de adelantarse es... adelantarse. Transfórmate en tu propia versión beta o pasa a la Vida 2.0. Nada te garantiza una retribución multimillonaria, pero ser capaz de mirar hacia delante en lugar de volver la vista atrás incrementará tus posibilidades de éxito.

Los jóvenes emprendedores no son muy distintos de cualquier otra especie en proceso de evolución. Barnaby pasó muchos años estudiando ornitología (¿he mencionado ya hasta qué punto son eclécticos sus intereses?) y un día, mientras charlábamos, sacó a relucir un pájaro, la paloma bravía, que antes vivía en la costa mediterránea de Europa y el norte de África. Según las ciudades fueron creciendo, las posibilidades de encontrar alimento lejos de la costa aumentaron también, y muchas de las palomas se desplazaron tierra adentro. Se aventuraron hacia nuevos parajes donde abundaba la comida. La paloma bravía se conoce hoy como paloma común. ¿No la habrás visto por casualidad en tu ciudad favorita?

De manera parecida, las aves rapaces nunca vivieron en la ciudad hasta que un halcón de cola roja pensó que la ornamentada cornisa de un precioso edificio, en la Quinta Avenida de Manhattan, ofrecía el rincón perfecto para anidar. Bautizado como Pale Male por un escritor, pasó a ser una celebridad cuando los acaudalados vecinos del edificio decidieron que no lo querían allí... y desmantelaron el nido. Los amantes de los pájaros y la Sociedad ornitológica Audubon intervinieron, y al final el nido fue reconstruido, además de una plataforma de apoyo que, según se dice, costó cuarenta mil dólares (para evitar que los excrementos cayeran sobre los transeúntes). Pale Male lleva en su exclusivo ático más de veinticinco años y, junto con una serie de compañeras (ocho, según el último recuento), ha traído al mundo una buena cantidad de polluelos. Últimamente se han avistado nuevos nidos de halcones en distintos edificios de la ciudad, incluido el Hotel Plaza.

Las palomas bravías y Pale Male tuvieron suerte al dejar atrás hábitats que ya no se adecuaban a sus necesidades para buscar nuevas oportunidades. Su gesto puede parecer un tanto osado, pero son esa clase de decisiones las que marcan la diferencia para toda clase de animales; incluidas las personas.

A veces hay que estar literalmente en el lugar adecuado para que te sonría la suerte. En los Juegos Olímpicos de 1972, los velocistas estadounidenses Rey Robinson y Eddie Hart corrían como favoritos en las carreras de cien y doscientos metros lisos. Sin embargo, el horario de las carreras clasificatorias que le habían dado a su entrenador no estaba actualizado y se perdieron las pruebas de cuartos de final. De nada valieron las alegaciones; quedaron eliminados. Los ecos de la historia resuenan décadas después por lo que se percibe como una tremenda injusticia. Incluso aquellos que nunca habían oído hablar de Robison y Hart saben que debieron de esforzarse al máximo y entrenar durante años simplemente para llegar a las Olimpiadas. El entrenador pagó el pato y aceptó cargar con la culpa,[8] pero la lección está clara: si no acudes a su encuentro, no te sonreirá la suerte.

---

8. Más tarde se supo que el entrenador había comprobado el horario con uno de los jueces para asegurarse de que estaba actualizado (si vas a los Juegos Olímpicos, mejor pregunta dos veces).

Y eso nos lleva de vuelta a Gretzky, siempre en busca de ese lugar donde brillara su buena estrella. Tenía otro lema que funciona en la vida tanto como en el hockey: «pierdes el cien por cien de los tiros que no atrapas». En otras palabras, no hay fortuna que valga a no ser que te lances a por ella. Y para eso tienes que salir de tu zona de confort (y sin duda de la cama) y hacer contactos que puedan llevar a otros contactos. Los demás pensarán que has tenido suerte, pero en realidad habrás patinado calculando la trayectoria del disco.

5

Conecta con la energía
de los demás

*Busca nuevas redes de contactos. Habla con tu vecino de asiento
cuando viajes en avión. Reparte suerte para recibir suerte. Confía
en la fuerza de los lazos débiles. No te pierdas una fiesta.*

Una noche, después de comentar un libro de Elena Ferrante en el club
del libro del que formo parte, todos nos acercamos a la mesa de los
postres. Mientras nos hinchábamos a fruta y helado (y galletas de chocolate, reconozcámoslo), una mujer anunció que quería decirnos algo. Su
marido tenía un amigo que antes trabajaba con un tipo de gran talento en
el mundo digital al que habían despedido y estaba buscando trabajo. ¿Alguien sabía de algo?

Tomé otra fresa. ¿Qué? Su marido tenía un amigo que antes trabajaba
con... La relación era tan intrincada como tratar de averiguar quién escribió en realidad las novelas de Elena Ferrante.

El tipo que buscaba trabajo se llamaba Sree Sreenivasan; y no debería haberme sorprendido el hecho de que Barnaby lo conociera, por cuanto Sree
tenía infinitos contactos. ¿Cómo si no se las habría ingeniado un periodista
indio nacido en Tokio para convertirse en el tema de conversación de un puñado de mujeres en un club de lectura del Upper East Side de Nueva York?
Cuando me enteré de su historia, descubrí que Sree ofrecía el ejemplo perfecto del siguiente principio de Barnaby: generamos suerte a través de los demás.

Sree ya era muy conocido en el mundo de las redes sociales cuando el Museo Metropolitano de Arte de Nueva York lo contrató como primer director de medios digitales; un puesto creado especialmente para él. Sree lo consideró el empleo de sus sueños. Al cabo de tres años, el Metropolitano decidió reducir personal y, en junio de 2016, lo despidieron. El hombre reconoció más tarde que su primera reacción fue de pánico y que consideró incluso la idea de retirarse. Esconderse en un agujero es la respuesta natural cuando uno está en horas bajas pero, a menos que sea un tejón, los agujeros no llevan a ninguna parte. Así que decidió recurrir a sus numerosos amigos y seguidores en las redes sociales para pedirles apoyo. Anunció su situación en Facebook y dijo que, por lo general, caminaba ocho kilómetros diarios pero, como ahora tendría más tiempo, caminaría dieciséis. Invitó a la gente a unirse a su paseo para charlar con él y, en su estado, escribió: «Lo que Sree debería hacer a partir de ahora es…». Unas 1.300 personas se pusieron en contacto con él para ofrecerle lo que llamó un «abrazo digital global». Por lo visto, todo el mundo estaba hablando de Sree, incluido mi club de lectura. Antes de que terminara el mes, le habían ofrecido un empleo como director de medios digitales de la ciudad de Nueva York; un cargo mucho más importante que el anterior.

La buena suerte de Sree radicó en emplear su excelente red de contactos de manera totalmente pública. Al anunciar su nuevo cargo, comentó en la red: «He conseguido este trabajo porque fui franco y pedí ayuda. Creo que cuanto más claramente expresamos la ayuda que necesitamos, más nos pueden ayudar».

Me parece justo reconocer que, con frecuencia, la suerte depende de los demás. Lawrence Lessig, profesor de Derecho en Harvard, sostiene que, cuanto más interconectados estamos, más creativos e innovadores nos tornamos.[9] Ampliando esa idea, el escritor Steven Johnson señala en su libro *Las buenas ideas* que, durante el Renacimiento, los grandes descubrimientos procedían del «genio creativo, el visionario incomprendido

---

9. Lo cree tan firmemente que defiende unas leyes más flexibles en relación a los derechos de autor. Su libro *The future of ideas* es de libre acceso en Internet.

que, de algún modo, ve más allá del horizonte que limita a sus contemporáneos: Da Vinci, Copérnico, Galileo. Sin embargo, las cosas cambiaron a partir de 1800 y, hoy día, casi todas las ideas innovadoras surgen en entornos colaborativos». En lugar de sentarse a solas en un despacho a esperar el momento eureka, las personas creativas comparten ideas y trabajan en colaboración. Los ejecutivos y los inversores comentan las oportunidades que atisban. En nuestro mundo global y conectado, trabajar con otras personas trae suerte.

Una forma muy sencilla de aumentar la buena estrella es acercarse a personas capaces de propiciar acontecimientos positivos (y dispuestas a ello). Y esas personas no siempre son las más evidentes. Puede que consideremos a la familia y amigos nuestro principal sostén en casi todas las facetas de la vida, pero los contactos que te pueden disparar a la estratosfera de la fortuna suelen ser los más inesperados.

El admiradísimo sociólogo Mark Granovetter, graduado en Princeton y Harvard y ahora catedrático de Sociología en Standford, se refiere a este hecho como «la fuerza de los lazos débiles».[10] Los lazos fuertes son aquellos que te unen a los amigos más íntimos o a los colegas que ves una vez a la semana como poco. Los lazos débiles se refieren a las personas con las que coincides con menor frecuencia. Curiosamente, los vínculos débiles suelen dar mejor resultado tanto a la hora de encontrar pareja como un nuevo empleo. Tus mejores amigos y tú conocéis más o menos a la misma gente; vuestros círculos sociales «se solapan», como dicen los sociólogos. En cambio, las personas con las que compartes lazos más débiles (como Sree y las señoras del club de lectura) probablemente tengan una red de contactos del todo distinta. Entrar en relación con ellos te proporciona un abanico de posibilidades totalmente nuevo, y como cada una de esas personas está conectada con muchas otras, tus posibilidades se amplían hasta el infinito.

---

10. El artículo que lleva este título, publicado en 1973 en *American Journal of Sociology*, es uno de los más citados en ciencias sociales.

La idea de Granovetter expresada con el maravilloso oxímoron de «la fuerza de los lazos débiles» ha inspirado complejos estudios sobre las redes de contactos y la expansión de la información y la suerte. La gente que se desenvuelve bien en las redes a menudo acaba siendo la más afortunada.

Barnaby me habló de su amiga Lara Galinsky, que emplea una y otra vez el poder de las redes de contactos en los congresos que organiza. Asesora de numerosas organizaciones benéficas, Lara organiza círculos de la suerte en lugar de las clásicas dinámicas de grupo que muchos hemos acabado por temer (¿a alguien le suenan las olimpiadas en la playa?). Barnaby y yo desayunamos con Lara en una cafetería del centro y, entre gachas de avena y té con hielo, nos contó que su objetivo es ayudar a todo el mundo a incrementar sus oportunidades de vivir casualidades y encuentros afortunados. Empieza dividiendo a las personas en grupos de cinco, al azar: el círculo de la suerte. Cada persona revela a las demás una cosa que necesita para incrementar su prosperidad, algo que marque una gran diferencia en su vida. A continuación los grupos se mezclan y la gente va charlando con los demás para ver si pueden expandir la suerte.

«Según te vas desplazando, llevas en el bolsillo los sueños de cinco personas —nos contó Lara, tomando un trago de té—. Se trata de provocar un caos controlado. Entre el barullo, siempre oímos un grito de alegría cuando alguien establece un contacto capaz de generar suerte.»

Los círculos de la suerte de Lara se inspiran en la teoría de la emergencia: la idea de que los detalles interactúan y se conectan para rendir beneficios mayores. Ella trasladó esa teoría académica a la vida real en sus congresos, de tal modo que un pequeño círculo lleva a uno mayor. Revelar eso que necesitas para ser afortunado en la vida tiene grandes repercusiones cuando los demás lo conocen y están dispuestos a ayudar. Según la gente va de acá para allá, los caminos se entrecruzan, los extraños se conocen y alguien que nunca hubieras imaginado tal vez te ofrezca exactamente lo que precisas para que te sonría la suerte.

Lara me habló de uno de los círculo de la suerte que había organizado. Una joven les contó a los cinco miembros de su grupo que quería trabajar en cierta fundación nacional. Ninguno de los participantes estaba en condiciones de ayudarla de manera inmediata. Sin embargo, cuando el pequeño grupo se dispersó por el grande, el nombre de la fundación se propagó y, al poco, alguien se acordó de un colega que había trabajado allí y podía presentarle a la persona adecuada. ¡Hala! La joven no daba crédito a su buena suerte. Le había bastado con pronunciar las palabras correctas para que la fortuna se materializara de la nada.

«La suerte parece algo misterioso, pero surge de una base sólida que consiste en saber lo que quieres —explicó Lara—. Ser asertivo en relación a tus propios deseos y sembrarlos en el mundo crea las condiciones adecuadas. Cuando tienes las ideas claras y comprendes que puedes influir en el mundo, provocas reacciones afortunadas. Es cuestión de amplitud de miras, posibilidad y atrapar la ocasión al vuelo.»

Los matemáticos objetarían al momento que estadísticamente había bastantes posibilidades de que alguno de los presentes contara con algún contacto capaz de atender la petición de la joven. Cuanta más gente conocemos, más rápidamente se propaga el mensaje y más se amplían nuestras relaciones.

El profesor Albert-László Barabási ha llevado a cabo algunas de las investigaciones más impactantes en relación al poder de las redes de contactos. Posee tantos títulos que le bastaría contactar consigo mismo para generar suerte: es profesor de Física, de Informática y de Ciencias de la información en la Universidad del Nordeste, en Boston, dirige el Centro de Investigación de Redes Complejas del mismo centro y tiene cargos en la Facultad de Medicina de Harvard y en dos hospitales universitarios. Nacido en Transilvania, Rumanía, el profesor Barabási pronuncia conferencias por todo el mundo con tanta frecuencia que me sorprende que nunca coincidiera con la Madre Teresa en un avión.

Para explicar cómo se propaga la información (y la suerte), el doctor Barabási propone el siguiente ejemplo: imaginemos un cóctel de cien personas que no se conocen entre sí. El anfitrión le menciona a uno de los invitados (llamémosle John) que el vino tinto del decantador procede de una cosecha muy especial y valiosa. El anfitrión da por supuesto que la información no circulará; al fin y al cabo, ¿a cuántas personas conoce John y con quién puede compartirla en el transcurso de la fiesta?

En realidad, la puede compartir con mucha más gente de la que parece. En la fiesta sucede lo mismo que en el círculo de la suerte de Lara. Las más pequeñas interacciones tienen grandes repercusiones. Al comienzo de la reunión, los invitados se dividen en grupos de dos o tres para charlar. El chisme sobre el vino caro viene bien para romper el hielo, así que John seguramente lo compartirá con sus interlocutores. Antes o después, los invitados se irán separando para ir a buscar una copa, comer algo o conocer a más gente. Si calculas que cada una de las tres personas que formaba el grupo original de John creará una nueva reunión de tres, ahora son nueve las personas que conocen el secreto del vino añejo. Y esas nueve, a su vez, se mezclaran con otros grupos y seguirán propagando la historia.

Según el doctor Barabási, los matemáticos Paul Erdős y Alfréd Rényi estudiaron el problema y concluyeron que bastarían treinta minutos para crear «una única red social, invisible, que incluyera a todos los invitados de la sala». Por el mero hecho de acudir a ese cóctel y charlar con la gente tendrías la suerte de probar un vino exquisito.

Sin embargo, también es verdad que algunos grupos generan más suerte que otros, igual que algunas ciudades, pueblos y universidades. Victor Nee, profesor de Sociología de Cornell, ha estudiado por qué los habitantes de la gran ciudad tienden a traer suerte a los demás y por qué en las grandes ciudades proliferan los grupos creativos y académicos. Investigando el campo de la economía basada en el conocimiento, Nee advirtió que, tras el colapso financiero de 2008, Nueva York se reconstruyó en torno a sus baluartes habituales, finanzas, publicidad y arte, pero desarrolló también lo que él denomina una «galaxia de innovación» que la convirtió en la segunda potencia tecnológica del país (solo por detrás de Silicon Valley y su epicentro de Stanford). Sintió curiosidad por averiguar las razones que explicaban tanto la resiliencia de la ciudad como su afán innovador.

Barnaby y Nee a menudo pasean juntos para intercambiar ideas académicas y, una radiante mañana, me uní a ellos por los caminos de Central Park. Nee había sacado a pasear a su cocker spaniel inglés. El parque estaba precioso y también muy concurrido: los corredores y los ciclistas rodeaban el lago mientras que otras personas tomaban café en la zona exterior del restaurante Loeb Boathouse. El educado spaniel de Nee (llamado *Dustin*) trabó amistad con diversos caniches, bulldogs franceses y perros mestizos, y aunque estábamos en Nueva York tuve la sensación de formar parte de una comunidad reducida, pues los dueños de los animales charlaban con naturalidad.

Nee nos relató que, investigando la innovación en Nueva York, había comprendido que «la dinámica geográfica favorece la recombinación casual de ideas». Le pedí que me tradujera la frase y Nee sonrió.

«Es una isla pequeña y alargada, cuesta poco encontrarse en persona. Mira qué fácil nos ha resultado reunirnos hoy. Basta salir de casa para coincidir con alguien capaz de ayudarte. El ingrediente secreto de la ciudad de Nueva York es que la gente se reúne con suma facilidad.»

Como admirado profesor de Sociología de Cornell y director del Centro de Estudios de Economía y Sociedad, el trabajo de Nee abarca mucho más que observar la conducta de la gente que pasea a su perro. Pasó dos años reuniendo millones de datos acerca de (según sus propias palabras) «cada uno de los instantes en que varias personas se reúnen para hablar de tecnología». Recabó información de los cincuenta mil miembros de Tech Meetup de Nueva York, una organización que celebra charlas mensuales así como fiestas y otras reuniones sociales. Añadió la información sobre las reuniones especializadas, más reducidas, que organizan los miembros, los grupos de encuentro de ámbitos específicos y mucho más.

Se percató de que la gente del mundillo de la tecnología asiste a reuniones de todo tipo, grandes y pequeñas, con el fin de formar parte del torbellino de ideas que se despliega siempre que las personas creativas se reúnen.

«Esas reuniones cara a cara son importantes porque buena parte de la innovación consiste en tomar ideas ya existentes y recombinarlas —expuso Nee—. Todos esos encuentros incrementan la posibilidad de que a alguien se le ocurra una nueva combinación.»

Desde fuera, el hallazgo de una idea original y emocionante parece un suceso extraordinario. Sin embargo, las personas que se encuentran en el epicentro de esa gran espiral de millones de reuniones e intercambios saben que es cuestión de probabilidades. Cuanto más interactúas con los demás, mayores son tus posibilidades de acertar con la combinación de individuos e ideas que suscita ese momento eureka de la innovación.

Los encuentros frecuentes también generan lo que Nee llama «conocimiento colateral». Alguien tiene una idea o intuición que no puede usar directamente en su trabajo, así que la comparte con otro mientras toman una cerveza o en el transcurso de una reunión. Y tal vez ese otro descubra que la idea es justo el eslabón que necesita para poner en marcha el proyecto que lleva en mente.

«Damos por supuesto que la gente es competitiva y se guarda sus ideas para sí, pero en realidad hay una enorme voluntad de compartir desinteresadamente —afirmó Nee—. Invertir en tu reputación mediante el gesto de compartir conocimiento es muy inteligente, porque los demás miembros del grupo se dan cuenta de que eres una persona de fiar y es posible que, en su momento, te correspondan de manera parecida.»

En otras palabras, ayudar a los demás pone a todo el mundo de tu parte y motiva a la gente a contribuir a tus logros y a tu suerte.

Si no formas parte del enrarecido ambiente de Stanford ni te cuentas entre los forofos de la tecnología de Nueva York (como la mayoría, yo incluida), puedes aplicar de todos modos el principio de recurrir a otros para multiplicar tu suerte. Te puedes apuntar a un grupo de madres, a un club de lectura, a una clase de yoga o a un Club de Leones o a cualquier asociación de economía cooperativa con el fin de favorecer ese tipo de relaciones venturosas. Tal vez prefieras leer un libro acurrucado en el sofá o hacer la plancha lateral en tu dormitorio, pero si compartes la experiencia y hay gente a tu alrededor, abres la puerta a nuevas oportunidades. A casi todos nos gusta pasar un rato a solas, trabajando, pensando o relajándonos, y sin duda esos instantes forman parte de un día ideal. Ahora bien, las chispas de la suerte prenden cuando las personas se frotan entre sí.

Siempre me ha gustado pensar que basta con ser competente y tener talento. Sin embargo, Barnaby me convenció de que los contactos y las redes personales a menudo marcan la diferencia. Un hecho que a ojos externos parece pura chiripa con frecuencia procede de una red entre bastidores. Señaló que la película *Mi gran boda griega* se emplea a menudo como ejemplo de un éxito surgido de la nada. Es verdad que se rodó con un presupuesto ajustado (lo que equivale a decir dos millones de dólares hoy día), pero la guionista y actriz Nia Vardalos se las ingenió para que Rita Wilson, una orgullosa griega, echara un vistazo al proyecto. Wilson accedió a ayudarla y acudió a su marido, Tom Hanks, cuya productora invirtió en el filme y se encargó de la distribución. Podría decirse que Nia Vardalos tuvo suerte, pero sin duda fue la clase de fortuna que aparece cuando conectas con los demás.

¿Y cómo empezar a hacer contactos? La forma más simple para expandir la red de prosperidad es recurrir a las redes sociales de Internet. No se requiere un gran esfuerzo para añadir un nuevo amigo a Facebook o subir tu número a una entrada de Twitter. Ahora bien, ese tan solo será el primer paso, y numerosas investigaciones sugieren que los contactos virtuales no remplazan los encuentros cara a cara. Cuando el gurú de las redes sociales Sree Sreenivasan recurrió a Facebook para buscar trabajo, lo que hizo fue invitar a la gente a unirse a él en sus caminatas diarias. La gran mayoría empleamos medios digitales para buscar trabajo y no hay razón para no hacerlo. Sin embargo, los estudios afirman que de un 40 a un 80 por ciento de los empleos se encuentran a través de contactos directos: amigos, colegas y conocidos. Tomar café con un antiguo compañero de trabajo te puede traer más suerte en el mundo laboral que pasar otra hora más en LinkedIn.

La misma pauta se aplica para la fortuna amorosa. Alrededor de 40 millones de estadounidenses recurren a las páginas de citas en la actualidad, así que Internet sin duda ampliará tus posibilidades de expandir tus contactos potencialmente dichosos. Por otro lado, según una encuesta del centro de investigaciones Pew llevada a cabo en 2016, un 80 por ciento de las parejas se han conocido en el mundo real, incluidas aquellas que llevan juntas cinco años o menos. Puede que la tendencia esté cambiando; una encuesta reciente de Match.

com reveló que el 39 por ciento de las parejas contactan ahora *online*. Es cierto que este tipo de datos hay que tomarlos con pinzas (cuando más finas mejor), pero también debes recordar que contactar solo es el primer paso y que nadie se casa por Internet. Después de ligar en Tinder, viene el reto del cara a cara: quedar para tomar algo, conocerse, decidir si esa persona te hará feliz en el futuro. No puedes obviar la conclusión general de que la suerte surge cuando contactamos en persona con los demás.

Poco después de graduarme en la universidad y trasladarme a Nueva York, conocí a un hombre llamado Henry Jarecki que se convirtió en mi amigo del alma. Me lleva unos veinte años y en tres ocasiones ha hecho fortuna creando una empresa y vendiéndola después. Aunque a veces paso meses enteros sin verlo, lo considero uno de mis mejores amigos; y estoy segura de que hay decenas de personas que, igual que yo, guardan su número en los primeros puestos de su lista de marcado rápido. Por muy ocupado que esté, Henry siempre tiene tiempo para la vida personal: quedar con la gente, ayudar a los amigos, contribuir a la buena estrella de los demás.[11] Las personas como Henry, que siempre intentan repartir suerte a los demás, incrementan la suya en el proceso.

Henry está obsesionado con las listas y es capaz de confeccionar un listado con todos los encuentros afortunados que ha protagonizado a lo largo de los años y que, en parte, han contribuido a su éxito. También cuenta con una lista de todos los amigos, colegas y socios que, de un modo u otro, le han cambiado la vida. Es intensamente consciente de que nadie triunfa por sí mismo.

«Me asombra haber tenido la suerte de estar rodeado de personas tan inteligentes y brillantes», me confesó un día, mientras charlábamos en su inmensa casa urbana de Gramercy Park.

---

11. Henry me presentó a Barnaby hace años. Nos sentó juntos en una gala benéfica que él patrocinaba. «He pensado que sentiríais interés mutuo», dijo. Así que, volviendo la vista atrás, resulta que él propició la suerte que dio origen a este libro.

«¡Pero tú has sido el artífice de esa suerte! —exclamé yo—. Siempre has sabido lo que querías y llevas una vida tan interesante que todo el mundo quiere estar cerca de ti.»

Henry asintió, pero no parecía convencido, así que le pregunté cuál era su secreto número uno para atraer fortuna. Ahora no titubeó.

«No me pierdo una fiesta», me respondió con una sonrisa.

Henry lo decía tanto en sentido literal como figurado. Lo invitan constantemente a reuniones, acontecimientos y celebraciones (y también los organiza), y si bien se empeña en definirse como una persona más bien cerebral que prefiere estar a solas con sus papeles que pululando por una sala atestada con una copa en la mano, siempre se ha obligado a socializar. Rechazar una invitación podría implicar dejar de conocer a alguien capaz de cambiarle la vida. También sabe que las oportunidades aparecen cuando menos lo esperas, y hay más números de que surjan en una fiesta que en la oficina.

Cuando acude a esas reuniones, Henry causa una gran impresión en todo aquel que se relaciona con él. No se molesta en ocultar que es un tipo original. Cuando era joven llevaba gafas de cristal grueso, contaba magníficas anécdotas y cautivaba a la gente con su carisma intelectual. Ahora que es mayor le gusta pasar tiempo en uno de los islotes que posee en las Islas Vírgenes Británicas, vestido con un largo caftán. Es brillante y tiene un coeficiente intelectual altísimo. Al igual que Steve Jobs con sus jerséis negros de cuello alto o Mark Zuckerberg con sus sudaderas, el estilo de Jarecki anuncia a los cuatro vientos que va a su aire tanto en su vida empresarial como en la personal. Si te gusta el mensaje, genial. Si tienes una mentalidad más tradicional o conservadora, a lo mejor prefieres hablar con otro invitado.

Las personas como Henry, dotadas de una fuerte personalidad y un estilo propio, destacan en los eventos sociales. La gente tiende a recordarlos y piensa en ellos cuando surge una oportunidad. Pero puedes ser afortunado optando por otros estilos también.

Cuando le comenté a Barnaby unos días después el enfoque de Henry («no te pierdas ni una fiesta»), mi amigo recurrió de nuevo a una de sus analogías del mundo natural y me dijo que esa forma de pensar le recordaba a la pesca. Si echas cinco anzuelos al agua tienes más probabilidades de pescar algo que si echas dos.

Y por si no bastara con una buena metáfora, Barnaby señaló que los pescadores profesionales emplean distintas técnicas en función de lo que quieren capturar. Los grandes buques de pesca lanzan enormes redes al mar para atrapar cuanto hay por la zona. Deben decidir de qué tamaño serán los agujeros de las redes, porque junto con los peces pequeños te llevas un montón de basura y desperdicios del mar. Cuando buscan piezas específicas de calidad superior, se toman la molestia de emplear anzuelos y cebos distintos para cada cual. Y para los pescados más grandes y valiosos (como el atún de aleta azul, que alcanza precios estratoféricos) las empresas pesqueras emplean helicópteros que les permiten localizar su objetivo desde el aire.

La idea principal está clara. Tienes que saber lo que quieres antes de ponerte a pescar suerte, y una misma técnica no funciona para todo el mundo ni para todos los objetivos. Si lanzas una red muy amplia, hay grandes probabilidades de que captures la pieza que codicias, pero tendrás que estar dispuesto a cargar con mucha basura también. Si solo lanzas un par de anzuelos, las probabilidades son más bajas pero más centradas en tu objetivo.

Pensé en mi amiga Marnie, que es gregaria, extrovertida y tan rebosante de energía que sería capaz de trabar amistad con una piedra. La buena suerte la persigue allá donde va, pero (como estamos descubriendo) su buena estrella no es casual. Como habla con todo el mundo, se parece al pescador que echa cinco anzuelos al agua y siempre saca algo. Hace poco, cuando se disponía a viajar a Austin, en el estado de Texas, para visitar a su hijo mayor, le pregunté dónde se alojaría. Ella se rio y puso los ojos en blanco.

«Ha sido uno de esos locos golpes de suerte que me caen del cielo de vez en cuando», dijo. Resulta que en su último viaje a Austin, decidió tomar algo en una cafetería de moda y (por supuesto) empezó a charlar con la mujer que hacía cola a su lado. Para cuando llegaron los sofisticados cafés artesanos, las dos estaban riendo y divirtiéndose tanto que se sentaron juntas y siguieron hablando. Y cuando por fin se marcharon, la mujer le explicó que se ausentaba a menudo, así que, si Marnie quería, podía quedarse en su piso de Austin cada vez que acudiera a visitar a su hijo.

«¡Y me voy a alojar allí! —concluyó Marnie encantada—. ¿Te puedes creer la suerte que tengo?»

Sí, tiene suerte, pero estoy segura de que muchas otras personas habrían entrado en esa misma cafetería y no habrían trabado amistad con una mujer que, para colmo, va ofreciendo su casa. La buena suerte de Marnie se debe a los mismos motivos que la de Sree: ambos han descubierto la ventaja de lanzar varios anzuelos para pescar suerte allá donde van. (Me gustaría señalar también que no fue una amiga íntima la que le ofreció alojamiento a Marnie. ¿Recuerdas el poder de los lazos débiles?)

El enfoque de la gran red no funciona para todo el mundo o para cualquier objetivo, y no pasa nada. Ser considerado y escoger tus interacciones (un par de anzuelos con un cebo cuidadosamente elegido) puede atraer más suerte que un enfoque más atrevido y disperso. Si te va más ese estilo, también te puede sonreír la fortuna. En 2003, el escritor Jonathan Rauch publicó un artículo en *The Atlantic* titulado «Caring for Your Introvert», uno de los artículos de la revista más leídos en Internet durante muchos años. Sin duda tocó la fibra sensible de todas esas personas cansadas de oír que tenían que hablar y socializar más para incrementar su éxito. En su artículo, Rauch señala que los introvertidos no son necesariamente tímidos, sino más tranquilos, más reflexivos y casi siempre de mentalidad más independiente. Los extrovertidos obtienen energía de los demás, mientras que los introvertidos tienden a languidecer cuando socializan demasiado rato y necesitan estar a solas para cargar las pilas.

La escritora Susan Cain expandió la idea en el superventas de 2012 *El poder de los introvertidos*. Explicaba que la cultura de la personalidad actual parece sostener que todo el mundo tiene que ser extrovertido para funcionar bien en sociedad. Sin embargo, los introvertidos forman alianzas fiables a través de interacciones de tú a tú y en la actualidad son los más afortunados. En una entrevista posterior, llevada a cabo pocos años después del famoso artículo, Rauch señaló que los pardillos —los típicos introvertidos— estaban idealizados en Silicon Valley, así que «la economía digital ofrece a los introvertidos un nuevo lugar bajo el sol».

Ahora bien, nada de eso es excusa para esconderse y encender el televisor. Los introvertidos pueden ser tan sociables como el que más. Si quieres que te sonría la suerte, tienes que contactar con gente —sea cual sea tu estilo— y eso significa obligarte a ir a la reunión de turno y entablar conversación. A veces hay que forzarse a hacer algo que no te sale de manera natural para ser afortunado. Puede que tu temperamento determine si hablas con todo el mundo o te sientas tranquilamente a charlar con un par de invitados, pero con la actitud y el enfoque adecuados, podrás establecer los contactos que harán brillar tu buena estrella.

Como disfrutaba tanto poniendo a prueba las teorías que Barnaby y yo estábamos formulando, decidí comprobar si contactar voluntariamente con una persona desconocida me traía suerte. En esa época me llamaban a menudo para dar conferencias y, cuando viajaba en avión, solía encasquetarme los auriculares Bose, que solo retiraba un momento para hablar con el auxiliar de vuelo y pedir una Coca-cola light. Pero una tarde, volviendo de Montreal, renuncié a los auriculares y, mientras recorríamos la pista antes de despegar, eché una ojeada al hombre que viajaba a mi lado. Llevaba consigo un montón de revistas del estilo de *Variety* y *Hollywood Reporter*. Pensé que tal vez trabajaba en el mismo ramo que yo. La situación prometía. ¿Y si le lanzaba un anzuelo (con sumo cuidado) para incrementar mi suerte?

Le dediqué una sonrisa, pero no tenía ni idea de cómo iniciar la conversación. Así que hice un comentario la mar de interesante:

«Lleva un montón de revistas.»

Asintió y señaló con un gesto una de las portadas. Su comienzo fue infinitamente mejor que el mío.

«¿Cree que es auténtico?», me preguntó.

«¿Auténtico? ¿A qué se refiere?», repliqué, desconcertada.

«A eso. —Me acercó la revista y señaló—. El trasero de Kim Kardashian. Yo no creo que sea auténtico, ¿verdad?»

Hablar del trasero de Kim Kardashian no parecía el modo ideal de poner la suerte de mi lado, pero, oye, nunca se sabe.

«No me interesan demasiado las Kardashian, la verdad», reconocí.

«Me dedico a la industria del entretenimiento. No tengo más remedio que interesarme por todo», respondió con una sonrisa amistosa.

Mencioné que yo había trabajado como productora de televisión y jugamos un rato a «¿conoces a fulanito?» Al cabo de unos minutos, me sentía igual que Marnie. Estaba haciendo un nuevo amigo. Se llamaba David Steinberg y resultó que era (entre otras cosas) el mánager personal de varias estrellas, incluidos Bette Midler, Billy Crystal y el añorado Robin Williams. Cuando le conté que estaba llevando a cabo una investigación sobre la suerte, sonrió de oreja a oreja.

«Tratar de propiciar la suerte es lo que llevo haciendo desde que empecé en esta profesión», me confesó.

Trabajando con Billy, Bette y Robin, se había percatado de que aun las personas de más talento deben otear las posibilidades que les brinda el destino y cazar las oportunidades al vuelo (o a veces fabricarlas ellos mismos). Conocía tantas anécdotas al respecto que los noventa minutos de vuelo no fueron suficientes para que las compartiera todas, ni de lejos. Cuando aterrizamos, acordamos quedar para comer algún día en Nueva York.

Bajé del avión experimentando la misma emoción que aquel viernes 13 de la suerte. La idea de que es posible incrementar la propia fortuna no era solo una teoría; yo misma podía hacerlo. Puede que no suceda en todas las ocasiones y sin duda no cada día, pero el mero hecho de tener presentes los principios que la gobiernan (*los demás traen suerte*) cambia tu perspectiva y te permite prestar atención a los detalles pertinentes. En este caso, había lanzado un anzuelo y había conocido a alguien interesante. No me iba a prestar un apartamento en Austin, pero tampoco todos los contactos dan un fruto inmediato.

Un par de semanas más tarde, comiendo en el Redeye Grill, comprendí que David podía proporcionarme algo aún mejor (para mí) que un apartamento: fantásticas historias de personas que incrementan la suerte de los demás. Dijo que, en los comienzos de su carrera, aún no era consciente de cómo se estaba labrando su propia fortuna. Pero meditándolo a posteriori (largos años más tarde) lo vislumbraba con claridad.

«¿Te puedo incluir en los relatos de mi libro?», le pregunté.

«Claro, si acaso a alguien le interesa la vida y milagros de un tipo de Milwaukee», respondió con una carcajada.

David se crio en Wisconsin, se pagó la universidad vendiendo cubiertas de aluminio y pronto comprendió que no quería dedicarse a eso toda la vida. Se mudó a Los Ángeles y encontró trabajo en el departamento de correos de una agencia publicitaria.

«Pero eso tampoco me gustaba —confesó—. Yo quería sentarme en mi propia oficina y que otro trajera el correo a mi mesa.»

Así que hizo correr la voz de que estaba buscando empleo y resultó que tenía una prima casada con un tipo que conocía a alguien en Hollywood que...

Sonreí para mis adentros. La cadena de conocidos no tenía mayor importancia. Solo era una prueba más de que los lazos débiles generan buena suerte.

Los diversos contactos desembocaron en un publicista que, como favor, contrató a David en su agencia. Fue allí donde conoció a Sammy Davis Jr. Conectaron de inmediato. Sammy Jr. le doblaba la edad a David, pero ninguno de los dos se perdía una fiesta. En aquella época, Sammy formaba parte del más destacado círculo de celebridades; y ninguna estrella brillaba más que él.

«Tenía tantas ganas de divertirse como yo —me reveló David—. El límite de mi tarjeta de crédito apenas si alcanzaba los 250 dólares, pero lo acompañaba en sus viajes por el mundo y cenaba con Frank Sinatra y Lucille Ball. Me los presentó a todos.»

Esos contactos le facilitaron nuevas oportunidades y, al final, creó su propia agencia de relaciones públicas al fondo de la oficina de Sammy.

«No me dormí en los laureles. Cada vez que atisbaba una oportunidad, allá que iba yo», me confió.

David comprendió intuitivamente que, si quieres que los demás te brinden suerte, debes incrementar la suya también. La vida no discurre en un solo sentido. En los comienzos de su carrera, cuando era un empresario (según bromeaba él) «aparentemente próspero pero en realidad sin blanca», David acudió a una cena en el hotel Bel-Air con seis amigos de

Hollywood. Le pareció la ocasión ideal para mostrarse generoso, así que le ofreció al metre su tarjeta de crédito por adelantado... sin darse cuenta de que uno de los invitados, el actor Peter Sellers, ya había encargado la comida.

«Empezaron a aparecer tarros de caviar y fuentes de cordero. Pensé: "un cargo más a mi tarjeta y esto terminará en desastre"», me relató. Pero no retiró la tarjeta y tampoco le denegaron la operación. Sabía que dar es tan importante como tomar.

Más tarde, cuando se convirtió en mánager, produjo varios espectáculos de Robin Williams y Billy Crystal, tomó notas de sus directos y los ayudó a mejorar el material.

«Mi trabajo únicamente consistía en hacer que se sintieran bien», me confesó.

Puede que a los mánagers los mueva el interés personal —«somos humanos, no robots»—, pero como él tenía fama de ser una persona íntegra y de colocar por delante los intereses de su clientes, siguió ascendiendo en la profesión. Buscando la fortuna de los demás, incrementó su propia suerte.

«Me expulsaron dos veces de la universidad y fui problemático en mi juventud, pero tenía instinto y entendía de comedia —prosiguió—. Nunca me tomaba a mí mismo demasiado en serio ni iba por ahí recitando mis cualidades. En cambio, me interesaban los demás y me gustaba vivir nuevas experiencias, y todo eso me trajo suerte.»

En ocasiones, la fortuna aparece cuando das sin esperar nada a cambio. Pagas la cena en el Bel-Air, ayudas a una estrella a triunfar todavía más, te ofreces a trabajar sin cobrar solo por estar cerca de gente interesante (él también lo hizo en sus comienzos). Aunque nos habíamos conocido en un avión, David pasó tres horas compartiendo conmigo grandes historias y reflexiones sin esperar compensación. Y cuando llegó la cuenta y alargué la mano, él se dio más prisa que yo y puso los ojos en blanco.

«Venga ya», me dijo.

Contribuir a la buena estrella de otro sin saber cómo te devolverá el favor (o si lo hará) conlleva cierto riesgo, pero vale la pena correrlo. No todas las personas que conozcas van a traerte suerte. Sin embargo, te bastará con un par. (Y de todos modos pasarás ratos interesantes y divertidos con los demás.) David ofrecía el ejemplo en versión hollywoodiense de lo que el profesor Nee había descrito como «invertir en la propia reputación compartiendo conocimiento». Como suele suceder entre la gente que practica ese principio, a cambio de su gesto recibió suerte a raudales.

El doctor Barabási, que había compartido su teoría del cóctel, señala en uno de sus libros que «en otros tiempos las personas nacían en comunidades y tenían que encontrar su propia individualidad. Hoy nacemos como individuos y tenemos que encontrar nuestras comunidades.» Formar parte de una comunidad te proporciona una red personal de oportunidades en potencia. Formar parte de *muchas* comunidades multiplica tus lazos débiles, expande tu red de contactos y aumenta espectacularmente la posibilidad de que te sorprenda la suerte.

Salí del restaurante pensando que los demás nos hacen más afortunados de muchas maneras distintas. Y también comprendía que, para propiciar esas oportunidades, hay que ser activo en los círculos sociales, sean del tipo que sean, y hacerlo de un modo que se te antoje genuino. Puedes levantar el teléfono y llamar a un conocido al que llevas un año sin ver. Y, cuando estés en una cafetería o en un avión, echar un vistazo a la gente que te rodea. Es posible que alguna de esas personas que toman café con leche o pasean al perro te ayude a sembrar las semillas de tu propia suerte. Si sabes lo que necesitas para ser afortunado y te aseguras de que corra la voz, puedes crear tu propio círculo de la suerte y recibir tu recompensa.

La suerte tiende a ser mutua y expansiva. Hay que aprender a aprovechar las oportunidades, compartirlas y devolverlas. Porque, seas quien seas —desde el encargado de medios digitales de Nueva York hasta el mánager de Bette Midler— necesitas a los demás para que la suerte te sonría.

6

Avanza en zig cuando otros se mueven en zag

Sigue tu propio camino. Atrévete a pensar distinto. Cultiva la imprevisibilidad.

Cuanto más conocía a Barnaby, más me percataba de que tenía delante a una persona... poco convencional. Criado en Alaska como el mayor de cinco hermanos, Barnaby fue autodidacta y pasó buena parte de su infancia en plena naturaleza. (Puedes aprender mucho observando al salmón nadar a contracorriente.) No pisó un aula de verdad hasta que llegó a la universidad.

Durante un tiempo se preguntó qué se habría perdido e incluso, para averiguarlo, trabajó un año como voluntario en dos institutos cercanos al mismo tiempo que estudiaba en Harvard,.

—Comprendí que había tenido suerte de poder explorar mis propios intereses y aprender a resolver problemas por mi cuenta —me confesó una mañana—. Mientras todo los demás circulaban por la calle mayor siguiendo un currículum convencional, yo transitaba un callejón secundario que me permitía desarrollar mis propios puntos de vista.

Barnaby está convencido de que desviarse de la norma puede ser la mejor manera de incrementar la propia suerte. La mayoría de personas se aferran a lo que él llama «la corriente institucional dominante» y eso les impide adoptar enfoques distintos y originales.

«Las personas afortunadas suelen ser individuos atípicos, capaces de tomar caminos que otros no ven —me reveló—. Las estructuras sociales e institucionales fijan las normas, pero si te arriesgas a dar un rodeo, a veces encuentras maneras mejores de generar y captar valor.»

Las personas que buscan posibilidades al margen de la corriente dominante tienden a atraer más suerte, para sí mismas y para los demás.

El día anterior, Barnaby había visitado a un amigo suyo, el doctor James Watson, en el Laboratorio de Cold Spring Harbor. A sus casi noventa años, el doctor Watson sigue siendo una persona enérgica que suelta las cosas como las piensa. De joven quería ser ornitólogo profesional (una pasión que comparte con Barnaby) pero, cuando le llegó el momento de escoger especialidad en la universidad, optó por el campo emergente de la genética. Tiene las ideas claras y una mente curiosa, y es evidente que no teme saltarse las normas. Su ansia de adoptar puntos de vista totalmente novedosos ayudó al doctor Watson, en 1953, a descubrir la estructura del ADN (junto con Francis Crick). Fue uno de los grandes descubrimientos científicos del siglo xx, que le valió el premio Nobel.

«La suerte radica, en buena parte, en ver lo que los demás no ven —le dijo a Barnaby—. Un enfoque convencional rara vez conduce a un gran descubrimiento.»

Los investigadores de cualquier ámbito estamos sometidos a una gran presión social para que nos atengamos al trabajo de otros y trabajemos según las tendencias dominantes pero, mientras desayunaban, el doctor Watson animó a Barnaby a alejarse de las convenciones.

«¡Uno tiene que pensar por sí mismo! —exclamó—. Ser innovador requiere un esfuerzo, pero para aportar algo especial y averiguar hasta dónde puedes llegar, tienes que intentar cosas nuevas.»

El doctor Watson podría pasarse el día entero (y la noche) hablando de ciencia y de la doble espiral pero, como sugiere el delicioso título de su autobiografía, *Prohibido aburrirse (y aburrir)*, no quiere aburrir a nadie. El título contiene un segundo sentido tan importante como el primero: el renombrado biólogo no desea estar cerca de nadie, ni de nada, aburrido o previsible.

«Las personas, con demasiada frecuencia, toman los caminos más obvios y no se percatan de las nuevas posibilidades —le dijo a Barnaby—. La gente tiene miedo. No se atreven a innovar porque les preocupa la opinión de los demás. Les falta carácter.»

Para el doctor Watson, la emoción de la vida radica precisamente en explorar nuevas vías, aunque estas contradigan las ideas más arraigadas.

Si estás dispuesto a seguir las recomendaciones del doctor Watson y a evitar rutinas y evidencias, es posible que tengas suerte también fuera de los laboratorios. Cuando era productora de televisión, trabajé con un ejecutivo llamado Mike Darnell que era una de las personas más osadas que he conocido. Listo, innovador y creativo, Mike generaba más ideas rompedoras en un día que la mayoría en un año. Y le daba igual que los demás las considerasen insólitas o estrafalarias, o que a sus jefes les chirriaran los dientes cuando las proponía. En un negocio en el que todo el mundo imita a los demás, Darnell triunfó adoptando siempre un enfoque absolutamente original.

Estaba deseando charlar con él y me alegró descubrir que, tras muchos años en la Fox, ahora dirigía la sección de televisión en Warner Bros.

«¡Eres la persona que más añoro de mi época en la tele!», le confesé.

«Yo también te echo de menos. ¡Cómo nos divertíamos!», respondió con el entusiasmo que siempre lo ha caracterizado.

Me sorprendió gratamente saber que Darnell había ascendido, porque no encaja para nada en el papel de jefazo de una cadena de televisión. De poco más de metro y medio de estatura, Mike seguía llevando el pelo largo y rizado y conservaba esa sonrisa de elfo que lo había ayudado a triunfar como actor infantil. Le gustaba vestir con vaqueros y botas camperas (aunque había dejado de usar el sombrero a juego). Cuando trabajábamos juntos, sabías que tenía una reunión importante porque había sustituido su típica camisa de cuadros por otra lisa. Seguramente no me conviene nada mostrar favoritismos entre los ejecutivos de la televisión, pero él fue siempre mi preferido.

A finales de la década de 1990, mucho antes de que la telerrealidad se convirtiera en un género, Darnell creó especiales para la Fox como *Cuando los animales atacan* y *Rompiendo el código de los magos*, que generaron polémica pero también una gran audiencia.

«Me acuerdo de aquellos especiales absurdos. Nadie más hacía cosas parecidas cuando yo empecé. Buscaba un territorio en el que no tuviera que competir con nadie —me reveló Darnell—. En realidad por eso lo hice. Para encontrar un formato propio.»

Darnell tomó el desvío de la telerrealidad y, en aquella época, descubrió que estaba prácticamente solo. Le ofendía una pizca que el resto de la comunidad televisiva mirara sus programas con desdén, pero tenía la piel dura. Le gustaba conseguir atención y buenas audiencias, y se encogía de hombros cuando algún ejecutivo de una cadena rival declaraba en tono arrogante que antes prefería fracasar que triunfar con esa basura.

«Y sin duda encontraron la manera de fracasar —comentó Darnell entre risas—, pero yo quería tener éxito.»

Incluso lo nombraron jefe de programación alternativa y, en verdad, eso era, ni más ni menos: una dirección alternativa para la cadena.

Otros ejecutivos no sabían a qué atenerse con Darnell, que obviamente hacía las cosas a su manera. Siempre llegaba tarde a las reuniones y en ocasiones hacía trayectos en coche de una o dos horas en mitad del día para comer en casa con su esposa, Carolyn. Si los demás aceptaban sus excentricidades, aunque fuera a regañadientes, era porque parecía haber encontrado una receta para el éxito que nadie lograba imitar; y el ingrediente principal de su fórmula consistía en desviarse de lo que hacían todos los demás.

«A veces, el secreto para dar el salto al éxito es encontrar un camino que nadie más esté transitando —afirmó Darnell—. Estuvieron a punto de despedirme unas cuantas veces, pero en este sector despiden a todo el mundo. Prefiero largarme montando un escándalo que conservar el empleo y pasar desapercibido.»

Más o menos en la misma época en que Darnell estaba explorando nuevos formatos con sus especiales de televisión, Apple lanzaba una campaña publicitaria basada en personajes icónicos que abarcaban desde Thomas Edison a Gandhi pasando por Amelia Earhart. El eslogan animaba a la gente a «pensar diferente». Como rezaba uno de sus anuncios: «Esto es para chiflados. Para inadaptados...»

Apple, Mike Darnell y James Watson entendieron que pensar como un chiflado te puede granjear ese éxito inmenso que, desde fuera, se considera el paradigma de la buena suerte. Uno puede vivir feliz y contento tomando la ruta convencional. Pero si quieres que te sonría la suerte y ampliar tu pequeño rincón, cambiar de rumbo puede ser la respuesta.

Mientras charlábamos, Darnell me recordó que, cuando el magnate de la televisión musical Simon Fuller llegó a Hollywood con su propuesta bajo el brazo, ninguno de los ejecutivos de las otras cadenas aceptó reunirse con él. Darnell, en cambio, estaba deseando conocerlo y, emocionado con la idea de Fuller, compró su espectáculo como remplazo para la temporada estival. Darnell había visto programas parecidos en el Reino Unido y presintió que este —llamado *American Idol*[12]— funcionaría. Sí, Darnell fue el tipo que llevó *American Idol* a Estados Unidos. A menos que hayas pasado la última década dando un paseo por Marte, ya conoces el resto. El programa se convirtió en un icono cultural y en uno de los espacios más exitosos de la historia de la televisión.

Defender a capa y espada las propias ideas puede generar una suerte inmensa, pero requiere valor. Darnell, sin embargo, se toma a risa esa palabra. No se considera para nada uno de esos temerarios que todo el mundo admira pero nunca imitaría.

«En la vida real, no me atraen las montañas rusas ni las atracciones salvajes, y no suelo correr riesgos. Ni siquiera me gustan los cambios. Estoy casado con la misma mujer y me quedé siglos en la Fox —comenta—. Pero arriesgarse en el trabajo es harina de otro costal. En el mundo de los negocios siempre he sido atrevido. Haría cualquier cosa con tal de marcar la diferencia en mi profesión.»

Si quieres desviarte por una ruta solitaria, tienes que estar preparado para encajar los ataques. El reto consiste en seguir creyendo en ti mismo y continuar adelante contra viento y marea. Las nuevas ideas siempre

---

12. Mucha gente cree que Elisabeth Murdoch convenció a su padre, Rupert Murdoch, fundador del imperio Fox, de que importara *American Idol*, pero Darnell ya había comprado el programa para cuando ella se implicó. El apoyo de Elizabeth solo sirvió para dotarlo de un presupuesto algo más sustancioso.

parecen absurdas de buen comienzo. Y digamos la verdad: no siempre merece la pena luchar por una idea por el mero hecho de ser original, así que desmarcarse del resto requiere también cierta dosis de reflexión sincera. Si nadie compra el budín de arroz con wasabi y menta que acabas de crear, puede que haya motivos para ello.

En ocasiones, sin embargo, basta con armarse de paciencia. Durante un tiempo, a nadie le gustó el sabor del día de Darnell, hasta que triunfó por todo lo alto. El osado giro que dio pronto conquistó el mercado y, cuando *American Idol* alcanzó el primer puesto en la cuota de pantalla —a menudo con un margen holgado— los ejecutivos de la cadena que antes lo habían criticado trataron de copiarlo. Pasó de ser el excéntrico de la Fox a brillar como el rey de la televisión en Warner Bros., donde supervisa algunos de los programas más importantes.

Darnell cree que desmarcarse de los caminos trillados es una estrategia especialmente útil cuando careces de méritos más tradicionales. Si eres un apuesto jugador de fútbol americano de metro ochenta de estatura que estudió en Harvard y fue presidente del Hasty Pudding Club —la agrupación social más antigua de la universidad estadounidense— no tendrás que demostrar nada para que te hagan caso. Tus antiguos compañeros de Harvard (que ahora dirigen las cadenas de televisión) estarán encantados de entrevistarte para un puesto. Darnell, sin embargo, con su estilo y aspecto nada convencionales, sabía que nadie pensaría en él a la primera de cambio en un mundo tan competitivo y estiloso como el de los ejecutivos de televisión. Y decidió que, si quería labrarse su propia suerte, tendría que desviarse de lo establecido. Debía avanzar en zig cuando otros se movían en zag.

Al tomar ese abrupto camino, Darnell, sin saberlo, estaba adoptando una estrategia que los investigadores denominan «imprevisibilidad sistemática». Charles Darwin habría señalado el acierto de su enfoque, cuando menos en teoría, por cuanto resulta que la evolución favorece a las personas y especies que se saltan las normas. Los biólogos británicos P. M. Driver y D. A. Humphries pasaron tres décadas estudiando la conducta animal y descubrieron que optar por lo inesperado constituye una de las mejores estrategias de supervivencia. Una de sus primeras investigaciones consistió sencillamente en observar a los conejos que corrían por el campo y advertir cómo cambiaban de rumbo con movimientos raudos y ágiles. Esa conducta se conoce como «virar» y los biólogos pensaban al principio que los conejos lo hacían para esquivar a los depredadores. Sin embargo, más tarde se dieron cuenta de que los rápidos giros son distintos en cada ocasión y se producen incluso cuando nadie los persigue.

Tomar un rumbo inesperado aunque nadie esté acechando proporciona cierta ventaja en caso de que haya depredadores cerca. De hecho, funciona tan bien que se ha convertido en una conducta innata entre numerosas especies. Los biólogos lo llaman «alarde errático aislado», y han observado este comportamiento en conejos, ardillas, pinzones, escolopácidos, anguilas, aves zancudas y muchos otros animales. Describen cómo cierta ave, la aguja colinegra, adopta «un rápido vuelo ascendente (...) alternado con rápidos descensos que incluyen revuelos de hojas y veloces movimientos en zigzag a ras de suelo, a menudo con rápidos cambios de sentido en pleno vuelo». Caray. A eso lo llamo yo marcar la diferencia. Si eres imprevisible, tienes menos probabilidades de que te cacen y más de sobrevivir; y no hay mayor suerte que la de seguir vivo. Así que la selección natural parece favorecer a los animales, seres humanos incluidos, que han aprendido a moverse por la vida en zigzag.

Un biólogo atribuiría seguramente la buena suerte de Darnell (y su supervivencia) a la imprevisibilidad sistemática que adoptó ya en los principios de su carrera profesional. Empezó siendo un modesto empleado en una estación de radio local y recurrió a artimañas diversas para darse a conocer. Sus payasadas llamaron la atención de un importante ejecutivo, Barry Diller, que dirigía la recién inaugurada cadena Fox.

«Diller me dijo: "Eres un sinvergüenza, pero trabajas bien"», me confesó Darnell con una carcajada.

Animado por la reacción, Darnell pasó un par de meses planeando su siguiente «alarde errático» o jugada estratégica. Tras dedicar varias noches a comentar distintas posibilidades con su mujer, se agenció una vieja grabadora Panasonic y grabó la sintonía de *Misión imposible*. A continuación incluyó un mensaje explicando lo mucho que le gustaría trabajar en la cadena y lo concluyó diciendo: «O Mike consigue un empleo o esta cinta se autodestruirá en cinco segundos». Se presentó en un acto al que sabía que Diller asistiría y convenció al guardacoches de que le entregara la grabadora al ejecutivo. Pintó una gran flecha roja junto a la tecla de reproducción para que Diller supiera lo que tenía que hacer.

«Me aterraba lo que pudiera pasar —me reveló Darnell—. Me había jugado mi carrera profesional a una sola carta. Dejé el mensaje un jueves y el viernes no tuve noticias. Pasé todo el fin de semana muerto de miedo, pensando que había metido la pata. El lunes por la mañana, Barry Diller me llamó y me preguntó: "¿Qué te gustaría hacer en la cadena?" ¡Y yo no tenía ni idea! Había dedicado meses a planear la jugada, pero no sabía cómo responder a esa sencilla pregunta.»

Moraleja: prepárate de antemano. Cuando llegue el golpe de suerte tienes que estar listo.

Cuando Darnell fue contratado por fin, pensaba que sus jefes serían una pandilla de genios. Se equivocaba. Y esa es, sin duda, una de las sorpresas que nos depara el mundo profesional. Tendemos a dar por supuesto que todo el mundo sabe más que nosotros, así que nos limitamos a seguir el ejemplo de los demás. Tememos adoptar nuevos enfoques, convencidos de que alguien con más experiencia lo tiene todo controlado. Pero uno acaba descubriendo que la gente que cree saberlo todo no siempre tiene razón. Forjar la propia suerte requiere averiguar cuál es, en nuestra opinión, la mejor forma de hacer las cosas e ir a por ello. La persona que es tan osada como para saltarse las normas y avanzar en zig cuando todo el mundo se mueve en zag tiene más probabilidades de destacar sobre el resto.

El matemático Steven Strogatz posee un currículum tan deslumbrante que podría haber avanzado en línea recta (ir del punto A al punto B, por así decirlo) durante toda su carrera. Posee títulos de Princeton, Cambridge y Harvard, y ahora es catedrático en Cornell. Pero también es encantador y divertido (y no solo para ser un matemático), y piensa que es posible incrementar la propia suerte optando por lo inesperado. Una de las secciones de su página web se llama «diversión». Las columnas sobre matemáticas que publica en *The New York Times* gozan de gran popularidad y es el autor del libro de matemáticas con el mejor título del mundo: *El placer de la X.*

Los zigs de Strogatz emanan genialidad. Algunos de sus descubrimientos más elogiados (y brillantes) surgieron de una manera de pensar no convencional.

«Si quieres ser afortunado y hacer algo original y creativo, tienes que estar dispuesto a concebir ideas raras», nos dijo a Barnaby y a mí cuando conversamos con él.

Hace algunos años, pasó un tiempo investigando la sincronización de los ritmos biológicos; en particular, cómo sincronizan su canto los grillos. Su becario de aquel entonces, un estudiante de doctorado llamado Duncan Watts, le comentó la teoría de los seis grados de separación. Seguramente conoces la investigación —o cuando menos la hipótesis— según la cual cualquier persona del mundo está conectada con cualquier otra por una cadena de muy pocos eslabones. En 1967, el psicólogo Stanley Milgram saltó a la fama al descubrir que únicamente hacían falta cinco intermediarios para que un ciudadano cualquiera de Omaha, Nebraska, hiciera llegar un paquete a un corredor de bolsa de Boston. Desde entonces otros investigadores han llevado a cabo experimentos parecidos recurriendo a Internet, un medio que permite trabajar con muestras mayores (y ahorrar gastos del correo). Todos han llegado a conclusiones parecidas.

La idea de que todos estamos conectados caló en la cultura popular gracias a una obra teatral de John Guare titulada, como cabría esperar, *Seis grados de separación*, que aún se repone a menudo en Broadway y en numerosos teatros estadounidenses y que en su día inspiró una película protagonizada por Will Smith. Watts se preguntó si esa idea de conexión universal se podía relacionar de algún modo con el trabajo de Strogatz y con las redes de conectividad que subyacen en ciertos sistemas, desde el nervioso humano hasta la red eléctrica.

«En aquellos tiempos era una idea absurda y arriesgada, y me sobraban razones para no tomarla en consideración —reconoció Strogatz—. Sin embargo, soy una persona curiosa y sentí la tentación de explorar el concepto. Al final nos condujo al mayor descubrimiento que tanto Duncan como yo haremos jamás.»

El artículo sobre el fenómeno del mundo pequeño en redes, publicado en la revista *Nature*, goza de una enorme fama en el ámbito de las matemáticas e investigadores de todo el mundo lo citan más a menudo que cualquier otro.

Strogatz cuenta que, cuando estaba trabajando en el proyecto del mundo pequeño en redes, casi todos los científicos y matemáticos de renombre con los que hablaba desdeñaban la idea. Sin embargo, a él le atraía eso de explorar un campo que no interesaba a nadie.

«A veces, los mejores ámbitos de investigación son los más impopulares —nos reveló—. Hay menos competencia y más posibilidades de dejar huella.»

En ocasiones, cierto planteamiento es tan impopular que se considera un callejón sin salida, y todo el mundo te advierte de que sería una locura explorarlo. Todo el mundo menos Strogatz. Piensa que adentrarse de nuevo en callejones sin salida constituye una estrategia productiva en muchos campos de estudio, incluidos los negocios y la investigación académica.

«Uno puede repensar el problema o pedirle a una persona joven que lo revise, porque los jóvenes no se aferran al tipo de razonamiento convencional que llevó al punto muerto de buen comienzo», sugirió. Tal vez baste ese gesto de osadía para abrir una pequeña brecha, provocar un pequeño cambio o atisbar un nuevo giro.

Sucede a menudo que todos saben que cierto enfoque no funciona... hasta que lo hace. Y entonces los mismos que antes lo rechazaban se suben al carro. Por ejemplo, ninguna gran editorial habría apostado por un libro con sexo explícito y sadomasoquismo hasta que Erika Mitchell, bajo el seudónimo de E. L. James, se autoeditó una novela titulada *Cincuenta sombras de Grey*. A los lectores les encantó y, visto su éxito, una editorial tradicional compró los derechos. Vendió más de 125 millones de ejemplares y se convirtió en uno de los superventas más grandes de todos los tiempos. Aparecieron secuelas y películas (y aún más beneficios) y, de súbito, a todo el mundo le pareció una idea genial. Para James, el callejón sin salida devino una autopista hacia el éxito.

En esa misma línea, los matemáticos que estudian la teoría de juegos, como el difunto John Maynard y Martin Nowak, han llegado a la conclusión de que la mejor jugada en condiciones de alta competitividad a menudo es la más imprevisible. Si quieres que te sonría la suerte en una partida de póker, no te descartes de un modo que permita a los demás jugadores adivinar por dónde vas. Los entrenadores de fútbol americano que saben un par de cosas sobre teoría de juegos adoptan estrategias impredecibles con el fin de que el equipo rival no tenga claro qué tácticas emplear. De ahí que, cuando se aproximan a la zona de meta, le indiquen de vez en cuando al *quarterback* que despeje la pelota en lugar de correr a la zona de anotación. La aleatoriedad es importante porque, en caso de no recurrir a ella, el otro equipo siempre sabría cómo reaccionar.

En la Super Bowl de 2015, a pocos segundos del final del partido, los Seattle Seahawks tenían la pelota cerca de la zona de meta. El entrenador, Pete Carroll, ordenó un despeje en lugar de la esperada carrera… y la pelota fue interceptada. Lo que parecía una victoria segura se convirtió en una triste derrota de 28 a 24. Es posible que la imprevisibilidad funcione en términos estadísticos pero (como todo en esta vida) no garantiza resultados. Algunos matemáticos arguyeron que Carroll había hecho exactamente lo que debía, pero *The Washington Post*, desde la decepción propia de un aficionado, se refirió al incidente como «la peor jugada en toda la historia de la Super Bowl». Si te alejas de la zona de seguridad, a veces lo lamentas.

Cuando Mike Darnell preparó su cinta *Misión imposible,* sabía que los gestos poco convencionales pueden desencadenar una suerte increíble… o provocar un tremendo desastre. Aunque estaba aterrado, se lo jugó todo a esa carta y sin un plan de reserva. Strogatz optó por un enfoque más equilibrado. Mientras investigaba lo que él llama «ciencia contraparadigmática» para el proyecto que compartía con Watts, siguió recopilando datos para su investigación, más convencional, sobre los grillos. Reconoce que saber que tenían otra investigación en marcha les ayudó a ser audaces.

Tomar una ruta poco transitada no implica ser temerario. De hecho, es más probable que tengas suerte si eres realista.

«Si optas por un planteamiento rompedor que acarrea un gran riesgo pero también una gran recompensa en potencia, no te des cabezazos contra la pared durante mucho tiempo —aconseja Strogatz—. Arriésgate y, si no llegas a ninguna parte, a otra cosa.»

Cuando Watts y él estaban trabajando en su revolucionario proyecto, lo mantuvieron en absoluto secreto y se reunían cada semana para evaluar sus progresos. Si no iba bien, volvían a los grillos.

En ocasiones, la mejor estrategia para conseguir que nos sonría la suerte consiste en tomar la ruta menos frecuentada de todas... y divertirnos. Strogatz está convencido de que los grandes descubrimientos llegan cuando adoptas una actitud lúdica. Es tan obsesivo y trabajador como cualquier investigador de las altas esferas académicas, pero no se le escapa la importancia de pasarlo bien.

«Cuando un problema te parece divertido, te atrapa y piensas en él constantemente. Le das vueltas en la ducha o en el coche. Y esa actitud incrementa tus posibilidades de que te toque el premio gordo», afirmó. La gente con ganas de jugar, además, se adentra en terrenos en los que nadie más se atreve a entrar. La sensación de que solo se están divirtiendo les proporciona la excusa para probar ideas peregrinas, una actitud que abre la puerta a nuevas posibilidades y propicia la (aparente) buena suerte.

Ahora bien, ¿recuerdas lo que decíamos antes sobre las burlas que despiertan las buenas ideas? Sucede una y otra vez, en todos los ámbitos. Así pues, si vas a jugar, a tomar caminos inesperados y a avanzar en zig cuando otros se mueven en zag, tendrás que hacer oídos sordos a las críticas y tener algo de fe en ti mismo. Cuando Dick Fosbury era un niño de Oregón, en la década de 1960, le gustaba hacer deporte pero no brillaba en ninguno. No lo aceptaron en el equipo de fútbol americano, ni en el de béisbol, así que decidió probar suerte en el salto de altura. Por desgracia, tampoco en eso destacó. Aunque pasaba del metro noventa y cinco, apenas podía saltar un metro sesenta. En aquellos tiempos, los saltadores de altura franqueaban el listón con el estilo tijera (una pierna y luego la otra) o usando la técnica conocida como el rodillo ventral. Probó ambos estilos, pero ninguno de los dos lo ayudó a destacar. Y entonces, en una competición, decidió intentar algo del todo distinto. Si no podía ganar empleando las técnicas habituales, tal vez tuviera suerte franqueando el listón... bueno, de espaldas. Tomó carrerilla, se dio impulso, rotó en el aire... y voló sobre el listón. En un deporte que mide el éxito en milímetros, superó el segundo mejor salto por un increíble margen de quince centímetros.

A lo largo de los dos años siguientes, continuó perfeccionando su estilo y logrando saltos cada vez más altos. Su técnica captó la atención general e incluso recibió un ingenioso apodo asociado con su creador: el «Fosbury flop». A pesar de su éxito, los defensores del estilo tradicional consideraban a Fosbury (y su salto) poco más que una curiosidad. Los denominados expertos le advirtieron de que nunca conseguiría nada con ese salto de espaldas. Los periodistas deportivos se emplearon a fondo para encontrar metáforas despectivas para describir la técnica, que uno comparó con un chico cayendo del cajón de una camioneta y a otro le recordó a un pescado agitándose en el fondo de un bote. Pero Fosbury ignoró las críticas y no dejó de creer en su estilo de salto característico. Para sorpresa de todo el mundo, se clasificó para los Juegos Olímpicos de México en 1968.

Fosbury, un chico criado en Oregón, quería aprovechar a fondo la visita a la Ciudad de México. La víspera de la ceremonia inaugural, se desplazó a las pirámides aztecas de Teotihuacán con dos amigos y se quedó allí a pasar la noche. A lo largo de los días siguientes, mientras sus compañeros de equipo entrenaban, Fosbury a menudo se saltaba el entrenamiento o se limitaba a practicar unos cuantos saltos. Algunos lo consideraban un holgazán, pero él se conocía bien y sabía que los entrenamientos no le servirían de nada. Necesitaba la emoción de la competición para dar lo mejor de sí. Por fin llegó la hora de la verdad y sus detractores tuvieron que tragarse sus palabras. A lo largo de dos días en el estadio olímpico, Fosbury no falló ni un solo salto. Ganó la medalla de oro con una nueva plusmarca de 2,24 metros en un inesperado giro que lo llevó a la gloria.

Ahora bien, ni siquiera la medalla de oro convenció a todo el mundo. Las personas de mentalidad convencional no confían en los que avanzan en zig cuando todos lo hacen en zag. En lugar de comprender que saltarse las normas propicia la suerte, se sintieron amenazados. El salto invertido de Fosbury implicaba que, tras franquear el listón, golpeaba la colchoneta con el cuello. El (conservador) entrenador del equipo olímpico advirtió que si los chicos intentaban imitar a Fosbury, «una generación entera de saltadores de altura desaparecerá del mapa, porque todos acabarán con el cuello roto». Los chicos lo imitaron de todos modos y (afortunadamente) nadie se rompió el cuello. Pronto no había saltador de altura que practicara otra técnica. Todos y cada uno de los medallistas en esta prueba desde 1972 han empleado el Fosbury flop.

Para ser afortunado en cualquier aspecto de la vida, desde el amor hasta el salto de altura, a menudo hay que estar dispuesto a que te tomen por un bicho raro, a ser la excepción a la norma y vislumbrar la ruta que otros han pasado por alto. Si te estás esforzando por alcanzar tu objetivo y tus intentos no dan fruto, quizás haya llegado el momento de optar por un poco de zig. Igual que James Watson, Mike Darnell, Steve Strogatz y Dick Fosbury, si te atreves a pensar distinto, otros dirán que has sido muy afortunado. Pero en realidad habrás avanzado en zig cuando otros se movían en zag.

7

El poder de la persistencia
y la pasión

Crea una personalidad próspera a base de persistencia y pasión.
Toma la ruta de la suerte. Desarrolla el poder del optimismo.

Un día, volviendo en tren de Princeton, Barnaby miró por la ventanilla cuando pasábamos por Edison, un municipio de Nueva Jersey. La asociación con el gran inventor Thomas Edison —quien afirmó que el genio es 1 por ciento inspiración y 99 por ciento transpiración— le dio que pensar.

«Para que te sonría la suerte hay que ser persistente —observó—. Muchos de los fracasos de la vida están protagonizados por personas que no se dan cuenta de lo cerca que están del éxito cuando se dan por vencidas.»

«Qué bonito —dije yo, a la vez que buscaba el cuaderno que siempre llevo encima—. Voy a escribirlo.»

«Es una cita de Thomas Edison —sonrió Barnaby—. También dijo que, si quieres asegurarte de tener éxito, debes intentarlo más de una vez.»

Edison inventó la bombilla, el fonógrafo, la cámara de cine y mil cosas más; o, ya puestos, 1.093, el número de patentes registradas bajo su nombre en Estados Unidos. Pero ninguno de esos inventos fue fruto de la casualidad. Edison explicó una vez que, si bien nunca fracasaba, había descubierto un mínimo de diez mil objetos que no funcionaban.

Barnaby siente debilidad por Edison, porque comparte la pasión del gran inventor. Está convencido de que, si desea algo con la intensidad suficiente, lo conseguirá. No es caprichoso, solo persistente. Y a causa de su ardor y determinación la gente lo toma por una persona muy afortunada. Por ejemplo, a la edad de diecisiete años, supo que quería estudiar con el gran biólogo evolutivo Ernst Mayr en Harvard y decidió que lo conseguiría pasara lo que pasase.[13] Viajó en avión desde Alaska y se presentó en la oficina de Mayr. Su pasión resultó tan convincente que Mayr lo invitó a quedarse. Y es muy posible que Barnaby sea la única persona que ha conseguido estudiar en Harvard sin presentarse a las pruebas de acceso, sin la revisión de su historial académico y sin recomendaciones de ningún profesor.[14]

«Uno tiene suerte cuando se concentra en su objetivo y no se rinde», sentenció Barnaby.

El lema que viene a expresar «cuanto más te esfuerces, más te sonreirá la suerte» ha sido atribuido a tantas personas distintas que cuesta saber quién lo formuló en realidad. Seguramente todos los supuestos autores —desde Thomas Jefferson hasta Samuel Goldwyn pasando por Oprah Winfrey— estarían de acuerdo con la afirmación. Sea como fuere, después de nuestra conversación, Barnaby pasó una semana meditando sobre los mecanismos por los cuales trabajar con ahínco se traduce en suerte. ¿De verdad las personas más trabajadoras acaban siendo las más afortunadas?

La relación, al cabo, es más sutil de lo que parece. La persistencia y la capacidad de concentrarse en los objetivos pueden generar suerte de muchas maneras distintas; y estas no necesariamente equivalen a horas de trabajo. La actitud y la intensidad con que se persigue el fin podrían ser mucho más importantes.

---

13. Mayr comprendía muy bien a las personas dotadas de pasión y persistencia, por cuanto él mismo poseía ambas cualidades. En nombre de la ciencia convivió con tribus caníbales de las selvas lluviosas de Nueva Guinea en 1920.

14. Barnaby señala que, en realidad, entró en Harvard a la vieja usanza: mediante una entrevista directa. El sistema actual de exámenes estandarizados y solicitudes complejas solo se remonta a cien años de antigüedad.

«La clave, en realidad, está en saber lo que quieres y a dónde apuntas», me dijo Barnaby cuando nos reunimos el miércoles siguiente, en esta ocasión sentados a la mesa del comedor de mi casa. (Acabé por considerarlo un laboratorio de la suerte auxiliar.)

Barnaby había pasado la mañana con su nuevo amigo Deepak Chopra, el gurú de la espiritualidad y la *New Age*. Como científico, Barnaby mostró cierto recelo al principio ante la idea de conocerlo, porque numerosos defensores de la ciencia tradicional han atacado las ideas de Chopra sobre la medicina alternativa. Sin embargo, según fue trabando amistad con él a lo largo de los meses, el afán del escritor indio de ampliar nuestra percepción de la realidad y sus ideas sobre cómo podemos transformar la propia vida conquistaron a Barnaby. En sus charlas motivadoras, Chopra sugiere que podemos generar cambios en nuestras vidas a través del pensamiento y la actitud.

Yo acababa de aprender que, si sabes lo que deseas y haces correr la voz entre tu red de contactos y tu comunidad, puedes propiciar conexiones y casualidades dichosas, pero me costaba creer la idea, propugnada por algunos gurús culturales, de que basta susurrar tus deseos al universo para que este (misteriosamente) te responda. Barnaby, sin embargo, me aseguró que Chopra trabaja desde un enfoque más complejo que merecía la pena explorar.

«Él sugiere comenzar el día con un ejercicio de concentración tranquila con el objeto de formularse a uno mismo preguntas como "¿quién soy?", "¿qué quiero?" —me explicó Barnaby—. De ese modo, tus actos estarán en armonía con tus objetivos.»

Desde una mentalidad mucho más terrenal, entiendo que, si de verdad deseas algo —ya sea un empleo, un amante o un nuevo Prius a buen precio— te esforzarás al máximo y es posible que nunca te rindas. El tesón, la fortaleza y la determinación implacable que presta la pasión favorecen los cambios positivos. Colocar los deseos en manos del universo implica saber lo que uno quiere. Y una vez que has expresado ese deseo ante ti mismo, es más probable que encauces adecuadamente tus energías y emociones. Parece magia, pero la clave está en cobrar conciencia de lo que necesitas para sentirte afortunado.

Cuando empecé a investigar, descubrí que esos planteamientos no son en absoluto extraños ni exclusivos de la filosofía *New Age*. Nadie goza de más prestigio ni alardea de un enfoque más convencional que el premio Nobel Daniel Kahneman, y algunas de sus investigaciones sugieren que el mero hecho de *desear* algo puede transformar tu suerte hasta tal punto que acabes por *conseguirlo*. Así pues, por ejemplo, analizando un estudio en particular, descubrió que si una persona, a los dieciocho años, considera importante gozar de una buena posición económica, pasados veinte años estará mejor situada que el resto.

«Los objetivos marcan una gran diferencia», afirma Kahneman. Señala que, algunos años después de haber formulado sus aspiraciones financieras, «muchas de las personas que querían tener unos ingresos altos lograron sus objetivos».

Kahneman llegó a esa conclusión a partir de un estudio con 12.000 personas a lo largo de veinte años, tomando como punto de partida el primer curso en universidades de élite. El cuestionario inicial pedía a los estudiantes que valoraran en una escala del uno al cuatro qué importancia le daban al dinero. Veinte años más tarde, Kahneman descubrió que, por cada punto extra que un individuo otorgaba al dinero, sus ingresos sumaban 14.000 dólares adicionales en relación a los demás, el equivalente a más de 22.100 dólares actuales.

El resultado es impactante. Marcar en la adolescencia un cuatro en lugar de un tres en la escala de tus aspiraciones económicas genera suerte suficiente como para comprar un Honda nuevo cada año. Muchos de nosotros firmaríamos por contar por ese próspero ingreso en nuestra cuenta bancaria. Y todos podemos conseguirlo. Si a los dieciocho años (o a cualquier edad) comprendes que tu máximo objetivo es estar bien situado, darás los pasos necesarios (consciente o inconscientemente) para que suceda. Te esforzarás, intentarás conocer a las personas adecuadas y te asegurarás de que tu primer empleo te permita cuando menos alquilar un piso. Los padres de tus amigos (cuyos hijos han regresado a casa) se preguntarán cómo es posible que hayas tenido tanta suerte. Puedes decirles que, para encontrar un caldero de oro, primero tienes que identificarlo.

El estudio que analizó Kahneman no preguntaba a los estudiantes si les parecía importante tener hijos, trabajar en el mundo de la moda, protagonizar una serie de televisión o hacer un voluntariado en Ghana. Pero, de haberlo hecho, me apuesto cualquier cosa a que aquellos que hubieran dado cuatro puntos a cualquiera de esas opciones se habrían acercado más a su sueño que los menos motivados. Una vez que defines lo que implica para ti una vida afortunada, empiezas a preparar el terreno para alcanzarla.

Barnaby me dijo que, hacía poco, se había reunido con Leonard Mlodinow, un físico de Caltech (instituto tecnológico de California) al que admiro, para hablar de ciertas teorías matemáticas. Me preguntó si me gustaría charlar con él.

«¡Ya lo creo que sí!», exclamé.

Al margen de su trabajo académico, Mlodinow ha escrito libros con Stephen Hawking y ha colaborado en populares series de ciencia ficción como *Star Trek: The Next Generation*. En sus propios libros señala que el azar tiene un papel más importante en algunos de nuestros éxitos de lo que nos gusta admitir. Muchas situaciones que nos parecen milagrosas («¡Iba andando por la calle y me encontré con una amiga de la universidad!») son ejemplos de mera contingencia. Sin embargo, a mí me interesaba saber si un tipo que estudia la aleatoriedad pensaba que podemos influir en nuestra propia suerte.

Pues sí, lo pensaba. Cuando lo visitamos una mañana en su casa de California se mostró encantador y reflexivo, y convino rápidamente en que el azar tan solo es uno de los distintos elementos que conforman la ecuación de la buena estrella. También afirmó que la suerte se siente atraída por ciertas personalidades concretas.

«Acabo de ver una vieja película de John Wayne, *Valor de ley* —dijo cuando empezamos a charlar—. ¿La conocen? Me ha ayudado a recordar que las personas afortunadas suelen ser las que no se rinden. Si piensas en la suerte como una cuerda compuesta de varias fibras, la persistencia es una de las más gruesas.»

En opinión de Mlodinow, el talento y las aptitudes son importantes, pero la persistencia lo es más.

«Hay que intentarlo una y otra vez y aceptar el fracaso, porque cuantas más oportunidades de batear tengas, más probabilidades hay de que conectes un *hit*, por torpe que seas», afirmó.

Nos puso como ejemplo dos personas con aptitudes distintas para el béisbol: una acierta el 99 por ciento de las veces y la otra solo el 1 por ciento. En ocasiones, las personas con menos talento hacen gala de una suerte increíble al conseguir un gran trabajo, un papel estupendo o una pareja maravillosa. Sin embargo, es muy posible que incrementaran sus probabilidades de éxito negándose a tirar la toalla y, en consecuencia, aumentando los turnos al bate.

«Si lo intentas cien veces, es muy posible que tengas éxito, porque las estadísticas juegan a tu favor —prosiguió Mlodinow—. Mediante esa estrategia, la persona del 1 por ciento se convierte en la del 99.»

En otras palabras, si alguien con un talento en apariencia limitado lo intenta cien veces logrará los mismos resultados que la superestrella que solo prueba una vez.

Como hijo de supervivientes del Holocausto, Mlodinow es muy consciente de que no podemos controlarlo todo. A veces somos presas de fuerzas históricas que nos superan. También conoce el poder de la contingencia en la vida diaria y reconoce ser aficionado a rastrear el origen —y las razones— de los casos que marcan la diferencia. Todos tendemos a hacerlo. Si hubieras salido dos segundos antes del despacho, el camión podría haberte atropellado a ti y no al tipo que acaba de ser arrollado ante tus ojos. Si aquel día te hubieras tomado otro café, no habrías conocido a la chica que acabó siendo tu mejor amiga. A los físicos se les da de maravilla contemplar la vida como un movimiento browniano a gran escala y ver a los seres humanos como pequeñas partículas suspendidas en el aire que son empujadas al azar por los veloces átomos de alrededor.

Los científicos llevan siglos fascinados por este tipo de movimiento, desde que el poeta y filósofo romano Lucrecio se refirió a él en el año 60 a. C. Miró las partículas de polvo iluminadas por un rayo de sol que se colaba en una habitación y comprendió que «su baile es muestra de movimientos de materia más pequeña, escondida a nuestra vista». Albert Einstein y otros teóricos aportarían más tarde precisión matemática al misterio, un esfuerzo que arrojaría luz sobre las causas del baile. En la vida real, el movimiento browniano nos lleva de acá para allá, pero la historia no termina ahí. Como señaló Mlodinow: «Lo que de verdad importa en la vida es cómo reaccionamos a las oportunidades y desafíos que el azar coloca en nuestro camino».

Y habiendo tantas partículas chocando aleatoriamente unas con otras, cuantas más veces participes en la dinámica, más oportunidades tendrás. Una de las mejores estrategias para incrementar la suerte es probar una y otra vez. A través de esta imagen, la teoría de Mlodinow de que las personas con suerte son aquellas que no se rinden reúne ciencia y vida real.

Cuando algo triunfa por todo lo alto, cuesta imaginar, a posteriori, cualquier otro resultado. Observas lo sucedido y lo consideras una prueba de que tenía que pasar. Pero no es así. El escritor John Grisham ha vendido más de 275 millones de ejemplares en todo el mundo, pero su primer *thriller* legal fue rechazado por veintiocho editoriales antes de que un pequeño sello lo aceptara. El adorado Dr. Seuss (Theodor Geisel) sufrió un número de rechazos similar. Estaba a punto de quemar el manuscrito de *Y pensar que lo vi por la calle Porvenir* cuando se encontró casualmente con un compañero de la universidad que lo convenció de que lo intentara una vez más. Ha vendido más de 600 millones de ejemplares, y todavía hoy, años después de su muerte, sigue siendo el autor de literatura infantil más vendido de Estados Unidos. Y el primer libro de Harry Potter recibió doce negativas antes de que un editor londinense le ofreciera a J. K. Rowling un triste anticipo de mil quinientas libras e hiciera una tirada inicial aún más anémica si cabe: mil ejemplares. Ahora que se han vendido más de 450 millones de libros de Harry Potter y que las novelas se han llevado al cine con beneficios que superan los seis mil millones, es fácil dar por supuesto que el mundo, sencillamente, estaba esperando a Harry con los brazos abiertos. Pero ¿qué habría pasado si Rowling (o su agente) hubiera pensado que doce rechazos eran suficientes?

No solo los escritores y los actores afrontan innumerables negativas (aunque las suyas son más fáciles de contar). Casi todos debemos decidir conscientemente cuántas veces estamos dispuestos a apostar. La insistencia y la pasión generan suerte, pero también decepción. Los adolescentes tienden a adoptar una actitud de indiferencia para demostrar que en realidad no les importa lo que pueda pasar. Si eres demasiado guay para estudiar, no tienes que preocuparte por sacar un sobresaliente. Si eres demasiado guay como para asistir al baile de fin de curso, no tienes que preocuparte por si te invitan o no. Lo mismo que funciona para proteger el ego adolescente es contraproducente para prosperar en la vida. Tener suerte requiere reconocer lo que uno quiere e ir a por ello.

Sin embargo, también hay que tener en cuenta la otra cara de la moneda. Puede que tu novela haya sido rechazada veintiocho veces sencillamente porque no es bastante buena. La suerte, como ya hemos dicho, aparece en el cruce entre el azar, el talento y el esfuerzo, y si bien el talento implica cualidades como saber reconocer las oportunidades y contar con las redes adecuadas también requiere... talento. ¿Cómo saber en qué momento las posibilidades de que tu persistencia dé fruto han entrado (en el mejor de los casos) en recesión?

A veces la suerte nos sonríe cuando sabemos renunciar a tiempo. Los matemáticos y los economistas han analizado la cuestión de la parada óptima mediante ecuaciones tan complejas que cuando las busqué en Internet ni siquiera reconocí algunos de los símbolos. Se las mostré a Barnaby, que me ofreció una explicación más comprensible.

«El método más sencillo para saber cuándo abandonar se basa en observar hasta qué punto te has acercado a tu objetivo —me explicó—. Si quieres ser actor y recibes muchas llamadas pero aún has conseguido ningún papel, sigue intentándolo. Estás cerca, y la persistencia incrementará tu suerte. Ahora bien, si siempre te responden con una amable negativa en la primera ronda, tal vez haya llegado el momento de buscar otras oportunidades.»

En mi siguiente viaje a Los Ángeles, me acerqué a las modernas oficinas del productor de cine Doug Wick.[15] Una escalera exterior roja, de estilo

---

15. Aun siendo alumnos de la misma universidad, Doug y yo nunca habíamos coincidido, así que le pedí a un compañero al que apenas conocía que me facilitara el contacto. ¡Parece ser que los lazos débiles y las redes funcionan realmente!

industrial, conduce a un vestíbulo dominado por un mostrador de recepción forrado de madera. Dos chicos muy guapos de unos veinte años, ambos con una perfecta barbita de dos días, me dieron la bienvenida y me dijeron que Doug llegaba un poco tarde (como es de rigor en Hollywood). Mientras lo esperaba, fui a un baño del tamaño de un apartamento. Estaba decorado con un maravilloso kimono encerrado en plexiglás que ocupaba toda la pared. Doug me dijo más tarde que era un regalo de Steven Spielberg, con el que coprodujo la película *Memorias de una geisha*.

Cuando por fin llegó, Doug se mostró cálido y cortés, y me llevó a su despejado y luminoso despacho. En los pasillos, diversos carteles testimoniaban los éxitos de su carrera, desde *Armas de mujer*, un gran éxito de 1988, hasta *Divergente*, el filme de ciencia ficción que ha triunfado hace poco. Doug Wick no recordaba un momento de su vida en que no hubiera querido ser productor cinematográfico y me contó que, mientras estudiaba en la universidad, trabajó como profesor auxiliar en un curso de cine. Una de sus alumnas era pariente del magnífico director Alan Pakula.

«Me presentó a Alan, que me dio trabajo. Así comenzó mi carrera en el cine. Supongo que tuve una suerte increíble —opinó Doug. A continuación, sonriendo, añadió—: Aunque dar clases tampoco se me daba nada mal.»

La pasión de Doug por la producción cinematográfica le ayudó a conseguir un contrato en un estudio. Se le ocurrió la idea de *Armas de mujer* y estuvo trabajando en ella dos años; pero no interesó a nadie. Su contrato estaba a punto de vencer y «los técnicos de mantenimiento del edificio ya rondaban por mi despacho, para determinar la remodelación que haría falta para el próximo ocupante».

Sin embargo, como había oído decir que un «no» en Hollywood tan solo es un «sí» postergado, siguió luchando y sudando. Por fin el guion llegó a manos de un famoso director, Mike Nichols. A Nichols le gustó lo suficiente como para aceptar el proyecto. La película, protagonizada por dos grandes estrellas, Melanie Griffith y Harrison Ford, fue nominada al Óscar a la mejor fotografía.[16]

---

16. Y eso fue solo el principio. Las películas de Doug han sido nominadas al Óscar en veintidós ocasiones y han ganado siete, lo que significa pasar mucho tiempo enfundado en un esmoquin.

«No hay que darse por vencido ni pillarle miedo a la vida —declaró Doug—. Hay que insistir sin perder el optimismo. Pero debe ser un optimismo informado o acabas convertido en un pinche con delirios de grandeza.»

Para Doug, el secreto de la buena suerte es el amor al trabajo y la concentración. A lo largo de los años ha trabajado con grandes estrellas, incluidos Brad Pitt, Leonardo DiCaprio, Nicole Kidman, Russell Crowe, Sigourney Weaver, Will Ferrell... la lista sigue y sigue. Le dio a Angelina Jolie su papel revelación en la película *Inocencia interrumpida* (ganó un Óscar y un Globo de Oro) cuando apenas estaba empezando. Pensando en Cassie, la joven aspirante a actriz que había conocido en mi anterior viaje a Los Ángeles, le pregunté a Doug qué habría pasado si hubiera escogido una actriz distinta. ¿Habría llegado a ser tan famosa como Angelina?

Negó con la cabeza.

«Solo Angelina podía hacer ese papel, porque pocas personas tienen su fuerza, ingenio y presencia en pantalla —afirmó—. Pero la magia como esa solo es el primer paso para triunfar. Hay que seguir involucrado y concentrado.»

Doug descubrió lo que de verdad propicia la suerte cuando conoció a Jack Nicholson.

«Fui a su casa dándomelas de listo y pensando que manejaría con facilidad al viejo chocho. Pero, cuando empezamos a hablar, me di cuenta de que cuando tú vas, él ha ido y ha vuelto tres veces. Y enseguida me sentí como un idiota. Pensé: "¡serás memo!"»

Puede que Nicholson sonría a las cámara con expresión siniestra o haga papeles de pirado, pero «para brillar y mantenerte en la cumbre en un negocio tan duro como este, tienes que ser perspicaz y controlar hasta el más mínimo detalle».

Últimamente algunos estudios de cine recurren a algoritmos creados a partir de datos empíricos (y a los modelos cuantitativos que llevan aparejados) para tratar de desentrañar el secreto de las taquillas. El análisis implica que el adorable actor A más el director de moda B dará como resultado un milagro Netflix. Cierta empresa utiliza lo que llama «redes neuronales» para analizar guiones a partir de más de cien variables distintas con el fin de determinar si la película resultante será un éxito de recaudación. En 2004, un tipo llamado Ryan Kavanaugh creó Relativity Media a partir de lo que denominó un «método Montecarlo»: un algoritmo de evaluación de riesgos (inspirado en los de Wall Street) que predecía las probabilidades de éxito de una película a partir de los resultados de productos parecidos en el pasado. El programa combinaba decenas de miles de variables, incluidos actores, director, presupuesto, fecha de estreno, género y mucho más.

Parecía una gran idea: un modo de aportar cierto margen de seguridad a un negocio del que, como dijo el guionista William Goldman, «nadie sabe nada». Pero las matemáticas y el análisis de regresión tampoco lo sabían todo. Relativity Media sufrió tremendos altibajos y la empresa entró en suspensión de pagos en 2015.

Doug optó por una estrategia distinta: confiar en el sentido común. En cierto momento revisó las películas de los últimos cien años (prácticamente toda la historia del género) y buscó los veinte filmes más exitosos de cada año. Advirtiendo que ciertos temas se repetían, decidió filmar *Gladiator* con Russell Crowe. Sin embargo, cuando ofreció la película a Sony «uno de los ejecutivos me soltó que las espadas y las sandalias habían pasado a mejor vida». Varios éxitos del cine pueden alardear de haber suscitado reacciones parecidas. Dos estudios rechazaron el filme original de *Star Wars* antes de que la 20th Century Fox recaudara millones de dólares al apostar por ella. *E. T.*, de Steven Spielberg, fue desdeñada por un estudio que prefirió apostar por algo llamado *Starman*. ¿Alguna vez has oído hablar de esa película? Yo tampoco.

Doug compró los derechos de lo que se convertiría en la saga *Divergente* cuanto el primer libro tan solo era un manuscrito inédito de un autor desconocido.

«Qué valor», comenté yo.

«En cuanto lo leí, me di cuenta de que contaba con todos los elementos que, a mi entender, debe reunir una buena película. Era una historia de género con una heroína cautivadora y creaba un mundo que el público querría conocer. Solo un algoritmo lo habría pasado por alto», remató con una carcajada.

Comentando con él las incertidumbres del negocio del cine, me sorprendió la tranquilidad con la que hablaba del tema. Aunque había tratado de analizar por qué algunas de sus películas no habían funcionado, los dólares y la fama no son su motivación principal.

«La gente dice que Hollywood es una teta de piedra. Puedes exprimir y exprimir sin sacar ni una gota. Me gusta la metáfora, porque me obliga a pensar: «si hago tal cosa, ¿qué obtendré?». Y me recuerdo a mí mismo que el néctar que yo busco es el placer de hacer un buen trabajo en buena compañía. Si amas lo que haces, la suerte llegará sola.»

Cuando volví a ver a Barnaby, le relaté mi viaje y le formulé las preguntas que todavía me intrigaban acerca de Hollywood. Doug Wick es un tipo estupendo y sin duda un productor de talento, pero, al igual que muchos triunfadores, se preguntaba qué papel había tenido el azar en su fulgurante carrera. «Rodar una película implica sumirse unos cuantos años en la locura de dar con una idea, desarrollar un guion, elegir a los actores y encontrar al director idóneo —me había confesado—. Yo puedo tomar buenas decisiones, pero mi aportación sigue sin ser nada más que una parte del conjunto.» Yo no supe adivinar si hablaba desde la modestia o constataba una realidad cuando me dijo que conseguir una actuación brillante de un actor revelación —como sucedió con Russell Crowe en *Gladiator*— nunca depende enteramente de uno.

Como de costumbre, Barnaby sacó una hoja de papel. En esta ocasión, dibujó una campana de Gauss para representar la curva del éxito en el negocio del cine.

«Casi todas las películas funcionan más o menos bien. Son las que crean la campana central. Unas cuantas se ubican en los extremos, a un lado las que son un fracaso y al otro las que triunfan por todo lo alto —me explicó Barnaby—. Doug tiene razón. En realidad, no puedes alterar esta curva. Si filmas cien películas, las que sean, obtendrás aproximadamente la misma distribución.»

«Pero ¿qué me dices de los algoritmos que se han probado? —pregunté—. ¿No es posible que tengas más suerte si contratas, pongamos por caso, a Matt Damon para tu película?»

He entrevistado a Matt Damon en un par de ocasiones y me parece amable, inteligente y muy atractivo. También es uno de los actores más admirados de su generación, aclamado por *Marte (The Martian), El caso Bourne* (y sus secuelas) y *El indomable Will Hunting*. Pero, mientras charlábamos, Barnaby me recordó unas cuantas más. ¿Qué me dices de *Pegado a ti, Eurotrip* y *Más allá de la vida*?

«No se puede prever si una película será un éxito solo porque Matt Damon esté en el reparto», afirmó Barnaby.

«Yo lo incluiría en el reparto de cualquier película», repliqué, fiel hasta la médula.

«¡Y harías bien!», respondió. Porque tenía una interesante teoría al respecto.

En la misma hoja de papel, Barnaby dibujo otra curva de Gauss, a la derecha de la primera. Explicó que no puedes obviar la existencia de la campana en el cine (ni en casi nada en esta vida). Ahora bien, puedes incrementar tu suerte influyendo en la ubicación de la campana al completo.

«Las películas de Matt Damon también crearán una campana de Gauss, pero seguramente todo el cuerpo central de la campana se ubicará en una zona que coincide con la parte más positiva de los filmes que no incluyen a Matt Damon, y los grandes éxitos se situarán aún más hacia el extremo —explicó—. El éxito no está garantizado, pero recurriendo a los elementos adecuados, al menos puedes desplazar la curva entera para tener más posibilidades de ir a parar al lado positivo, que es donde quieres estar.»

Y eso, precisamente, había hecho Doug Wick. A base de persistencia y pasión, había sido capaz de desplazar la campana e incrementar su buena suerte. Dice la leyenda que, en la industria del cine, la fortuna se fabrica en la esquina de Hollywood y Vine, pero la verdadera suerte nace en una esquina muy diferente (a la que los autobuses turísticos no llegan): en el cruce entre el talento, el esfuerzo y el azar. Doug sabe que puede controlar los dos primeros elementos y eso le permite encogerse de hombros ante las contingencias que no dependen de él.[17]

---

17. La socia de Doug en su productora es Lucy Fisher, ex alta ejecutiva de Sony y Warner Bros. También, casualmente, es su esposa. Puede que la pasión que requiere la suerte adopte muchas formas distintas.

A menudo observamos a las personas que acumulan un éxito tras otro y murmuramos que «algunos nacen con suerte». Y es verdad. Cuando triunfas una vez, es probable que vuelvas a acertar. El encargado del reparto conoce tu nombre, tu libro se expone en un lugar preferente de la librería o el director de recursos humanos sabe que podrá justificar tu contratación. El economista W. Brian Arthur ha realizado recientemente una investigación para el Instituto de Santa Fe que ha sentado las bases de lo que se conoce como la teoría de los rendimientos crecientes, un trabajo que ha cambiado en poco tiempo la manera de explicar el éxito fulgurante de las empresas de alta tecnología. Arthur demuestra que, si un producto ya es popular, tiene más posibilidades de aumentar su popularidad. Se hizo famoso analizando las cuotas de mercado y su teoría de la retroalimentación positiva funciona con los refrescos, los ordenadores y Harry Potter. Si la suerte te sonríe una vez, volverá a hacerlo.

Mucha gente trabaja con ahínco sin conseguir lo que quiere. Si deseas ser una de esas personas que han nacido con estrella, tienes que cultivar la persistencia y la pasión. Estas son las cualidades personales que generan suerte, y no hace falta poseerlas de nacimiento. En las ceremonias de graduación abundan los discursos que tratan de animar a los jóvenes a seguir su pasión, pero el mensaje, en realidad, desmoraliza a muchos de los recién graduados. Desconocen cuál es su pasión y están esperando descubrirla en una gran epifanía. Y no sucede así. En su libro *Grit,* Angela Duckworth señala que la pasión por el trabajo «tiene algo de *descubrimiento,* una gran parte de *desarrollo* y toda una vida de *profundización*». Los que pronuncian los discursos de graduación deberían advertir a los jóvenes que hay que dedicar un tiempo de explorar tus gustos y ambiciones antes de saber lo que quieres. A continuación, debes alimentar tu interés y decidir si vas a tirar por ahí. Solo entonces la persistencia tiene el poder de atraer cascadas de suerte rodando hacia ti.

Pensar en el poder de la persistencia me trajo a la mente a un artista llamado Mark Uriksen que había conocido un año atrás en la feria de libros de Tucson. Nos había invitado el mismo patrocinador, el *Arizona Daily*

Star, y me quedé con la boca abierta al saber que Mark había ilustrado más de cincuenta portadas de la revista *The New Yorker* a lo largo de los años.

«¡Son muchísimas!», exclamé cuando lo mencionó.

«No tantas como las que me rechazaron», replicó con una suave carcajada.

Mark me explicó que los ilustradores de portadas suelen dibujar y enviar montones de bocetos y que solo un pequeño porcentaje acaba publicado. Colocar cuatro portadas en un año se considera todo un logro. Algunos años él apenas si había vendido una. En varias ocasiones había trabajado toda la noche para presentar tres o cuatro propuestas para portadas de actualidad sin recibir respuesta siquiera.

«El enfado me dura unos días y juro que lo voy a dejar, pero luego me sobrepongo y me conmino a madurar —me confesó—. Conozco a magníficos ilustradores que han dejado de enviar portadas porque les parece demasiado frustrante. Pero, si optas por esa solución, seguro que jamás colocas ninguna.»

Mark me dijo que las posibilidades eran aún más escasas para los caricaturistas. Estos precisaban grandes dosis de persistencia para tener suerte. El editor de viñetas de la revista, Bob Mankoff, es el encargado de aceptar o rechazar las propuestas.

Así que me puse en contacto con Mankoff, que tuvo la generosidad de invitarme a visitarlo en su despacho de la torre Freedom de Manhattan. Fui en metro y di una vuelta por el monumento antes de tomar el ascensor que lleva a su despacho, situado en uno de los pisos más altos. Mankoff tuvo la amabilidad de mostrar el aspecto exacto que esperas en un caricaturista: delgado como un palillo, con una barba algo desaliñada y un cabello ralo y gris que se le rizaba muy por debajo de las orejas. Sería fácil dibujarlo.

Saltaba a la vista que estaba ocupado pero también pareció encantado de tomarse un descanso para hablar de la suerte. Le conté mi teoría de que la suerte aparece en el cruce entre el azar, el talento y el esfuerzo. Asintió y señaló que su buena estrella tiene mucho que ver con haber nacido en un familia en la que la curiosidad, el sentido del humor y la inteligencia abundan también.

«El ambiente en el hogar es el caldo de cultivo en el que se cuece la personalidad —opinó. Su madre ya creía en la importancia de encontrar una pasión y cultivarla para ser feliz—. Solía decir: "Puedes dedicarte a lo que quieras, siempre y cuando seas feliz. Hazte basurero si lo deseas, pero tienes que ser el mejor". Yo le respondí: "Soy un chapucero, así que me va a costar mucho ser el mejor en eso"».

La idea de ser basurero quedó descartada, pero tardó un tiempo en saber cuál era su vocación. Tras graduarse en la universidad, empezó un doctorado en psicología y luego quiso ser cómico. Cuando decidió optar por las caricaturas, envió algo así como quinientas viñetas a *The New Yorker*. Y se las rechazaron todas.

«Debe de tener la piel más dura que yo —comenté—. No sé si yo habría seguido insistiendo.»

«Hay que encauzar la persistencia —dijo Mankoff con aire pensativo—. La gente se obceca en el desaire y se enfada con la persona o la institución que los ha rechazado. Van por ahí diciendo que fulanito es un cerdo y que no sabe reconocer el talento. No sacan partido al fracaso. Si te rechazan, por algo será.»

Mankoff intentó entender los motivos del rechazo y perfeccionó su estilo. Su persistencia fue recompensada (¡qué suerte!) y por fin vendió una tira cómica a la publicación. Y luego vendió muchas más. Durante veinte años, siguió enviando remesas que la revista rechazaba un 90 por ciento (como poco) de las veces, por cuanto «solo una de cada diez viñetas funciona». El tesón, a la larga, se transforma en suerte. Uno de sus dibujos se hizo tremendamente famoso y hoy está entre los más reproducidos de toda la historia de la publicación. Muestra a un ejecutivo al teléfono diciendo con educación: «No, el jueves queda descartado. ¿Qué le parece nunca? ¿Nunca le viene bien?»

Como editor de viñetas desde 1997, Mankoff no dice «nunca», pero se le da muy bien decir que no. Cuenta con alrededor de cincuenta colaboradores regulares y les aconseja que envíen (igual que hacía él) unas diez propuestas en cada ocasión. Recibe remesas semanales, de un volumen similar, de su extenso banquillo de jóvenes caricaturistas, así como ideas no solicitadas de todo el mundo. ¿Qué posibilidades hay de que aun los mejores dibujantes reciban la llamada de la suerte? La revista publica cada semana unas quince viñetas aproximadamente. Haz los cálculos.

Mientras Mankoff me explicaba las estadísticas, recibió una llamada de David Remnick, el director editorial de la publicación, que quería revisar con Bob sus elecciones para el número de la semana.

Mankoff cortó la llamada y me miró con pesar.

«Lo siento, había quedado en reunirme con David más tarde, pero le va bien ahora. ¿Me puede esperar un rato?»

«Claro», respondí.

Mankoff recogió los bocetos que había escogido y dejó en la mesa montones y montones (y montones) de viñetas no seleccionadas.

«No curiosearé», prometí.

«Curiosee», respondió Mankoff mientras salía.

¿Cómo resistirse? Muchas de las viñetas estaban firmadas por famosos caricaturistas cuyos marcados estilos se reconocían a la legua. Algunas eran tan graciosas como para enviárselas a un amigo. Otras tan inteligentes como para arrancar unas risas. Unas cuantas estaban maravillosamente dibujadas y debían de haber requerido mucho tiempo. Como había señalado Mankoff, a los rechazados les habría costado muy poco enfadarse con él o quejarse de su falta de criterio.

Mankoff regresó al poco rato (a Remnick le habían gustado sus elecciones) y depositó las opciones rechazadas en una cesta metálica. Un ayudante se las llevó. Algunos de los mejores caricaturistas de Estados Unidos estaban a punto de descubrir que esa semana no habían tenido suerte. Se me ocurrió que si eres consciente de que, en el *mejor* de los casos, el 90 por ciento de lo que hagas será descartado, necesitas una tenacidad implacable para continuar. Solo a esos que estén dotados de la pasión y la persistencia necesarias para enviar una viñeta más les tocará el premio esa semana.

Pese a todo, cuando volvió a sentarse, Mankoff tenía otras ideas que compartir, además de las viñetas. En su opinión, cualquiera que desee triunfar debe comprender el fracaso. ¿Quieres que te sonría la suerte? Pues siéntate y haz un esfuerzo. Por encima de todo, había aprendido hacía tiempo que la persistencia puede ser trascendente en los momentos más delicados.

«Lo sorprendente no es que me convirtiera en editor de viñetas, sino que siga vivo», me confesó.

A los cuarenta y pico pasó por una depresión espantosa. Por lo visto, no solía hablar de ello, pero el caso es que cuando su segunda esposa lo abandonó, «ingresé en una institución mental, pasé allí tres meses con la cabeza hecha un lío y tuve pensamientos suicidas. No me importaba nada. Absolutamente nada. Por fortuna, al final fui capaz de recomponerme y triunfé. El piloto de la vida seguía parpadeando en alguna parte».

Refiriéndose a aquella época de desesperación, Mankoff señaló que la persistencia sirve para mucho más que para ascender en la profesión: puede ser el motor de la vida.

«En el trabajo todo el mundo sufre rechazos en un momento u otro. ¿Te devuelven los dibujos? ¿Y qué? Pues haces más o te dedicas a otra cosa. Ahora bien, la verdadera fuerza interior se adquiere cuando aprendes que puedes estar en lo más hondo de un pozo y, pese a todo, encontrar dentro de ti mismo lo necesario para tener suerte en la vida.»

Mankoff está ahora felizmente casado y tiene una hija adulta. Su consejo para ella es «que lo intente, pase lo que pase. Nos reprimimos por miedo al fracaso o a averiguar que somos mediocres. La gente deja de esforzarse cuando descubre que otras personas lo hacen mejor. Sin embargo, la motivación y la perseverancia son muy importantes. Hay muchísima gente que no hace nada salvo ver la televisión.»

Para Mankoff, la actitud adecuada consiste en apagar el televisor y tener fe en uno mismo y en las oportunidades que puede generar.

«Cuando hablo con los jóvenes, les digo que las posibilidades de triunfar en una profesión creativa son escasas… pero se reducen a cero si no lo intentan. De modo que tus posibilidades se sitúan entre cero y pocas. Para tener suerte, necesitas abrigar un autoengaño positivo en relación a tus posibilidades de éxito.»

Cuando salí del despacho de Mankoff, pensé en ese piloto luminoso de la vida que debemos mantener encendido. La suerte no llega en línea recta (por muy bien que dibujemos) y es en los peores momentos cuando debemos encontrar la tenacidad y el valor necesarios para seguir insistiendo aun estando convencidos de que nunca más seremos afortunados. A veces esas cualidades te ayudan a publicar una viñeta y otras te sacan de un hospital mental. En ambos casos, incrementan tu suerte.[18]

Le relaté a Barnaby mi conversación con Bob Mankoff y le mencioné su idea de que abrigar un «autoengaño positivo» puede contribuir a la suerte. «Creo que es un modo de decir que el optimismo cuenta», observé.

Barnaby asintió y convino enseguida en que una actitud positiva —autoengaño o no— es fundamental para atraer prosperidad. Por lo que parecía, habíamos definido uno de los triunviratos incluidos en el lote del talento que contribuye a la suerte: persistencia, pasión y optimismo.

«Si el optimismo forma parte de la suerte, tenemos que hablar con Marty», decidió Barnaby.

Si alguien sabe de optimismo y actitud positiva es nuestro amigo Martin Seligman, un catedrático de Psicología de la Universidad de Pensilvania. Fue él, en gran medida, quien creó el campo de la psicología positiva. El poder de su obra y los magníficos profesionales que ha formado y enviado al mundo (incluida Angela Duckworth) han transformado el enfoque de gran parte de las investigaciones psicológicas, que ya no se centran tanto en curar los aspectos negativos como en inspirar los positivos. ¿Qué podemos hacer para ser más felices, mejorar nuestro bienestar… e incrementar la suerte?

Cuando llamamos a Marty —Barnaby y yo lo conocemos desde hace mucho tiempo— convino al instante en que una perspectiva positiva podía ser clave para generar buena suerte. Y como tiene una mente muy bien amueblada, dio un giro inesperado a la cuestión.

«Vuestra pregunta sobre la suerte me ha traído a la mente la novela de ciencia ficción *Mundo anillo*», comentó.

Nos explicó que, en el relato, un personaje llamado Teela participa en una expedición espacial con el fin de traer suerte a la misión. Es la descen-

---

18. Mankoff dejó *The New Yorker* poco después de nuestra conversación y ahora es el editor de caricaturas de *Esquire*. Seguirá haciendo gala del mismo sentido del humor e inteligencia allá donde vaya.

diente de seis generaciones de afortunados y, en consecuencia, se da por supuesto que ella comparte esa misma predisposición. En la vida real no existen pruebas (todavía) que evidencien una predisposición genética a la fortuna, pero el doctor Seligman no piensa que sea una idea disparatada. Cuando menos, sería posible cultivar un tipo de personalidad afortunada.

«Si yo tuviera que elegir a una persona afortunada para que me acompañara en un viaje espacial, la cualidad que tendría más en cuenta sería el optimismo —expuso el doctor Seligman—. Las personas optimistas están cognitivamente predispuestas a sacar partido de los acontecimientos favorables y a no enredarse demasiado con los malos.»

Al igual que la pasión y la perseverancia, el optimismo se puede aprender; y no hace falta descender de seis generaciones de optimistas. El doctor Seligman se considera un pesimista nato —«las más sombrías posibilidades asaltan mi pensamiento constantemente»— y no encaja demasiado bien en el papel de padre de la psicología positiva, un sobrenombre que recibe a menudo. De manera que siempre está buscando un punto de vista más alegre.

«Es posible aumentar los niveles de optimismo —afirmó—. Se trata de identificar los diálogos destructivos y pesimistas que las personas como yo mantienen consigo mismas y enseñarles a rebatir esas premisas tan catastróficas como si discutieran con un rival que pretende arrebatarles el trabajo o la esposa.»

Como ejemplo, señaló que ya ha rebasado los setenta años, que ya ha hecho cuanto tenía que hacer en su profesión y que su vida está de capa caída. A continuación, rebatió estas ideas a toda prisa: acaba de escribir un artículo para *The New England Journal of Medicine*, asistió hace poco a un congreso muy interesante y pronto publicará un nuevo libro.

El optimismo se relaciona con la suerte, en parte, porque nos anima a no darnos por vencidos. En los comienzos de su carrera, el doctor Seligman llevó a cabo revolucionarios experimentos sobre la indefensión aprendida y demostró que, cuando colocas a los animales en situaciones negativas que no pueden controlar, al final cesan en sus intentos de huida. Las personas también tenemos tendencia a instalarnos en la queja cuando pensamos que somos víctimas de la mala suerte. Lo que parece buena estrella a simple vista a menudo procede de la voluntad de creer en un futuro mejor.

«Si no te crees capaz de conseguir que te sonría la suerte, no te apropias de las cosas buenas que te salen al paso —nos explicó el doctor Seligman—. Pensar que poseemos cierto control sobre los acontecimientos alimenta la predisposición a intentarlo a toda costa. Si vislumbro la posibilidad de algo bueno en el horizonte, ¿aprovecharé la oportunidad e iré a por ello o adoptaré una actitud pasiva?»

Hace muchos años, en un acto académico celebrado en su honor, el doctor Seligman conoció a sir John Templeton, el financiero y filántropo que acababa de crear una fundación para apoyar la cultura de pensamiento y las grandes ideas. Le dijo al doctor Seligman que le gustaría apoyar sus estudios y le preguntó qué podía hacer.

«Le envié una ambiciosa petición de veinte millones de dólares —nos confesó el doctor Seligman entre carcajadas—. Más tarde me enteré de que nadie le había pedido nunca a sir John tanto dinero. Él rechazó la petición, pero me parece importante el hecho de que yo fuera capaz de formularla.»

Sus optimistas aspiraciones no fueron compensadas al momento, pero le facilitaron una relación que se prolongó durante décadas y que incluyó varias becas de la Fundación John Templeton en apoyo a su trabajo. Barnaby ocupó un puesto importante en la fundación durante muchos años y más tarde me confió que —irónicamente— el conjunto de las becas que Marty recibió acabaron sumando esos veinte millones.

«En la medida en que seas capaz de imaginar el futuro desde una perspectiva positiva, te apropias de él —afirmó el doctor Seligman— Así que la suma de optimismo e imaginación te induce a esforzarte por acceder a esos prósperos escenarios que se perfilan ante ti.»

Al cabo de varios días, a las ocho de la mañana, me acerqué andando al hotel Paramount de Times Square para entrevistar a los recién nominados a los premios Tony. A primera hora de la mañana no suele haber mucho movimiento en Times Square, pero reinaba el bullicio en el hotel según los nominados iban entrando. Algunos (como las estrellas hollywoodienses Michelle Williams y Jeff Daniels) eran veteranos en este tipo de actos, pero muchos parecían ligeramente aturdidos, tanto por la hora temprana (para gente acostumbrada a vivir de noche) como por la sorpresa del galardón.

El teatro requiere que numerosos elementos —un guion brillante, una música fantástica, un escenario deslumbrante, una estrella carismática— se fusionen para crear una especie de embrujo. Nadie sabe muy bien cómo sucede y (al igual que en los acontecimientos deportivos) todo ocurre en tiempo real, ante el público. Por mucho que hayas ensayado y te hayas preparado, siempre existe la posibilidad de que un lance inesperado te lleve al más absoluto triunfo o al más completo fracaso. La suerte siempre parece revolotear entre bambalinas.

Ahora bien, a nadie le sonríe la suerte en el teatro si no está tan motivado como para darlo todo. Si la pasión, la persistencia y el optimismo son cualidades clave para atraer la suerte, supuse que allí, en el hotel Paramount, abundarían. Y así era. Según charlaba con un nominado tras otro, comprendí que en esa sala se concentraba una pasión tan ardiente como para hacer despegar un cohete. Muchos habían decidido a muy temprana edad que harían *cualquier cosa* con tal de formar parte del mundo teatral. Algunos habían abandonado confortables hogares de infancia para lanzarse a la aventura en Nueva York y vivir en un desván de Hell's Kitchen. Muchos me dijeron que los rechazaron una y otra vez, pero no se rindieron. Todos sabían lo que querían. Con persistencia y pasión, forjaron su propia suerte.

Un actor de ojos brillantes entró brincando en la sala con una alegre sonrisa y tanta energía que podías percibirla a quince metros de distancia. Nominado por su divertida interpretación del susceptible rey Jorge en el exitoso musical *Hamilton*, el actor Jonathan Groff se desplomó en una butaca ante mí y se describió de inmediato como el tío más afortunado del mundo.

«La primera vez que vi *Hamilton*, me gustó tanto que me eché a llorar —me relató—. Lin me miró y me preguntó: "¿Irá todo bien?"»

Lin-Manuel Miranda, el hiperaclamado creador de *Hamilton*, acababa de ofrecerle el papel del rey Jorge. Groff apenas si podía creer su buena suerte.

A Groff, la fortuna no le cayó del cielo; se desarrolló a partir de un deseo ardiente. Hijo de un menonita y una metodista en la conservadora Lancaster, Pensilvania, no fue criado en un ambiente que propiciase la vocación de actor. Sin embargo, cantó en una pequeña producción de su ciudad y comprendió que le encantaban los escenarios. Como muchos aspirantes a estrella, se despidió de su hogar natal al terminar la secundaria y partió en busca de su sueño. Al llegar a Nueva York, estudió interpretación y se puso a trabajar de camarero en un restaurante llamado Chelsea Grill. Fue una buena elección, porque, casualmente, la gente del teatro frecuentaba el local.

«Una noche, un tipo al que estaba sirviendo me dijo: "Debes de ser actor. ¿Te gustaría ver el final de los espectáculos y recoger después dinero a espuertas?"», recordaba Groff. La oferta no era tan rara como pueda parecer, porque el hombre dirigía la organización benéfica Broadway Cares, que recauda dinero para actores enfermos y necesitados. Cada año, a lo largo de unas pocas semanas, los actores se quedan en el escenario después de que caiga el telón y piden apoyo para la causa. Según el público abandona la sala, los voluntarios recogen los donativos en el vestíbulo.

A Groff le emocionó la idea de convertirse en el chico de los donativos. Hizo malabarismos entre las clases y los turnos en el restaurante para pasar el sombrero cada noche en el teatro (como voluntario).

«El caso es que pululaba por los teatros más o menos en la época en que *El despertar de la primavera* estaba a punto de estrenarse —relató Groff, refiriéndose al espectáculo que pronto sería un gran éxito—. Buscaban chicos adolescentes y allí estaba yo.»

Sí, allí estaba. Consiguió el papel principal y logró su primera nominación al Tony (esta era la segunda) cuando apenas alcanzaba la edad para consumir alcohol.

Según el entusiasta relato de Groff, pasó de ser el chico del sombrero a convertirse en la gran revelación por pura chiripa. Rondas por los teatros, conoces a unas cuantas personas y, ¡pumba!, ya eres una estrella. Pero Groff llevaba preparando el terreno desde cuarto curso. En sus tiempos de colegial, cantar le apasionaba hasta tal punto que «grabé la ceremonia de entrega de los premios Tony en una cinta VHS y la llevé a clase de mates para que todo el mundo la viera. No me podía creer que alguien pudiera cantar tan bien. ¡Me hacía tan feliz!»

Su pasión debió de resultar tan obvia para el tipo que pedía un pepito de carne en el Chelsea Grill como para el encargado del *casting* en *El despertar de la primavera*. Para propiciar la suerte a menudo hace falta seguir insistiendo cuando muchos ya habrían abandonado. Si te encanta lo que haces y crees en ello de corazón, es menos probable que te desanimes. A mucha gente el trabajo de pasar el sombrero (aunque fuera por una buena causa) se le antojaría aburrido o incluso humillante, pero si lo contemplas como una parte de un cuadro mayor, lo harás con energía, pasión y perseverancia. Y esa es la actitud que te puede granjear suerte.

Groff había pasado demasiado rato charlando conmigo y, como su agente se estaba poniendo nervioso, le deseé buena suerte y lo animé a charlar con los otros periodistas que lo aguardaban. Abrazó a unas cuantas personas y echó mano de una botella de agua mientras yo lo miraba; y se me ocurrió que si la suerte surge en el cruce entre la casualidad, el talento y el esfuerzo, él tenía todo lo necesario. Ofrecía un magnífico ejemplo de los principios que Barnaby y yo habíamos descubierto. Se había desplazado a un lugar que propicia las oportunidades (que no era Lancaster) y había atisbado las posibilidades. Sabía lo que quería, así que, cuando llegó la ocasión, la cazó al vuelo. Poseía las cualidades que se requieren para brillar en Broadway —una voz fantástica y madera de artista, una personalidad arrebatadora y un cabello rizado adorable (que no es necesario, pero ayuda). Súmale a eso la voluntad de trabajar con ahínco para lograr sus objetivos y no era de sorprender que estuviera disfrutando de los desayunos Tony por segunda vez. Tal vez le guste hacer hincapié en la contingencia que lo llevó a ser el chico del sombrero... pero en realidad la casualidad fue el elemento menos relevante de toda la historia.

Charlando con Jonathan Groff, Bob Mankoff, Leonard Mlodinow y Marty Seligman me había convencido de que cualquiera puede forjarse una personalidad afortunada. La pasión, la persistencia y el optimismo no te garantizan la suerte, pero sin esas cualidades resulta muy difícil tener buena estrella. Son esenciales para eso que Mankoff llamaba poéticamente «el piloto luminoso de la vida». Iluminan el fuego que debe seguir ardiendo para que emerja la suerte.

8

¿A cuántas cartas te juegas el futuro? (¿Y cuántas barajas tienes?)

No te limites a una sola apuesta. Recuerda que no eres un vaquero. Disfruta el momento pero guárdate un as en la manga. Considera el fracaso una condecoración. Si quieres usar muchas barajas, adelante.

Una mañana Barnaby llegó con la lengua de fuera a nuestra reunión de los miércoles, y se deshizo en disculpas por los pocos minutos de retraso. Como había corrido unas cuantas manzanas, se enjugó la frente con un pañuelo blanco (perfectamente planchado) y se sentó mientras recuperaba el aliento.

«Perdona, ha sido una mañana de locos.»

Miré el reloj. Pasaban unos minutos de las nueve. Yo, después de levantarme, había tomado un yogur, me había lavado el pelo y encaminado a la reunión dando un paseo.

La mañana de Barnaby había sido un tanto más productiva. Había desayunado temprano con un multimillonario que necesitaba consejo, tras lo cual comentó un proyecto filantrópico con un colega de Berlín y después practicó yoga con un emprendedor de Silicon Valley que pasaría el día en Nueva York.

«Has hecho muchas cosas», comenté con voz queda, pensando que quizás yo, esforzándome un poco, podría haber añadido unas bayas al yogur.

«Bueno, la conversación con Berlín fue por teléfono», me aclaró.

Yo lancé una carcajada.

«Me alegro de saber que ni siquiera tú eres capaz de ir a Alemania y volver antes de las nueve.»

Casi todas las personas que conozco están siempre muy ocupadas (parece ser un imperativo de esta época), pero las actividades de Barnaby abarcan un abanico más amplio que las del resto del mundo. Igual pasa la mañana hablando del karma con Deepak Chopra que dedica la tarde a comentar estrategias económicas innovadoras con el genial gestor de fondos Paul Tudor Jones.

«La diversificación favorece la suerte —me dijo Barnaby—. Uno nunca sabe qué proyecto dará resultado, así que es preferible tener varios asuntos entre manos.»

Mi padre llamaba a eso «hacer malabares con muchas bolas». Algunas personas lo consideran una gran idea. Hacer malabarismos con un montón de bolas es emocionante. Pero, si pierdes la concentración, todas acabarán en el suelo.

Cuando Barnaby dejó su puesto como alto ejecutivo de la fundación John Templeton, varios filántropos le ofrecieron la oportunidad de trabajar para ellos. Rechazó todas las ofertas, porque quería explorar nuevos ámbitos. El cambio supondría un mayor desafío, pero era la clase de reto que echaba en falta y deseaba incorporar a su vida.

Mi trayectoria profesional ha discurrido de manera parecida. He sido redactora de revistas, productora de televisión y autora de libros. En ocasiones me he preguntado si habría llegado más lejos de haberme ceñido a una sola actividad. Pero me encanta la variedad y contar con muchas opciones distintas implica que siempre hay algo que aprender y una posibilidad emocionante en el horizonte. Nunca he considerado mi manera de trabajar una forma de diversificarme; sencillamente, la aventura me atrae.

Barnaby, en cambio, considera que contar con varias barajas distintas —revistas, televisión y libros— es una estrategia inteligente.

«Nunca se sabe lo que va a funcionar, y si algo falla, cuentas con otras posibilidades —afirmó—. Para generar buena suerte, tienes que ser capaz de cambiar de objetivo a toda prisa en caso de necesidad.»

Barnaby señaló que, para ser afortunado, hay que diversificar la vida, igual que los expertos recomiendan diversificar las inversiones. Aun si eres de esas personas (irracionales) que esperan hacerse ricas con la bolsa, no vas a apostar todo tu dinero a una única opción. O, cuando menos, no deberías. Pregúntales si no a las personas que invirtieron en los famosos fiascos del boom puntocom, como Webvan y Pets.com. Claro, al principio esos negocios tenían buena pinta, pero si lo apuestas todo a una carta, te vas a dar de cabezazos cuando la historia se vaya al garete.

Un plan de inversión razonable sería colocar una parte del dinero en bonos y otra en acciones (y quizás una pequeña parte en materias primas). De ese modo, si una parte de tu inversión pierde valor, es muy posible que la otra equilibre las pérdidas. La estrategia de la diversificación, segura y sencilla, te hará sentir afortunado también cuando te retires a Palm Springs a tomar cócteles mai tai tumbado en una hamaca.

Ahora bien, ¿qué pasa con el gran golpe de suerte al que todo el mundo aspira? Un tipo que conozco presume de haber comprado acciones de Microsoft cuando acababan de salir a la venta en 1986. Los dos mil dólares que invirtió en aquel entonces valen ahora tres cuartos de millón. Qué bien. ¿Y cómo es posible que tuviera tanta suerte? Hice una llamada rápida para preguntárselo.

«Me informé a fondo sobre Microsoft y tenía el presentimiento de que Bill Gates…»

«Venga ya, dime la verdad —lo interrumpí—. ¿Cuántos títulos más compraste ese año de empresas que nadie conoce?»

Se hizo un largo silencio.

«Vale, tienes razón. Me has pillado», respondió con una suave carcajada.

En otras palabras, no tuvo la inmensa suerte de escoger las acciones adecuadas; invirtió en muchas distintas. Nunca comenta los montones de títulos que compró más o menos en la misma época y que no le reportaron ningún beneficio. La gente lo hace constantemente. Tal vez tu cuñado mencione en cada reunión familiar los grandes beneficios que ha obtenido con las acciones de Apple que compró hace siglos y que han duplicado su valor más veces de las que puede contar. La próxima vez que saque el tema a colación, pregúntale qué más compró en aquel entonces. ¿Tal vez unas cuantas participaciones de Pets.com de las que nunca habla? Si no quieres arruinar la cena, puedes señalarle que diversificar para aumentar las posibilidades de conseguir el premio gordo fue una estrategia inteligente. Es igual que poner en la mesa una tarta de pacana, otra de calabaza y una tercera de manzana. Por más que intentes hacer predicciones, nunca sabes cuál tendrá más éxito. (Sí, poner tres tartas también te da una excusa para tomar una porción de cada.)

Quienes invierten en capital riesgo y ponen su dinero en empresas emergentes, calculan, por lo general, que una de cada diez les reportará beneficios. Si nueve se hunden pero una se convierte en Microsoft, Facebook o Alibaba, no es difícil quedar como un genio. Aplicando el mismo modelo, la diversificación significa que no es buena idea apostar la casa (o el plan de jubilación) a un presentimiento o a un chivatazo de ese mismo cuñado. Será más inteligente dispersar el riesgo con el fin de conseguir cuando menos un par de aciertos.

Nassim Nicholas Taleb, el matemático que escribió *¿Existe la suerte?* y *Cisne negro*, ha dedicado mucho tiempo a idear estrategias para propiciar la suerte en un mundo (en su opinión) gobernado por el azar. Eso que él denomina «cisnes negros» son acontecimientos que se producen sin razón aparente y que son imposibles de predecir, como las guerras mundiales, los desplomes del mercado financiero y los ataques terroristas. Taleb ofrece el ejemplo de un casino de Las Vegas que está preparado para cualquier contingencia relativa al juego pero no cuenta con esos acontecimientos totalmente imprevisibles que podrían hundirlo: un artista atacado por un tigre, un empleado que esconde importantes documentos o el secuestro de la hija del dueño. Sucesos como esos, infrecuentes pero de tremendo impacto, supondrían un desastre para esa mayoría que confía en el *statu quo*. Para otros, en cambio, podrían implicar un regalo caído del cielo.

Taleb defiende que, si quieres sacar partido de los cisnes negros, deberías invertir en las posibilidades extremas. Piensa en ello como la estrategia barbell de la vida. La idea es prescindir del segmento central y optar por inversiones ubicadas en los extremos: bien extremadamente seguras, bien sumamente arriesgadas. Así pues, por ejemplo, podrías invertir el 90 por ciento de tus ahorros en algo parecido a los bonos del tesoro, que ofrecen la opción más fiable, y la cantidad restante (esa que estás dispuesto a perder) en carteras de alto riesgo como los Bitcoins o los pozos petrolíferos de Alaska. Si te motivan los riesgos, no parece un mal plan. Sin embargo, la mayoría tendemos a ser más cautos. Apostar por los cisnes negros es, en teoría, un buen modo de generar suerte, pero si no calculas cuidadosamente la cantidad que estás dispuesto a apostar, tal vez acabes arruinado (o loco de ansiedad) mucho antes de que aparezca el cisne negro.

En consecuencia, tanto en las finanzas como en la vida, puedes diversificar desde una postura moderada y normal o apostar por los extremos que sugiere Taleb. Ahora bien, ningún matemático o analista te recomendaría algo que no fuera diversificar, en casi todas las circunstancias.

Genial. Estamos todos de acuerdo. Desde cualquier perspectiva racional, jugar a varias cartas (o con varias barajas) te coloca en la posición idónea para que te sonría la suerte. Tienes más posibilidades de éxito. Si falla una carta, te quedan varias más, listas para ser jugadas.

Ahora bien, venga, admítelo. Ese enfoque tan cauto (incluido el giro que propone Taleb) carece de emoción. Creemos en el sueño americano, según el cual o lo haces a lo grande o no haces nada. Todos conocemos el concurso *¿Quién quiere ser millonario?* (y muchos otros parecidos) en el que, cuanto más arriesgas, mayor puede ser tu suerte. Si de verdad crees en algo, vas a por todas.

«Como la historia de Fred Smith —señaló Barnaby cuando saqué el tema a colación—. Apuesta en el casino todo lo que tienes y las ganancias te permitirán crear una empresa inmensa.»

Exacto. Pocos años después de graduarse en Yale, Fred Smith concibió la disparatada idea de crear un servicio de reparto inmediato. La empresa, fundada en 1971, obtuvo beneficios millonarios, pero a lo largo de los dos años siguientes los precios de la gasolina empezaron a aumentar y los beneficios de la empresa se desplomaron. Al borde de la ruina y endeudado hasta las cejas, solicitó financiación a General Dynamics, un importante conglomerado de empresas enmarcadas en el sector aeroespacial y militar. Y se la negaron.

A Smith le quedaban cinco mil dólares en el banco. ¿Y se rindió? No, señor. Compró un billete de avión a Las Vegas y pasó todo el fin de semana jugando al veintiuno con el último capital de la empresa. Ganó 27.000 dólares. El lunes por la mañana, el vicepresidente de operaciones se quedó de piedra al ver el dinero en el banco. ¡Fantástico! Sería suficiente para pagar los costes de gasolina de una semana. Le preguntó a Smith de dónde había salido el dinero. Y este le relató la historia de la gran apuesta.

«¿Me estás diciendo que apostaste nuestros últimos cinco mil dólares? ¿Cómo pudiste?», le reprochó el vicepresidente, estupefacto.

Smith señaló que en realidad daba igual. Los cinco mil no habrían bastado para mantenerlos a flote durante una semana, así que no perdía nada por intentarlo. Había sido tan valiente como para jugárselo todo a una carta y había ganado.

¡Menuda historia! Te juegas todo lo que tienes y creas una empresa llamada Federal Express. Poco tiempo después del famoso fin de semana en Las Vegas, Smith ganó más dinero (alrededor de once millones de dólares) y salvó la empresa. Algunos años más tarde, la compañía estaba generando grandes beneficios. Llegó a ser tan importante que la fortuna actual de Smith asciende a unos cinco mil millones de dólares. Y es probable que últimamente hayas recibido en tu casa un paquete enviado por FedEx.

A riesgo de reventar una buena historia, pienso que los mitos como ese hacen un flaco favor a la población. La moraleja viene a ser que, si de verdad crees en ti mismo y en lo que haces, deberías jugártelo todo a una carta y arruinarte. (Nadie menciona que podrías acabar arruinado de verdad.)

Lo cierto es que la suerte de Fred Smith tuvo poco que ver con ese fin de semana en el casino. Pasó años construyendo los cimientos de su empresa. Mientras estudiaba en la universidad, redactó un proyecto para la asignatura de economía sobre automatización y transporte, y cómo efectuar repartos mediante avionetas. Más tarde bromearía diciendo que no recordaba la nota que sacó en el trabajo, pero que debió de ser «un aprobado raspado, como de costumbre».[19] Después de graduarse en Yale, pasó tres años volando con la Infantería de Marina (aunque no era piloto) y aprendiendo logística militar. Todo eso le ayudó a crear lo que en aquel entonces se llamó «Federal Express».

En la época de su estancia en Las Vegas, la innovadora empresa de Smith ya poseía una flota de ocho avionetas y empezaba a despertar un gran interés. Los 27.000 dólares debieron de venirles bien aquel lunes, pero lo que de verdad salvó el negocio fueron los once millones que aportó poco después. La idea de que se lo jugó todo en Las Vegas sin duda ofrece una fábula excelente, pero salta a la vista que Smith contaba con otros recursos para salvar su empresa.

Cuando me puse a pensar en ello, comprendí con cuánta frecuencia somos presas del mito «se lo jugó todo a una carta». Mi armario está lleno de bolsos, zapatos y vestidos de Kate Spade (y en la cocina tengo más de sus adorables platos y fuentes de lo que debería admitir), y siempre me ha gustado el relato que narra cómo dejó su trabajo de redactora jefa en una revista para fundar la empresa. Sus amigos y familia la tomaron por loca. ¿Cómo se le ocurría abandonar su glamuroso empleo en *Mademoiselle*?[20] En aquel entonces se llamaba Kate Brosnahan y se asoció con su novio, Andy Spade, para jugárselo todo a la carta de los bolsos.

Kate cuenta que estuvo a punto de cerrar la empresa. Pero resistió. No menciona con tanta frecuencia que Andy (con el que pronto se casó) trabajaba con ella, pero también colaboraba con agencias publicitarias de

---

19. Perteneció a la sociedad secreta de Yale Skull and Bones junto con George W. Bush, que también presumía de sus malas notas. ¿Algún triunfador ha sacado una nota superior a un aprobado en Yale?

20. *Mademoiselle*, que la editorial Condé Nast cerró en 2001, era una revista de moda que también publicaba una lista de grandes escritores. La revista celebraba un famoso concurso anual dirigido a universitarios, y los ganadores viajaban a Nueva York para colaborar a lo largo de un mes como editores en prácticas. Sylvia Plath narró su experiencia en *La campana de cristal*. Entre los ganadores se contaron, a lo largo de los años, Joan Didion, Ali MacGraw, Ann Beattie, Curtis Sittenfeld... y yo.

alto nivel. Según mis cuentas, eso suma dos cartas cuando menos, la empresa y la profesión de Andy.

La carta extra torna menos atractivo el relato sobre los orígenes de Kate Spade, pero también contribuye a explicar su gran suerte. Se requiere tiempo para sobresalir en el competitivo mercado de la moda. Contar con esos ingresos adicionales sin duda la ayudó a mantenerse a flote.

Adam Grant, un profesor lumbrera de la Wharton School de la Universidad de Pensilvania, creía en la magia de la apuesta a una carta aplicada a los empresarios. Es famoso por haberse prodigado asesorando a sus alumnos. Hace unos años, cuatro estudiantes de administración de empresas de entre los muchos que buscaban su consejo tuvieron una idea para vender gafas por internet. Grant se mostró encantado de charlar con ellos y, cuando le pidieron que invirtiera en el negocio, él quiso asegurarse de que estuvieran totalmente comprometidos con el proyecto. En consecuencia, les preguntó si el verano anterior habían hecho prácticas profesionales. Bueno, sí, las habían hecho. ¿Y pensaban buscar empleo después de graduarse? Otra respuesta afirmativa. Por si acaso. Un plan alternativo, porque nunca se sabe lo que puede pasar con las empresas emergentes.

«Como es natural, rehusé invertir», dijo el profesor Grant. Los emprendedores de éxito no aseguran sus apuestas. ¡Duermen en el suelo y comen pizza si hace falta! ¡Creen en su idea aunque se hunda el mundo! ¡Se lo juegan todo a la carta de su proyecto!

La empresa se fundó en 2010 como Warby Parker... y triunfó casi de inmediato. Ahora se valora en más de mil millones de dólares. El profesor Grant bromea diciendo que, después de aquella pésima decisión, su mujer se encarga de las inversiones familiares.

«Pensaba que, para ser emprendedor, debes amar el riesgo e implicarte en tu proyecto con todas las consecuencias. En aquel entonces no comprendí dos cosas. En primer lugar, que los emprendedores de éxito son mucho más proclives a actuar con cautela y a idear planes alternativos que los empresarios fracasados. Y, en segundo lugar, que todo ese tiempo que dedicaban a trabajar en otras cosas les otorgaba libertad para hacer algo realmente original», reconoció Grant.

Igual que Kate Spade, los cuatro de Wharton contaban con un colchón de seguridad que les concedió tiempo y les permitió tomar buenas decisiones. (Probaron dos mil nombres antes de decidirse por Warby Parker.) Por duro que trabajaran en su proyecto, seguían asistiendo a clase y considerando otras opciones; que, a su vez, les proporcionaron una perspectiva más amplia de su propio negocio. Tal como explicó hace un tiempo Dave Gilboa, uno de los socios de la empresa, con cierta timidez, «no quería jugármelo todo a la carta de Warby Parker».

Resulta que últimamente he asistido a unas cuantas charlas de los fundadores de Warby Parker y, a medida que cuentan y recuentan su historia, ha empezado a suceder algo curioso. Ya no mencionan las otras cartas de la baraja. Listos como son, saben qué relato vende mejor la leyenda de una nueva empresa, así que insisten en lo mucho que trabajaron, en lo poco que dormían, en que dedicaban todo su tiempo a embalar y hablar con los clientes en detrimento de los deberes y las clases. Todo es verdad y muy inspirador, pero me alegro de que Adam Grant nos recuerde la otra cara de la moneda. Hay que concentrarse y correr algunos riesgos para tener suerte, pero no hace falta volverse loco y excluir todo lo demás.

El número de cartas ideal para que te sonría la suerte no siempre es obvio. Cuando trabajaba como jefa de redacción de una gran publicación nacional, quedé para desayunar con una glamurosa amiga que ocupaba el mismo cargo en otra revista. No era su primera experiencia como redactora jefa y pocos años antes había sido despedida sin contemplaciones de la dirección de una revista femenina enormemente popular. En el tiovivo de los medios, sucede cada dos por tres, y el despido no supondría una mancha negra en su historial. Sin embargo, le encantaba aquel trabajo en particular y su pérdida le dolió enormemente. Ahora que dirigía otra revista, no bajaba la guardia y quería protegerse a toda costa.

«Tu problema es que estás demasiado involucrada en tu empleo actual —me dijo mientras picoteábamos sendas ensaladas griegas con extra de queso feta—. He aprendido que hay que dedicar menos tiempo a pensar en el trabajo actual y más en el siguiente.»

En su caso, el colchón de seguridad consistía en algo más que el típico plan B; sus planes alternativos abarcaban de la A a la Z. Estaba tan alerta a futuras oportunidades que consideraba su empleo actual una especie de trampolín. Se prodigaba en las redes sociales, aparecía en televisión e incluso estudió un máster de un tema irrelevante para su campo profesional sencillamente porque le apetecía. Si las revistas desaparecieran del mapa, y no parecía improbable, ella podría tomar una ruta del todo distinta.

Previendo la pérdida de su empleo, jugaba con varias barajas distintas. Tenía dos teléfonos y dos ordenadores, uno de cada uno para la oficina y otro para su casa, y guardaba todos sus contactos laborales en los dos.

«No tengo ni un solo objeto personal en el despacho, salvo una caja en un cajón del escritorio con el maquillaje, un cepillo del pelo y unas cuantas cosas más —me reveló—. El día que me despidan, apagaré el móvil del trabajo y el ordenador, recogeré mi caja y me marcharé sin mirar atrás.»

Comprendía sus recelos, pero oírla me provocaba escalofríos. Si diversificas tu vida de manera tan radical, nunca te involucras del todo en lo que estás haciendo y te pierdes la diversión del presente. El trabajo de mi amiga llegó a su fin, al igual que el mío, y ambas emprendimos nuevos proyectos que nos hicieron felices. Sin embargo, pensando en la postura de cada cual, me di cuenta de que la suerte radica en parte en disfrutar del momento. Si tu plan alternativo se te antoja más importante que la vida real, algo va mal.

Barnaby conocía a un tipo llamado Alex Abelin que se había marchado de Google un par de años atrás para poner en marcha una empresa muy interesante llamada LiquidTalent. Se trataba básicamente de una app para el móvil que conectaba a los programadores y diseñadores de páginas web con personas que pudieran contratarlos.

«Vamos a observar sus progresos un tiempo. Puede que aprendamos alguna lección sobre la suerte», sugirió Barnaby.

Acordamos charlar con Alex pasadas varias semanas. Cuando llegó el miércoles en cuestión, la conversación no transcurrió exactamente como esperábamos. Tras dedicarnos alegres saludos y asegurarnos que estaba deseando charlar de cómo propiciar la suerte, Alex apenas si titubeó cuando Barnaby le preguntó cómo le iba el negocio.

«Es curioso que hablemos de esto precisamente hoy, porque el lunes la empresa entró en suspensión de pagos.»

¿En suspensión? Imaginé a Alex y a su equipo flotando por unas aguas en calma. Miré a Barnaby buscando aclaración.

«Han cerrado», susurró él, sorprendido.

Oh. Así que el barco había zarpado, pero el viaje no era idílico en absoluto.

Alex explicó que la empresa se había quedado sin financiación. Seguía creyendo en la idea, pero ya no era sostenible, así que había llegado el momento de decir adiós.

«La decisión fue difícil, pero creo en la máxima que dice que, cuando una puerta se cierra, se abre una ventana», afirmó en un tono sorprendentemente animado.

Alex no precisaba buscar esa ventana, por cuanto formaba parte del plan inicial. Cuando se marchó de Google estaba emocionado ante la idea de fundar su propia empresa, pero también quería proceder de manera racional. Así pues, en los comienzos de LiquidTalent, aceptó asesorar a la empresa emergente de un colega, llamada LiquidWiFi.

«No te lo puedes jugar todo a una carta —comentó Alex. Barnaby y yo intercambiábamos una sonrisa de soslayo—. Siempre he sabido que, si uno de los proyectos no funcionaba, tendría una oportunidad en el otro.»

La segunda carta no constituía tan solo un plan alternativo para el caso de que el otro fallase; beneficiaba a las dos empresas. Alex se apresuró a señalar que se había empleado a fondo en su papel de directivo y que «ambas compañías ganaron solidez gracias a nuestros lazos mutuos». Las interacciones entre los dos proyectos aumentaban la red de contactos de Alex y el talento al que podía recurrir. Ahora estaba aún más contento si cabe con su doble papel, porque tenía un sitio a donde ir al día siguiente.

Todos convinimos en que el fracaso ya no se puede considerar un motivo de vergüenza; más bien es una condecoración. Significa que tienes experiencia a la que recurrir en tu próximo proyecto. Barnaby sabe de empresas en Silicon Valley que celebran regularmente fiestas de «¡Felicidades, la has pifiado!» Hasta ese punto está bien visto el fracaso. Para incentivar la asunción de riesgos, aplauden los trompazos. La gente no agacha la cabeza cuando algo no funciona; presumen de ello, orgullosos de haberlo intentado. Estando tan reciente su caída, Alex todavía no presumía, pero adoptaba una actitud positiva.

En su opinión, el fracaso de la empresa no podía achacarse a nada importante, sino a «pequeños reveses que se van sumando». Si un par de personas más hubieran accedido a financiarla, aún estaría creciendo. O puede que la ruptura con su novia lo hubiera distraído e influido en su actitud.

«Los negocios dependen de las personas, así que están sujetos a las emociones», observó. A lo largo de los tres años de vida de la empresa, había captado la atención de los grandes medios y organizado eventos que habían reunido a cientos de personas. Si considerabas cada momento de manera aislada, Alex había conocido el éxito en varias ocasiones.

Tras despedirnos de él, Barnaby y yo nos quedamos charlando un rato. Mi amigo seguía sorprendido por la suspensión de pagos de la empresa. Por lo que él sabía, Alex lo había hecho todo bien. Había contratado a personas de gran talento y preparado el terreno con cuidado.

«Puede que, gracias a eso, sus posibilidades de éxito fueran del cincuenta por ciento y no del uno por ciento, pero de todos modos no lo tenía garantizado —meditó Barnaby—. Por eso hace falta un plan alternativo, para poder aterrizar de pie pase lo que pase.»

Y descubrimos que Alex había acertado al planificar una vía alternativa cuando, pasado un tiempo, quisimos saber cómo le iba. Se había trasladado a tiempo completo a la segunda empresa; y poco después Verizon la compró por una suma considerable. Alex estaba encantado. Ahora contaba con dinero de sobra para sacar adelante su plan de instalar quioscos de Internet en las ciudades, los parques e incluso en la Super Bowl.

«Me parece que lo hemos demostrado —le dije a Barnaby—. Su primer proyecto falló, pero su colchón de seguridad le compensó con creces. Eso prueba tu teoría de las cartas.»

«Nosotros no lo hemos demostrado, pero él sí. Duplicó sus posibilidades de que le sonriera la suerte, y funcionó», respondió Barnaby.

«Nos pilló por sorpresa... pero resultó ser una buena historia. Y verdadera, por si fuera poco», añadí con un carcajada.

En su laboratorio de la suerte de Princeton, Barnaby había estado investigando diversos casos de asunción de riesgos y diversificación. Descubrió que la biología lleva demostrando la conveniencia de la diversificación desde el principio de los tiempos y, más recientemente, instituciones financieras e inversores de éxito la han ratificado. En relación a la pregunta: ¿qué número de cartas se considera óptimo a la hora de asumir un riesgo?, Barnaby no tenía una única respuesta, porque depende mucho del talento, las aspiraciones y el amor a la aventura de cada cual. Sin embargo, había formulado unos cuantos principios generales.

«Lo más sensato, por lo general, es contar con dos o tres opciones», comentó Barnaby. La estrategia más sencilla consiste en centrarse en dos proyectos parecidos, uno principal y otro secundario, como había hecho Alex. Pero podrías incluir también un tercero completamente distinto, por si se diera el caso de que los dos primeros fallasen por razones parecidas.

Al principio, cuando se marchó de Google, Alex quería viajar y vivir nuevas aventuras.

«Google es una enorme biosfera, pero una biosfera con paredes y techos pese a todo, y yo quería ver mundo y conocer ambientes distintos», nos reveló.

Así que, en realidad, contaba con una tercera opción, totalmente diferente. Si las dos empresas cerraban, haría el equipaje y dedicaría seis meses a explorar Nueva Zelanda, las islas Fiji, Bora Bora (o lo que quisiera). Las opciones no tienen por qué limitarse a trabajar en esto o en lo otro. Se trata de comprender que la vida ofrece muchas oportunidades distintas y que la suerte consiste en tomar diversas rutas que te hagan feliz.

Contar con dos proyectos, y tal vez un tercero más original, suele ser un método apropiado para generar buena suerte. Pero sin duda hay excepciones. Yo empecé a trabajar como periodista deportiva y a menudo oía a los entrenadores insistir a voz en cuello en la importancia de dar el 110 por ciento. Si estás jugando el campeonato nacional de béisbol y te toca el turno al bate en pleno empate y al final de la novena entrada, no te vas a poner a pensar en un plan alternativo. Te concentras al máximo en ese único golpe.

Barnaby asintió.

«Solo se me ocurren dos casos en los que sería sensato apostarlo todo a una carta», manifestó. En primer lugar, si la recompensa es tan alta y las probabilidades tan escasas que te ves obligado a tirar la precaución por la ventana. Este caso incluiría la novena entrada del campeonato nacional de béisbol o, como sugirió Barnaby, el intento de ganar una medalla olímpica o conseguir el amor de una persona muy especial.

«La segunda excepción es cuando esa carta representa tu única oportunidad de supervivencia», concluyó.

Tiene lógica. Si pretendes salvaguardar tu suerte ideando planes alternativos para el mañana, debes asegurarte de que haya un mañana.

Tras despedirme de Barnaby, regresé a casa pensando en el futuro. Me di cuenta de que, cuando estamos inmersos en una aventura, no somos conscientes de los muchos comienzos que aún nos depara la vida. Quizás la mejor manera de propiciar la suerte sea jugar una carta detrás de otra.

Pocos días después recibí una llamada de mi colega y amigo Jim Bennett. Llevábamos mucho tiempo sin vernos, pero siempre estaremos unidos por el cuerpo a cuerpo. No, no esa clase de cuerpo a cuerpo; solo somos buenos camaradas. Uno de mis primeros encargos para el periódico de la facultad fue cubrir al equipo de lucha libre universitario. Me divertí mucho, porque los luchadores eran listos y decididos, y hacían gala de una gran motivación (y de unos grandes bíceps, también). La cosa mejoró aún más si cabe cuando Jim ganó el campeonato de lucha libre de la Asociación Nacional de Atletas Universitarios; una hazaña considerable.[21] Era lo más parecido a un héroe universitario que un luchador puede ser.

---

21. Jim ganó el campeonato individual de la primera división de la NCAA, por las siglas en inglés, en la categoría de 65 kilos. Los pesos de las distintas categorías han cambiado desde entonces.

Por teléfono, Jim me dijo que el campeonato de lucha libre de la NCAA se celebraba ese año en el Madison Square Garden y había reservado un palco para los tres días que duraba el evento. ¿Me apetecía acompañarlo? Algunos miembros del antiguo equipo universitario estarían allí también, al igual que unos cuantos de sus colegas actuales.

De manera que el jueves por la noche acudí al Madison Square Garden y busqué el espacioso palco de Jim, que contaba con abundantes asientos de cara a los cuadriláteros, una zona más cómoda para charlar y una gran mesa central repleta de cerveza, vino y aperitivos. La noche prometía. Jim estaba en buena forma, feliz y casi tan delgado como le exigiera su categoría en su día. Al terminar la universidad había trabajado para varias firmas financieras y luego había fundado su propia empresa, Bennett Management. A juzgar por el palco, que normalmente se alquila a grandes corporaciones, cabía suponer que había alcanzado el equivalente financiero al campeonato de la NCAA.

Jim estaba ocupado atendiendo a sus numerosos invitados, así que me puse a charlar con un tipo que había colaborado como alto ejecutivo en la empresa de mi amigo. Me contó que Jim invirtió en valores de alto riesgo y, en cierto momento, llegó a administrar dos mil millones de dólares. Se trata de un negocio duro y competitivo, y muchas otras empresas parecidas que empezaron al mismo tiempo habían quebrado.

«¿Y qué crees tú que marcó la diferencia? —le pregunté—. ¿Qué hicisteis para seguir siendo afortunados?»

«Si tuvimos suerte fue gracias a todo esto —respondió él, a la vez que señalaba con un gesto los cuadriláteros donde competían los luchadores—. Jim es un luchador, un campeón de la NCAA, y nunca se rinde. Pasó años desarrollando una persistencia y una tenacidad implacables. Se comporta igual en los negocios que cuando luchaba en la lona. Es paciente y no pierde la concentración mientras espera a que el adversario baje la guardia. Entonces saca una fuerza increíble y no le importa hacer una pizca de daño. Los luchadores siempre se lastiman. Pero Jim predice cada movimiento y domina la situación.»

«Qué bonita hagiografía», comenté con una sonrisa.

«¿Y eso qué es?»

«La descripción de un santo.»

Soltó una carcajada.

«Jim ya no me paga, así que no estoy obligado a decirlo. Pero es la verdad.»

Unos minutos después, cuando Jim y yo nos sentamos con una cerveza (él) y una Coca-cola light (yo) en la mano, le repetí a mi amigo las palabras de su colega. Él esbozó una pequeña sonrisa.

«La lucha libre te enseña a ser persistente. Es posible que eso ayude en los negocios también —asintió. Conoce a otros luchadores que han triunfado en Wall Street, y sin duda estudiaba las empresas con la misma actitud concienzuda que empleaba en los combates—. Puede que yo estuviera acostumbrado a ser más metódico y a pasar más tiempo analizando los detalles que la mayoría —confesó. Una tercera parte, como poco, de los competidores de Jim dejaron el negocio con la recesión de 2008, pero él no entró en pánico y la sorteó sin problemas—. Hay que seguir trabajando, buscando oportunidades y haciendo lo posible por tener suerte.»

Me sorprendió el enfoque de Jim. Se implicaba a fondo en lo que sea que hiciera, pero siempre tenía otra carta esperando. Trabajó incansablemente para convertirse en un campeón de la NCAA, pero nunca dejó de sacar buenas notas. Estudió empresariales en Harvard y se preparó a fondo para el siguiente round en la lucha por la suerte. Ahora aportaba una enorme pasión a su negocio, pero también se tomaba diez semanas de vacaciones al año para pasar tiempo con su entusiasta esposa y sus hijos.

«Cuando trabajas setenta u ochenta horas semanales, corres el peligro de acabar quemado. Yo quiero seguir en la brecha», me confesó.

La lucha libre aún ocupaba un lugar importante en su vida. De hecho acababan de nombrarlo director del equipo femenino estadounidense para los Juegos Olímpicos de 2020. Modesto como es, no se da demasiada importancia por sus éxitos de juventud. Cuando compartí con él mi teoría de que la suerte consiste en una combinación de talento, esfuerzo y azar, sugirió que los tres factores habían concurrido en su caso.

«Todo aquel que llega a lo más alto tiene talento y se esfuerza al máximo —asintió—, pero, cuando afrontas los últimos combates, el viento puede soplar a tu favor o no hacerlo.»

Al cabo de un rato, Jim se levantó para retomar sus deberes de anfitrión y yo me deslicé a los asientos que daban a los cuadriláteros para observar a los luchadores universitarios. Jim tenía razón seguramente al opinar que hace falta suerte para ganar, como suele suceder en cualquier deporte; una mala decisión, una lesión inesperada y todo se va al garete. Ahora bien, en general, los mejores luchadores ganan las medallas a base de una combinación de talento, esfuerzo y determinación.

Los actuales ganadores se sentirían muy orgullosos. Y merecían estarlo. Entrenan durante horas en el gimnasio, corren kilómetros y kilómetros por las calles y seguramente sobreviven varios días a base de apio para conseguir el peso adecuado. Consagran su vida al deporte. Por otro lado, esperaba que también entendieran que la vida es larga, que la lucha libre universitaria llegaría a su fin y que había otras cartas en su baraja esperando a ser jugadas (igual que hizo Jim a su edad) en la siguiente etapa de su vida.

Tras despedirme de mi amigo con un abrazo, me alejé del Madison Square Garden pensando que la vida es, al mismo tiempo, más corta y más larga de lo que imaginamos. Más corta por las razones obvias (*¿de verdad hace tanto tiempo que dejamos la universidad?*) y más larga porque ofrece más etapas y oportunidades de las que atisbas cuando estás empezando. Si quieres que te sonría la suerte, debes implicarte a fondo en el presente y también estar preparado para el futuro. Eso requiere un par de cartas y un par de barajas. Tal vez esa sea la fórmula para ser afortunado.

El golpe de suerte
que de verdad importa

Tu gran golpe de suerte podría ser modesto al principio. Sienta las bases de la suerte. ¿Por qué el descubrimiento casual de Alexander Fleming no fue casual? Los golpes de suerte que transforman el mundo.

Un día, mientras paseábamos juntos por Central Park, Barnaby sacó a colación el tema de los golpes de suerte. Y yo me puse a pensar en una encantadora joven que trabaja en un supermercado cercano a mi hogar natal, en el estado rural de Connecticut. Siempre dispuesta a echarte una mano, la chica irradia amabilidad, tiene una sonrisa cálida y emite un aura de eficiencia que el uniforme del supermercado no consigue ocultar. Por si fuera poco, es muy guapa; posee el mismo aire exótico que la ayudante que contraté cuando era productora de televisión.

Pese a todo, allí estaba, en mitad del campo, cobrando alimentos en la caja de un supermercado. Imaginé que debía de proceder de una familia con pocos recursos. ¿Qué posibilidades tenía de que le sonriera la suerte?

«Ojalá fuera un hada madrina. La llevaría a Nueva York y le buscaría un empleo en la televisión —comenté—. ¿Te imaginas lo que haría con un golpe de suerte como ese?»

«Puede que fuera genial para ella, pero también podría conducirla al desastre —afirmó Barnaby—. No todo el mundo sabe gestionar los golpes de suerte.»

¿En serio? ¿Un golpe de suerte no te hace... afortunado?

En el mejor de los mundos, un golpe de suerte es un acontecimiento crucial que lo cambia todo. Tu jefe se marcha y te ofrece su trabajo, tu empresa emergente se vende por mil millones de dólares o tu vídeo en YouTube se vuelve viral y te haces famoso. La actriz Shirley MacLaine acababa de terminar la secundaria y de ser contratada como actriz suplente en la producción de Broadway *Juego de pijamas* cuando la protagonista se rompió el tobillo... y MacLaine aterrizó en mitad del escenario. ¡Fue, literalmente, un golpe de suerte! (Si bien únicamente para una de las dos.)

Ese tipo de sucesos trascendentes se producen de vez en cuando, pero Barnaby tenía razón. Igual que le sucedió a MacLaine, un golpe de suerte puede desembocar en una carrera fulgurante, con seis nominaciones al Óscar o... acabar en nada. Porque, si no estás preparado, echarás a perder la oportunidad que se te ha concedido.

El secreto radica en saber qué hacer una vez que la gran ocasión se presenta, porque un golpe de suerte no equivale a prosperidad. En el tragaperras de la fortuna, el golpe de suerte es la cereza de la casualidad, pero igualmente necesitas del talento y el esfuerzo para llevarte el premio. Todos conocemos historias de deportistas con contratos multimillonarios que fueron arrestados y expulsados del deporte o ganadores de la lotería que acabaron arruinados y amargados. O puedes gestionar mal tu gran oportunidad, en cuyo caso no te llevará a ninguna parte o te conducirá al desastre.

Solo sacarás el máximo partido a tu golpe de suerte si te has preparado de antemano. MacLaine no llegó en carroza a los escenarios de Broadway. Desde los tres años se estaba preparando para ser bailarina. Además, su familia llevaba el teatro en las venas. (Su hermano es el actor Warren Beatty.) Cuando tuvo ocasión de salir a escena, estaba sobradamente capacitada. De manera parecida, si compras un billete de lotería con una idea clara de lo que harás si te toca, estás en mejor posición de gestionar ese regalo del cielo que si solo has fantaseado con la posibilidad de que un pastón te cambie la vida. Las probabilidades de ganar son tan escasas que prepararse de antemano no merece la pena en ese caso. Pero tú ya me entiendes.

Los golpes de suerte no siempre dividen la Tierra en dos sino que más bien abren una pequeña grieta. Una mínima ventaja puede transformarse en algo mucho más grande. Si te sientas a esperar el gran cambio, estarás obviando el hecho de que a menudo la suerte se acumula sobre sí misma. El reto consiste en comprender que un empujón de nada se puede convertir en un tremendo golpe.

Como ejemplo, Barnaby me ofreció un centavo que duplicaba su valor cada día. Me entregaría los beneficios al final de la semana. Qué generoso por su parte, ¿verdad?

Lo miré todo lo alto que es y arrugué la nariz. ¿No habrías hecho tú lo mismo? No hace falta ser un genio de las matemáticas para calcular que el centavo mágico valdría 64 centavos al concluir la semana.[22]

«Vale, haré algo mejor», propuso Barnaby. ¿Aceptaría yo el centavo si seguía duplicando su valor durante todo el mes? ¿Me parecía un golpe de suerte suficientemente atractivo?

Suspiré.

«En serio, Barnaby, ¿qué tiene que ver un centavo con un golpe de suerte?»

Se percató de mi impaciencia. Así que me dio a elegir. Al finalizar el mes, podría escoger entre el valor del centavo que se duplica o un millón de dólares. ¿Qué preferiría?

¡Un millón de dólares! Sin duda había trampa, pero no me pude resistir. Le dije a Barnaby que me quedaba con el millón.

Barnaby adoptó una expresión de suficiencia.

«Mala elección —me informó—. El centavo de la suerte valdrá más de un millón de dólares al finalizar el mes.»

«¡No es posible!»

---

22. Al parecer, se trata de un problema muy popular en las clases de mates de secundaria, pero yo nunca había oído hablar de él. El centavo, que hoy vale 1, tendrá un valor de 2 al día siguiente, 4 al otro y luego 8, 16, 32, 64… Y así sucesivamente.

«Créeme.»

No le creí, porque no tenía lógica. ¿Cómo podía ser un centavo la mejor elección? Se sentó en un banco y garabateó los números a toda prisa para demostrármelo.

Me conformaba con un millón de dólares y aceptarlo no había sido mala idea. Sin embargo, la verdadera oportunidad radicaba en el centavo de la suerte que yo (y seguramente tú) había desdeñado. Por increíble que parezca, el centavo valdría 10,7 millones de dólares al finalizar el mes.[23] De modo que habría sido diez veces más afortunada si hubiera comprendido el poder del crecimiento exponencial.[24]

Como bien dijo Barnaby, una pizca de suerte se puede convertir en un montón.

En lugar de quedarte sentado esperando el millón de dólares que lo cambiará todo, deberías empezar a tener en cuenta (y a buscar) esos centavos de la suerte que se duplicarán hasta mudar en una auténtica (o metafórica) fortuna. La suerte atrae más suerte. La mejor oportunidad del mundo podría aparecer en forma de una simple moneda de cobre. Las personas afortunadas se preparan para esos momentos clave acudiendo a clases de danza, aceptando los centavos o, sencillamente, acechando las oportunidades de manera distinta a los demás.

Nos encantan las historias sobre esas carambolas que cambian la vida (o el mundo) en un instante. Mucha gente sabe a estas alturas que la penicilina, las notas autoadhesivas y el Velcro fueron descubiertos por casualidad. Los golpes de suerte como esos han adquirido proporciones casi míticas. Sin embargo, hay que ser muy cauto antes de dar credibilidad a las curiosas coincidencias que facilitaron un descubrimiento o un inven-

---

23. Si te ofrecen el juego del centavo que duplica su valor en febrero, pide que esperen a marzo. El valor pasados 31 días sería muy superior al que obtendrías después de solo 28. Ese es el poder de la progresión.

24. Barnaby se apresuró a aclararme que estábamos hablando en teoría. ¡Ojalá pudiera darme el centavo mágico!.

to, porque las leyendas a menudo restan valor a los esfuerzos (previos y posteriores) que en realidad propiciaron la suerte.

Así que empecemos por la popular historia de que la penicilina fue descubierta por pura casualidad cuando Alexander Fleming encontró moho en una placa de Petri. Según la leyenda, en septiembre de 1928 Fleming se marchó un mes de vacaciones con su familia y dejó varias placas de Petri con bacterias de *Staphylococcus* en el alféizar de la ventana de su laboratorio. Cuando regresó, una de las placas estaba contaminada con moho. Y hete aquí que la bacteria se había destruido alrededor del moho.

No gritó «¡Eureka!» ni corrió por la calle desnudo (como cuentan que hizo Arquímedes en cierta ocasión),[25] pero sí comprendió que el moho había inhibido el crecimiento de las bacterias. Y ya está: un golpe de suerte y millones de personas no tendrían que morir de enfermedades como las anginas o la escarlatina, ni tampoco por heridas infectadas.

«Cuando desperté la madrugada del 28 de septiembre de 1928, sin duda no tenía pensado revolucionar la medicina con el descubrimiento del primer antibiótico, o aniquilador de bacterias, del mundo. Pero supongo que eso fue exactamente lo que hice», diría más tarde el descubridor de la penicilina.

La revolución no fue tan casual como sugiere el relato. Durante la Primera Guerra Mundial, Fleming había formado parte de los Cuerpos Médicos del Ejército Real. En esa época realizó investigaciones sobre las heridas infectadas y los antisépticos. Después de la guerra regresó a su laboratorio en el hospital St. Mary de la Universidad de Londres y, hacia 1921, protagonizó su primer gran descubrimiento al encontrar una enzima que combatía las bacterias.

La investigación, por lo que sabemos, comenzó cuando Fleming se resfrió y vertió accidentalmente mucosidad en uno de sus cultivos de bac-

---

25. Arquímedes intentaba desentrañar cómo evaluar la pureza del oro. Se metió en una bañera y se dio cuenta de que el peso del agua desalojada equivalía al volumen de su cuerpo (o de la parte sumergida). Salió de la bañera de un salto, gritó «¡Eureka!» y corrió por casa desnudo. La historia se contó por primera vez dos siglos después de que supuestamente tuviera lugar, lo que arroja ciertas dudas sobre su veracidad. Pero no queremos dejar de creer la leyenda.

terias. ¿Empiezas a vislumbrar la pauta? Los mocos y el moho llegaron allí por casualidad, pero eso sucede a menudo. La coincidencia no desencadenó la magia, sino la capacidad de Fleming para interpretar ese azar.

En la época de las vacaciones familiares, Fleming llevaba desarrollando hipótesis sobre las bacterias y el sistema inmunológico humano más de una década. Como a menudo sucede en las investigaciones científicas, había realizado numerosos descubrimientos de menor importancia y avanzado mucho en la dirección correcta. Muchos de sus intentos no lo llevaron a ninguna parte. Cuando una prueba da fruto, no se debe al puro azar; es el resultado de meses y años de concentrar las energías en un objetivo y de abundantes experimentos sin resultado.

Para tener suerte, tienes que saber lo que estás buscando. Si otra persona hubiera entrado en el laboratorio de Fleming tras las vacaciones, es probable que hubiera tirado la placa de Petri contaminada a la basura sin pensárselo dos veces. Lo que para unos es todo un descubrimiento científico para otros puede ser una porquería.

A pesar de su afortunado hallazgo, Fleming no revolucionó la medicina el 28 de septiembre. El verdadero desafío vino después, como suele suceder. Añadió dos investigadores más a su equipo, pero no consiguió aislar y purificar el «jugo de moho». Poco tiempo después, dos científicos de la Universidad de Oxford, Howard Florey y Ernst Chain, formaron un grupo de trabajo que consiguió las primeras dosis viables de penicilina. Al final compartieron el premio Nobel con Fleming.

Florey y Chain no recibieron tanta atención mediática porque tan solo aportaban al relato la moraleja de que el esfuerzo y la inteligencia tienen su recompensa. La historia de Fleming, en cambio, emana magia y misterio: el científico distraído, el laboratorio desordenado, el moho que se desliza hasta una placa de Petri olvidada en el alféizar de la ventana. Suerte, casualidad... ¡y el mundo se transforma! Pero el golpe de suerte tan solo fue un eslabón más de la cadena. Muchas cosas tuvieron que ocurrir previamente para que todo cobrara sentido y muchas más tuvieron que suceder después para que la fortuna diera fruto.

Tan solo recordamos los golpes de suerte que se materializan en algo importante. Si los colegas de Fleming no hubieran llegado a fabricar la penicilina, hoy no estaríamos contando la historia de la placa con moho. Montones de suplentes acceden al papel principal pero, como no llegan a ser Shirley MacLaine (o su equivalente), no hay razón para recordarlos. Las lecciones del pasado nos sirven en el presente únicamente si las empleamos para reconocer los golpes de suerte que *nos* salen al paso.

Josh Groban es hoy una de las estrellas del pop más importantes de Estados Unidos. Sin embargo, cuando tenía dieciocho años, su futuro no estaba tan claro. Me invitaron (por suerte para mí) a compartir una cena informal con él y me sorprendió descubrir hasta qué punto es listo, serio y reflexivo. En verdad, ¿una estrella del pop no debería ser un poco más superficial? Me contó que, poco después de comenzar una diplomatura teatral de gran prestigio en Carnegie Mellon, Warner Bros le ofreció un contrato discográfico. Discos. Recordaba haber estado sentado en la cama de su cuarto, en la residencia universitaria, meditando la oferta. ¿Sería ese el golpe de suerte que lo catapultaría a la fama? ¿O, si dejaba los estudios, acabaría regresando un semestre más tarde con el rabo entre las piernas?

«Supuse que fracasaría y me tocaría volver. Pero sabía que, si no lo hacía, al semestre siguiente estaría tirándome de los pelos en clase de baile», reconoció.

No te ofrecen un contrato discográfico cada día. Para Groban, la suerte atrajo más suerte cuando sustituyó al famoso tenor italiano Andrea Bocelli en un ensayo de la ceremonia de los premios Grammy en 1999. El dueto que cantó con Céline Dion impresionó a la presentadora de los Grammy, Rosie O'Donnell, que en aquella época conducía un programa de entrevistas. Invitó a Groban a cantar en su programa la semana siguiente y la aparición indujo al famoso productor David E. Kelley a escribir un papel para él en la entonces megapopular serie televisiva *Ally McBeal*.

Así pues, ¿su golpe de suerte fue sustituir a Bocelli, aparecer en el programa de O'Donnell, impresionar a Kelley o conseguir el contrato discográfico? Como en el caso de nuestro centavo mágico, la fortuna se fue duplicando. Pero Groban tuvo que aprovechar todas esas oportunidades para convertirse en algo más que una flor de un día.

Se arriesgó a dejar la escuela y actuó con grandes estrellas por todo el país. El álbum de su debut, publicado en 2001, pasó rápidamente del oro al doble platino. Unos cuantos años y varios álbumes más tarde poseía cuatro discos multiplatino y se había convertido en el artista más vendido de Estados Unidos.

Aun siendo una gran estrella, Josh siguió haciendo lo posible por generar su propia suerte. Si bien llevaba desde la adolescencia sin hacer teatro musical («Fui el pescador número cuatro de *Anything goes*», bromeó), la cena a la que asistí se había organizado para celebrar el anuncio de su debut en Broadway, en un original espectáculo llamado *Natasha, Pierre and the great comet of 1812*.

«Quería hacer algo nuevo que me inspirase gran respeto», confesó Josh. Estaba aprendiendo a tocar el acordeón para el papel y tendría que llevar un grueso traje acolchado para parecerse más al robusto y depravado Pierre.

El espectáculo había sido ideado por un moderno escritor de Brooklyn llamado Dave Malloy y dirigido por Rachel Chavkin, tan moderna como el autor. Ambos gozan de gran prestigio como artistas alternativos que no se preocupan por la popularidad. Consciente de que Rachel y Dave se movían en un ambiente de artistas experimentales, Josh reconocía que en parte temía y en parte le divertía la idea de que la comunidad bohemia acudiese a verlo —a él, una de las estrellas pop más conocidas del país— a Broadway.

«Quiero que los amigos de Dave y Rachel salgan del espectáculo pensando: "Me encanta Josh y me avergüenzo de mí mismo"», me reveló con una carcajada.

Cuando el espectáculo se estrenó, fue más que evidente que Josh había conquistado a todo el mundo (incluidos los amigos bohemios). El crítico de *The New York Times* lo calificó de «absolutamente maravilloso» y confesó que había visto el musical dos veces en dos días. Groban fue nominado al premio Tony.

Sacar partido a un golpe de suerte resulta más fácil cuando posees el talento y la motivación de Josh Groban. Pero, sea cual sea tu situación, debes reconocer la ocasión cuando la tienes delante, levantarte de tu cama en la residencia de estudiantes e ir a por ella.

Una casualidad afortunada solo será significativa si se produce en terreno fértil. Barnaby y yo poseemos muchos talentos (esperamos que estés de acuerdo), pero cantar no se cuenta entre ellos. Si me dieran la oportunidad de cantar en un ensayo de los Grammy, el resultado no sería un salto al estrellato al estilo de Groban sino un aumento en las ventas de tapones para los oídos.

Para que un golpe de suerte te cambie la vida tienes que estar preparado, como Alexander Fleming, y ser capaz de sacarle partido, como Josh Groban. Las posibilidades de que una gran oportunidad fructifique no son tan altas como puede parecer. En 1981, el filántropo Eugene Lang estaba ofreciendo una charla a un grupo de niños de sexto curso en el mismo colegio de Harlem Este al que él asistiera cincuenta años atrás. Mirando a los sesenta y un niños, todos procedentes de familias desfavorecidas, concibió la idea de ofrecerles un golpe de suerte colectivo. Lanzó una oferta espontánea: pagaría los gastos universitarios de todos aquellos que terminaran la secundaria.

El amable gesto del mago que había espolvoreado polvo de hada en una escuela infantil saltó a los titulares de todos los medios. En las entrevistas, Lang siempre señalaba que el dinero por sí mismo no marcaba la diferencia, sino la posibilidad de concebir un sueño. Los niños sabían que alguien se preocupaba por ellos. Pronto comprendió que el gran golpe de suerte que estaba ofreciendo —becas universitarias completas— no serviría de nada si los niños no poseían suficiente tesón, motivación o visión de futuro como para seguir estudiando. Así que llevó profesionales al colegio para que orientaran y prestaran apoyo a los niños y a sus apurados padres.

¿Y el resultado? El terreno no era tan fértil como el gesto requería. Un chico atracó un supermercado y fue a la cárcel, y varias chicas se quedaron embarazadas. Otros dejaron los estudios. Sin embargo, alrededor de la mitad de los sesenta y un alumnos originales aprovecharon el golpe de suerte y cursaron estudios superiores, algunos en centros tan prestigiosos como Swarthmore y Barnard. Tal vez no parezca gran cosa… hasta que descubres que, antes de la oferta de Lang, el director había calculado que solo un estudiante de toda la clase llegaría a la universidad.

El programa de Lang se expandió y su fundación «Tengo un sueño» inspiró planes parecidos por todo el país. Otros filántropos siguieron el ejemplo de Lang: adoptaron aulas de las zonas marginales y ofrecieron becas universitarias gratuitas a los niños que concluyeran la secundaria. El atractivo de la idea salta a la vista. Las personas que han tenido éxito en la vida a menudo vuelven la vista atrás e identifican a las personas que los ayudaron y los apoyaron: sus padres, un profesor o la primera persona que les ofreció un empleo. Se sienten afortunados. La posibilidad de ofrecer una gran oportunidad a niños que tienen muy pocas es seductora.

Este tipo de intervenciones se han tornado más formales desde la espontánea oferta de Lang, pero los resultados acostumbran a ser parecidos. Las tasas de jóvenes que terminan los estudios aumentan y algunos chavales que nunca habrían tenido ocasión de brillar aprovechan su golpe de suerte. Pero no todos. Cuando un generoso mecenas planteó esa misma oferta a 112 alumnos de una problemática comunidad de Filadelfia Oeste, entre los potenciales beneficiarios se dieron más casos de criminales que de graduados universitarios. Tan solo un estudiante cursó la carrera sin dificultades. Ahora es ingeniero aeronáutico.

En 1988, dos hombres muy ricos, Abe Pollin y Melvin Cohen, se sumaron a la tendencia de repartir suerte cuando fundaron un programa de «soñadores» en uno de los colegios más pobres del condado de Prince George, en el estado de Maryland. Pollin era conocido en aquella época por ser el propietario de varios equipos deportivos, incluido el Washington Capital de la Liga Nacional de Hockey y el Washington Bullets de la Asociación Nacional de Baloncesto. Exhibía regularmente una gran sonrisa y el gran anillo de oro de la NBA.

Los dos hombres lo hicieron todo bien. Llevaron un mentor al colegio para echar una mano a los niños y a sus padres y prometieron pagarles a todos la matrícula y la estancia en la Universidad de Maryland. Invitaron a los jóvenes al pabellón Capital Centre para que vieran los partidos de los Bullets y conocieran a los jugadores. El gesto recibió una gran atención mediática y, como aparecían en las noticias, los niños comprendieron hasta qué punto eran afortunados. Por el mero hecho de formar parte de cierta clase de quinto, el futuro les sonreía. El golpe de suerte definitivo.

Pese a todo, una vez más, sin menoscabo del enorme esfuerzo y del dineral invertido, los resultados fueron ambiguos. Según informó *The Washington Post* en el seguimiento que llevó a cabo más de veinte años después, de los cincuenta y un alumnos, uno se doctoró en Medicina y otro llegó a ser violoncelista. Pero los éxitos se entremezclaban con los desastres: uno se suicidó. Otro mató a su padre. Otro se hizo político. Uno entró en el cuerpo de policía. Otro se convirtió en traficante.

Los contradictorios resultados sugieren que el resultado de un golpe de suerte tanto puede ser conmovedor como desgarrador. Los niños de Harlem Este, Filadelfia Oeste y el Condado Prince George se enfrentaban a tantos obstáculos que les resultaba sumamente difícil sacar partido a la oportunidad brindada. Sharon Darling, que fundó el Centro Nacional para la Educación Familiar en 1989, ofreció consejos a Lang en cierto momento del programa para lograr que las familias se implicaran. Parte del problema, pensaba ella, era que no todo el mundo identificaba una beca universitaria con un golpe de suerte.

«Los padres no tenían estudios universitarios y estaban esperando que los niños terminaran el colegio para que buscaran empleo y ganaran algo de dinero. Desde luego, no querían que se marcharan», me explicó Sharon Darling. Si eres adolescente, difícilmente aprovecharás un golpe de suerte cuando tus padres lo consideran una complicación. Y aún cuesta más entender las ventajas que supone a largo plazo si lo estás pasando mal ahora mismo.

Muchas personas no tenemos que enfrentarnos a esas barreras infranqueables, pero erigimos otras. No sabemos identificar las oportunidades o sencillamente no nos percatamos de su potencial para dar un giro a nuestra vida. Estamos tan habituados a seguir siempre las mismas pautas que nos cuesta mucho arriesgarnos y cambiar de rumbo.

Así pues, por ejemplo, si alguien te ofreciera un buen empleo a diez mil kilómetros de tu casa, ¿lo considerarías una idea absurda... o un golpe de suerte? Un hombre que conocí hace poco llamado Gustavo Rymberg se enfrentó a este mismo dilema hace algunos años, cuando estaba a punto de cumplir los treinta. En aquel entonces vivía en Buenos Aires. Él y su encantadora mujer, Marisa, se habían criado en Argentina y nunca se habían planteado cambiar de país. Pero entonces unos representantes de la comunidad judía de Winnipeg, la capital de Manitoba, Canadá, les hicieron una oferta. Deseosos de aportar a su comunidad la energía de la juventud, estaban animando a las familias judías de Sudamérica a emigrar. A cambio les ofrecían empleo, alojamiento y colegio para sus hijos. En Winnipeg, les prometieron, encontrarían un ambiente cálido y acogedor.

Cálido en espíritu, cuando menos. Las temperaturas alcanzan los cuarenta grados bajo cero en la ventosas llanuras de Winnipeg y la temperatura media en enero ronda los dieciséis bajo cero. Los ventisqueros superan en número a las personas, y suelen ser más altos también. Lo mires como lo mires, Winnipeg está en mitad de la nada. La gran ciudad más cercana es Mineápolis, a más de seiscientos cuarenta kilómetros al sur.(Y si para llegar a Mineápolis tienes que poner rumbo al sur, sin duda estás en una zona ártica.)

A Gustavo, pese a todo, la idea le pareció interesante. Se había criado en la época de la junta militar de Argentina, cuando cientos de personas «desaparecían». La democracia estaba restaurada, pero la economía seguía siendo precaria, el peso se devaluaba por momentos y la embajada de Israel acababa de sufrir un atentado con bomba. Gustavo no creía que Buenos Aires fuera el lugar ideal para una familia judía.

«Nuestras dos hijas, en aquel entonces, tenían cuatro años y diez meses respectivamente, así que quizás fue una locura —me confesó mientras dábamos cuenta de un abundante desayuno canadiense, compuesto de huevos y patatas fritas caseras—. Medité las posibilidades que nos ofrecía el nuevo hogar, no solo en el presente sino de cara al futuro.»

Visualizó qué oportunidades tendrían sus hijas en ambos países y, al cabo de un mes, Marisa y Gustavo empacaron sus cosas y tomaron un avión llevando consigo a las niñas y sus grandes expectativas, dispuestos a sacar partido al golpe de suerte que les brindaba Winnipeg.

«Pero, créame, al principio no me pareció una bicoca —confesó con una carcajada (y un acento encantador)—. La diferencia de temperatura entre el clima que dejamos atrás en Buenos Aires y el que encontramos al llegar a Winnipeg era de setenta grados. El primer invierno, todos enfermamos.»

Pese a todo, la comunidad se mostró tan acogedora como les habían prometido. Gustavo y Marisa encontraron empleo enseguida y al poco habían desarrollado sentimientos de pertenencia.

«Fuimos la primera familia en llegar de todas las que se acogieron al programa de inmigración, así que nos trataban como a celebridades —me relató—. Todo el mundo quería que nos sintiéramos a gusto.»

Estaban a gusto. En aquella hospitalaria comunidad, sus oportunidades se expandieron y su suerte se multiplicó. Un empleo llevó al siguiente y permanecieron allí nueve años. Al final se trasladaron a Toronto (donde los inviernos son algo más suaves). Gustavo dice que al principio sus amigos no compartían la idea de que mudarse a Winnipeg fuera un golpe de suerte. ¿Cambiar días largos y soleados en la playa por otros cortos y fríos en la llanura? No, gracias.

«No entendieron mi decisión —me contó. Pero esos mismos amigos de Buenos Aires acuden ahora de visita a menudo—. Y cuando ven que tenemos una bonita casa y una vida agradable, y que he conseguido un buen empleo, me dicen: "Oh, qué suerte tienes". No saben lo duro que fue aquel primer año, ni las noches que pasamos llorando en la cama porque añorábamos a nuestras familias. Así que les digo: "¿Suerte? No. Son elecciones que haces en función de lo que quieres. Son decisiones que tomas ahora pensando en las posibilidades que te brinda el mañana"».

Vistos en retrospectiva, los golpes de suerte pueden parecer perfectas carambolas. Casualmente fuiste uno de los alumnos de la misma clase que un magante decidió apoyar. O estabas en el lugar adecuado cuando una comunidad judía quiso expandirse. Sin embargo, para que la coincidencia dé fruto, se requieren elementos adicionales al margen de nuestra ecuación de la suerte, que presupone el talento y el esfuerzo. Tienes que reparar en la ocasión… y lanzarte a por ella.

Gustavo y Marisa experimentaron la satisfacción de ver cómo sus hijas se criaban en un ambiente positivo y estudiaban en buenas universidades. Puede que mudarse con hijos pequeños sea complicado, pero las últimas investigaciones sugieren que escogieron el momento ideal para que les sonriera la suerte. Raj Chetty, ahora un profesor de Economía de Stanford, sabe un par de cosas sobre comienzos tempranos: se doctoró en Harvard a la edad de veintitrés años y fue uno de los profesores titulares más jóvenes de la universidad. Sus estudios han demostrado que las personas que más se benefician del ascenso social y otras mejoras son los niños que se trasladan a ambientes mejores a corta edad.

Chetty analizó recientemente los datos de un proyecto llamado «Cambio a Mejor» de la administración Clinton, que se llevó a cabo en la década de 1990. El plan ayudó a unas cuantas familias a mudarse de zonas urbanas deprimidas a otras áreas económicamente más favorecidas. Los investigadores que realizaron el seguimiento a corto plazo se llevaron una decepción. Esperaban que los desplazados hubieran encontrado mejores empleos y disfrutaran de mayores ingresos familiares, pero no era así. Chetty decidió observar los resultados desde otro punto de vista. Muchas de las familias tenían hijos pequeños cuando se mudaron. ¿Acaso el golpe de suerte había beneficiado la vida de los más jóvenes? Cosa de unos veinte años más tarde, Chetty descubrió que la mejora era considerable en el caso de los niños que se habían trasladado antes de los cinco años.

«Es más que evidente que sus vidas mejoraron espectacularmente», remarcó. El cambio a mejor implicaba que sus ingresos habían aumentado de manera significativa. Tenían más probabilidades de cursar estudios universitarios y menos de establecer familias monoparentales en comparación con los niños que se habían quedado en las zonas urbanas deprimidas o se habían mudado siendo mayores.

Así pues, recurrir a golpes de suerte para favorecer la transformación social funciona, pero solo si se observan ciertas condiciones. Como demuestra el caso de los cambios de domicilio, la oportunidad se debe ofrecer en el momento adecuado de la vida de un niño. Y tal como veíamos en el caso de las becas, no todo el mundo la aprovecha. Para beneficiarse de un golpe de suerte, las personas deben ser conscientes de que se les está ofreciendo una oportunidad y actuar en consecuencia.

Ser tocado por el dedo del destino siempre es el comienzo de una historia, no el final. Las treinta personas, aproximadamente, que cada año reciben el premio a la genialidad de la fundación MacArthur no necesitan reaccionar a su repentina suerte, porque cada uno recibe 625.000 dólares a lo largo de cinco años sin condiciones asociadas. Los ganadores ya han demostrado que poseen talento y voluntad de trabajar con ahínco, dos elementos de la ecuación ganadora. Ahora bien, cuando les conceden el tercer elemento (en forma de una beca inesperada), reconocen la ocasión que se les brinda y procuran sacarle partido, aunque nadie se lo exija. Cuando llamé a Cecilia Conrad, la directora de la fundación MacArthur y supervisora de los premios (oficialmente llamados becas MacArthur), asintió de inmediato.

«La ausencia de condicionamientos parece llevar implícito el sentido de responsabilidad», comentó entre risas.

El premio a la genialidad puede parecer un golpe de fortuna en su sentido más mágico. Las nominaciones y el proceso de evaluación se llevan a cabo en absoluto secreto, así que nadie conoce su candidatura. E incluso si alguien sospecha que se cuenta entre los finalistas, no puede aguardar con ilusión el día señalado porque el anuncio no se efectúa en una fecha concreta. En consecuencia, cuando los ganadores reciben la llamada de Conrad, casi siempre se quedan desconcertados y aturullados. Es un regalo caído del cielo. El golpe de suerte definitivo.

Una vez superada la impresión inicial, los afortunados salen corriendo en distintas direcciones. Conrad me dijo que, en muchos casos, «el premio renueva su impulso y su dedicación a sus distintos proyectos. Otros lo consideran una red de seguridad para correr nuevos riesgos. Algunos lo contemplan como una oportunidad para adquirir más renombre académico o intelectual».

Las becas premian la creatividad en todos los campos imaginables. Sí, a veces ganan poetas y escritores, pero el premio MacArthur ha reconocido también a herreros y fabricantes de arcos (para instrumentos musicales, no para disparar flechas). Anne Basting, que ganó la beca en 2016, emplea el teatro y los cuentos para mejorar la vida de personas con demencia.

«Cuando la gente me preguntaba en una fiesta a qué me dedico, nunca sabía qué decir, y mi marido acudía a mi rescate con alguna respuesta sucinta —me confesó Basting cuando charlamos por teléfono una mañana—. Siempre he intentado justificar mi trabajo, pero ya no tengo que hacerlo. Es un alivio y un gran ahorro de energía.»

Basting se enteró de que le habían concedido el premio a la genialidad —el mayor golpe de suerte que podría imaginar— en el coche, mientras iba conduciendo. El teléfono sonó y, aunque no conocía el número, respondió. Conrad, que posee una voz sumamente alegre, se presentó y le preguntó si estaba en condiciones de mantener una conversación privada. Al saber que iba al volante, le sugirió que aparcara.

«Pero le dije que estaba pasando por una zona en obras y que no había ningún lugar donde pudiera parar, así que tendríamos que hablar durante un par de kilómetros hasta la siguiente salida», me contó Basting con una carcajada.

¿No se lo esperaba?

«Preferí no hacerme ilusiones. Pensé que quería pedirme referencias de otra persona.»

Finalmente fue buena idea que aparcara, porque cuando oyó la noticia rompió en llanto.

Basting era la primera persona de la Universidad de Wisconsin, en Milwakee, que había ganado nunca un premio a la genialidad, y apenas un puñado de premiados (cerca de mil, desde que la creación de la beca en 1981) procedía siquiera del estado. La fundación confeccionó un mapa en el que mostraba el lugar de nacimiento y de residencia de los ganadores, y (aparte de los galardonados internacionales)[26] Nueva York y California se llevaban la palma en ambas categorías. Cuando calculas la proporción en relación al número de habitantes, la prominencia de ganadores *oriundos* de esos estados no resulta llamativa. Infinitamente más espectacular es el número de *afincados*. Más de la mitad de galardonados residían en Nueva York, California y Massachusetts cuando recibieron el premio.

---

26. La gran mayoría de premiados no han nacido en Estados Unidos, aunque todos vivían allí en el momento de recibir el galardón. Las implicaciones del dato en relación al valor de la inmigración para el progreso de Estados Unidos darían para otro libro.

Así pues, si quieres que te sonría la suerte en cualquier ámbito creativo, desde las artes hasta las ciencias pasando por las humanidades o la enseñanza, compra un billete de avión.

«Acudir a los sitios donde la suerte se prodiga te da cierta ventaja —reconoció Conrad—. Las sinergias entre las personas que viven en un mismo lugar aumentan las posibilidades de tener fortuna. Las grandes ciudades atraen a un tipo de gente creativa y original. También se crean comunidades interesantes alrededor de las grandes instituciones educativas.»

Los golpes de suerte no caen del cielo (como tampoco una suma de 625.000 dólares) y Conrad piensa que hay que preparar el terreno para la suerte. Para empezar se requiere «competencia básica, talento y esfuerzo; y sentir pasión por explorar hasta dónde puedes llegar». A continuación se requiere la voluntad de vivir tu pasión sin saber a dónde te llevará.

«La recompensa puede quedar muy lejos o ser inusual. Hay que arriesgarse y estar dispuesto a fracasar, lo que constituye una forma de resiliencia.»

Anne Basting ofrece un ejemplo perfecto de todo lo antedicho. Si le sonrió la fortuna fue porque decidió preocuparse tan solo por el profundo impacto que tendría su trabajo en las personas.

«No mido el éxito a partir de los mismos parámetros que el resto —reconocía—. En mi caso, lo que me induce a perseverar es la satisfacción que me procura lo que hago. Mido la trascendencia de mi trabajo en función de mis sentimientos. Y sé que, cuando los otros lo ven, notan también el poder que emana.»

La voluntad de encontrar un nicho propio y bailar en los márgenes creativos sin pensar en el resultado también propicia la suerte. Te conviertes en tu propio juez y, con beca o sin ella, percibes tu trabajo como un regalo del cielo.

Hablando con Cecilia Conrad y Anne Basting, comprendí que había encontrado un nuevo hilo del que tirar: un golpe de suerte puede tener un efecto multiplicador. Cuando la vida de una persona se transforma, el cambio se transmite a otros. Anne Bastings trabaja con personas afectadas de demencia («por favor, no los llames pacientes», me dijo) y el golpe de suerte que supuso el premio a la genialidad le permite expandir su riqueza y oportunidades a un mayor número de ancianos.

La fundación MacArthur intenta ahora promover ese efecto dominó a través de un golpe de suerte por todo lo alto: ofreciendo una beca de cien millones de dólares a un único proyecto. Cien millones de dólares. Es una pastón, lo mires como lo mires. Conrad me dijo que la retribución ofrecida por el concurso 100&Change de la fundación es de diez a cien veces superior a las becas más sustanciosas de otras fundaciones. Y apenas si plantea requisitos. La idea no consiste únicamente en encontrar la solución a un problema sino en decidir qué problema precisa ser resuelto.

«Cuando me limitaba a trabajar con los galardonados, siempre decía que tenía el mejor trabajo del mundo. Y ahora es doblemente bueno, porque también me encargo del nuevo proyecto», me reveló Conrad.

Sus colegas y ella esperaban un montón de propuestas, pero se quedaron de piedra cuando recibieron más de 1.900. Y de ese proceso también podemos extraer una lección. La mayoría de los proyectos fueron descartados por no cumplir los requisitos básicos. Tan solo 800 fueron admitidos por el comité de selección. Si quieres protagonizar un golpe de suerte a gran escala, tienes que estar preparado. Debes invertir el tiempo y el esfuerzo que haga falta, y no esperar milagros.

Las ocho propuestas seleccionadas como semifinalistas abarcaban desde un plan para curar la ceguera por cataratas en Nigeria hasta una nueva versión de *Barrio Sésamo* para educar a niños desplazados de países como Siria. El verdadero golpe de suerte de todo ello no solo recayó en el ganador del concurso; también en los millones de personas que se beneficiarían del proyecto.

Así pues, ¿ofrecer a alguien una oportunidad a gran escala puede provocar un efecto dominó en el mejor sentido posible?

«Eso esperamos —asintió Conrad—. Y es inspirador, ¿verdad?»

Sí, es inspirador. Pese a todo, yo no dejaba de pensar en la joven cajera del supermercado en Connecticut. Podía prepararse para un golpe de suerte trabajando con ahínco, corriendo algún riesgo y tomando algún camino original. Y si le sonreía la fortuna —de cualquier tipo— tendría que ser capaz de reconocerla y mostrar el valor de ir a por ella.

La próxima vez que fuera a comprar a ese supermercado, me prometí, hablaría con ella para saber un poco más acerca de quién era y qué podía depararle el futuro. Pero no estaba allí. Al no verla tampoco en la ocasión siguiente, le pregunté al encargado de la tienda si se había marchado.

«Ya lo creo que sí. Consiguió una beca. Nada para echar cohetes, pero sí lo suficiente para empezar», me reveló con orgullo paternal.

Me alejé sonriendo. Supuse que la pequeña beca ejercería el mismo efecto que el centavo mágico: el comienzo perfecto para una vida con suerte. Si la joven del supermercado atisbaba las posibilidades y se las ingeniaba para multiplicar las oportunidades, su pequeño golpe de suerte se convertiría en un regalo del cielo. Me acordé del gran escritor ruso Boris Pasternak, que dijo en cierta ocasión: «Cuando un gran acontecimiento llama a la puerta, los golpes son tan quedos como el latido del corazón y es fácil pasarlos por alto».

Asegúrate de oír la llamada de la fortuna, sea cual sea su forma o tamaño. No querrás pasar tu golpe de suerte por alto y tendrás que estar preparado para hacerlo crecer.

Tercera Parte

SUERTE A LA CARTA

«Toda salida es una entrada a otra parte.»

Tom Stoppard,
Rosencrantz y Gildenstern han muerto

«Si la oportunidad no llama, construye una puerta.»

Milton Berle

10

Cómo conseguir un trabajo en Goldman Sachs (o donde tú quieras)

Evita las rutas más frecuentadas. Escucha a tu peluquero. Ármate de valor ante una oportunidad. Abandona tu carrera en Harvard... si quieres.

Barnaby insistía una y otra vez en que debíamos establecer unos principios «robustos» en relación a la suerte, una palabra que siempre me traía a la mente la imagen de un niño pequeño regordete y rubicundo. En el argot científico, significa que las reglas deben ser capaces de sostenerse en casi todas las circunstancias. El término procede de los programadores informáticos, que lo emplean para asegurarse de que el código funcionará aunque se produzcan errores durante la entrada de datos. Y no creo que quieras profundizar más en el proceso, porque entonces descubrirías que existe una auditoría de seguridad llamada *fuzz testing* que consiste en proveer datos al azar para ver si se colapsa todo el programa.

Nosotros estábamos muy seguros de que nuestro programa para generar suerte no iba a colapsarse, y que sus principios —desde estar atento a las oportunidades hasta moverse en zig cuando otros avanzan en zag— eran robustos. Soportarían cualquier prueba.

Sin embargo, una vez formuladas las grandes teorías, me pregunté cómo funcionarían en el día a día. Propiciar la suerte en un sentido teórico está muy bien, pero todos queremos ser afortunados en las grandes áreas de la vida, como el amor, el trabajo y la familia.

Decidimos empezar por el trabajo. ¿Cuál sería el mejor modo de alcanzar el famoso cruce entre casualidad, talento y esfuerzo cuando nos proponemos atraer suerte profesional?

Barnaby me contó una anécdota divertida sobre los aprendices de tiburón financiero que buscan trabajo como analistas de inversiones en Goldman Sachs. Suelen ser los mejores de su campo y de su clase (si proceden de las prestigiosas universidades de la Ivy League, tanto mejor). En un ambiente donde compiten tantas personas de máximo nivel, una ligera ventaja puede marcar una gran diferencia. Así que escriben concienzudas cartas de presentación, meditan a fondo si presentar el currículum en Helvética o en Arial y buscan ese comentario ingenioso que los ayude a destacar del resto.

Un año, el gerente de Goldman Sachs encargado de la contratación amontonó todos los currículums de los aspirantes a analista en la mesa de su escritorio y los dividió en dos pilas. Lo meditó un instante... y tiró uno de los montones a la papelera.

Cuando sus colegas lo miraron con sorpresa, se encogió de hombros. «En este negocio hay que tener suerte —dijo. A continuación, señalando los currículums que seguían sobre su mesa, añadió—: ¿Por qué no escoger entre los afortunados?»

Lancé una carcajada. Me pareció una anécdota genial. Y me encantó imaginar a la flor y nata del negocio sometida a las leyes del azar. Le pregunté a Barnaby si la historia era real o solo una leyenda de Wall Street.

«Yo no he sido capaz de rastrear la fuente —reconoció—, pero ninguna de las personas que he conocido en el mundo de los negocios duda de su autenticidad.»

Si alguna vez has optado a un empleo o te has empleado a fondo para destacar en tu profesión, ya sabrás que la casualidad influye en los resultados más de lo que sería justo. Tu futuro y tu destino dependen a veces de si el empleado de recursos humanos que te recibe tiene jaqueca o si el ejecutivo que te entrevista jugaba a squash en la misma facultad que tú. Un gerente caprichoso que descarta un montón de currículums porque le sale de las narices está a la orden del día.

La anécdota nos dio que pensar. Si deseas incrementar tu buena suerte (como llevamos proponiendo a lo largo del libro), ¿cómo conseguir que tu currículum acabe sobre la mesa y no en la papelera? Una vez planteada la cuestión, le dimos unas cuantas vueltas. ¿Acaso habíamos encontrado por fin un ejemplo en que el azar, ingobernable por definición, constituía el factor principal de la suerte, muy por delante de los factores que sí podemos controlar, como el talento y el esfuerzo?

«A menos que tengas poderes mágicos, no podrás desplazar tu currículum a la pila de la mesa», observé yo en tono preocupado.

«Es verdad —asintió Barnaby. Pero su inquietud tan solo se prolongó un breve instante antes de que su rostro se iluminara—. ¡En ese caso, mejor no acabar en ninguno de los dos montones!»

¡Ajá! El gerente de Goldman Sachs tenía razón al decir que hace falta suerte para conseguir un empleo; pero recuerda que la suerte, tal como la entendemos, aparece en el cruce del azar, el talento y el esfuerzo. La caprichosa decisión de descartar la mitad de los currículums ofrece un ejemplo perfecto de pura aleatoriedad. Si estás en el montón malo, no hay nada que puedas hacer. Y si bien no puedes erradicar el azar de la vida (a menos que poseas los poderes mágicos de los que hablábamos antes), sí puedes buscar el modo de burlarlo. No siempre es posible anticipar los imprevistos, pero te puedes centrar en los elementos controlables con el fin de tornar el azar menos... contingente.

Así pues, pongamos que te presentas al puesto en cuestión en Goldman Sachs. El truco está en asegurarse de que el currículum acabe en una tercera pila; una pequeña selección que el gerente ha separado de antemano y va a considerar. Claro, el asunto tiene algo de paradoja temporal, porque cuando te presentas como candidato no puedes saber que el gerente va a recurrir a un sistema tan aleatorio. Sin embargo, tanto si te enfrentas sin saberlo al caprichoso gesto del gerente como si no, cabe pensar que un currículum básico, por más que esté presentado en Helvética y acompañado de una brillante carta de presentación, no bastará para que te contraten. Las técnicas habituales rara vez funcionan en un entorno hipercompetitivo. Necesitas algo que te ayude a destacar de buen comienzo, de tal modo que tu currículum no vaya a parar a ninguna de las pilas del escritorio.

Un enfoque adecuado al problema sería imaginar qué tipo de persona, sin la menor duda, tendría suerte en una situación como esa. Cabe suponer, por ejemplo, que si un alto ejecutivo supiera que un niño prodigio pretende optar a un puesto en Goldman Sachs, llamaría directamente al director general para asegurarse de que el currículum, cuando menos, sea tenido en cuenta. En lugar de dar una patada al suelo y quejarte de lo injusta que es la vida, puedes discurrir cómo trasladar ese ejemplo a tu caso particular. Suponiendo que entre los contactos de tu familia abunden más fontaneros, contables y representantes de ventas que banqueros de inversión, ¿cuál sería la mejor estrategia para dar el siguiente paso?

Obviamente, tienes que encontrar a alguien que pueda hacer una llamada. Y no es tan difícil como parece. No te pongas a pensar qué pueden hacer tus padres (o no) por ti. Recuerda que los psicólogos han demostrado que no son nuestras relaciones más próximas las que suelen incrementar la suerte. Debes confiar en el poder de los lazos débiles.

Barnaby había coincidido hacía poco con un coach laboral llamado Don Asher, que ha escrito montones de libros sobre cómo encontrar trabajo, así que contactamos con él para pedirle consejo en relación al tema. Nos dijo que hay más probabilidades de encontrar a alguien capaz de echarte un cable «más allá de los límites de la burbuja en la que vives normalmente. Estás desperdiciando un montón de suerte si te limitas a relacionarte con tus amigos».

Asher nos habló de una clienta que trabajaba en ventas y quería dedicarse al negocio de la moda. Le aconsejó que, cada vez que coincidiese con alguien, le preguntara si tenía algún conocido en el mundillo.

«Estaba en el gimnasio con su entrenadora, Helga, y le habló de su situación, y resultó que una clienta de Helga era vicepresidenta financiera de un importante diseñador», nos contó Asher. Contacto conseguido.

Llamamos a dos coachs laborales más y descubrimos que la historia de Helga era bastante habitual. Los peluqueros y los entrenadores personales —cuyas profesiones favorecen todo tipo de relaciones— ofrecen inesperadas minas de buena suerte. Ten claro lo que estás buscando y es muy posible que propicies un contacto afortunado mientras estás en clase de hip hop o te están escalando el pelo en capas con mechas doradas.

Por lo visto, los más fuertes de los lazos débiles suelen proceder de los contactos universitarios. Cuesta entender por qué el hecho de haber estudiado en la Universidad de Notre Dame y no en la de Pensilvania pueda inducir a otro a concederte una entrevista, pero funciona. Los psicólogos han demostrado una y otra vez que las personas forjamos alianzas de tipo tribal a menudo a partir de vínculos insignificantes. Basta repartir camisetas rojas a la mitad de un grupo y azules a la otra mitad para que, súbitamente, la gente muestre una ardiente lealtad a sus compañeros de color. Son más proclives a prestarles dinero y a cooperar con ellos en situaciones competitivas.

El instinto de identificación grupal, neurológicamente programado, ha provocado trágicos sucesos a lo largo de la historia, desde guerras religiosas a genocidios, pasando por vedas a la inmigración. Darle la vuelta a ese instinto y usar la identificación grupal con fines positivos se me antoja lo mínimo que podemos hacer por equilibrar la balanza. Así pues, si te vas a presentar para ese puesto en Goldman Sachs (o en cualquier otro sitio), echa un vistazo a LinkedIn o al directorio de alumnos de tu universidad, por si algún pez gordo de la empresa asistió a tu misma facultad.

También podrías intentar algo aún más creativo. En cierta ocasión conocí a un joven llamado Tyler que pasó buena parte de su último año de estudios buscando trabajo por los cauces habituales. Respondió anuncios, hizo prácticas en empresas y se inscribió en la bolsa de trabajo de la universidad.

«La suerte no me sonrió —me confesó—. Estudiaba en una universidad pequeña, de tercera división, y las empresas que me interesaban ni siquiera buscaban candidatos allí.»

Tyler piensa en las universidades en términos de ligas deportivas porque, casualmente, era un magnífico jugador de lacrosse. Cuando estaba terminando los estudios, le preguntó al entrenador si podía facilitarle una lista de los alumnos que habían formado parte del equipo de lacrosse y el modo de contactarlos. El entrenador la tenía a mano porque a menudo invitaba a los exalumnos a las fiestas después de los partidos (y tal vez a hacer un donativo).

Tyler se fijó en que un tipo de la lista que, hacía veinte años, llevaba su mismo número e incluso jugaba en la misma posición, centrocampista, ahora dirigía una agencia de seguros en Atlanta.

«Le envié una foto mía vestido con la equipación y el número bien visible y le dije que sentía un gran interés por su empresa —me relató Tyler—. Le escribí: "Como bien sabe, los centrocampistas son la espina dorsal de cualquier equipo"».

Dos días más tarde recibió una llamada del exalumno. «Le he pedido referencias al entrenador, y me ha dicho que eres rápido, resistente y hábil», le dijo a Tyler. «Y decidido», añadió él. «Muy decidido, obviamente», replicó el otro entre carcajadas.

Después de dos viajes a Atlanta (y de ganar la temporada de lacrosse), Tyler consiguió un empleo.

«Creo que a mis padres les avergonzaba que hubiera encontrado trabajo gracias a un contacto del lacrosse, como si después de todo el dinero que habían invertido en mis estudios yo solo hubiera aprendido a manejar con habilidad el palo. Pero supongo que cualquier estrategia está bien, siempre y cuando te traiga suerte.»

En este caso, le doy la razón a Tyler más que a sus padres. El chico sabía el tipo de trabajo que quería y, cuando la suerte no llamó a su puerta de manera espontánea, él acudió en su busca. El hecho de que Tyler y el exalumno hubieran compartido número y posición hay que atribuirlo a la casualidad, qué duda cabe. Pero Tyler supo agenciarse la suerte gracias a su habilidad para acechar la ocasión y encontrar un modo creativo de cazarla al vuelo. Azar, talento, esfuerzo y… premio: a ojos del mundo, eres afortunado.

Me pregunté si estaría exagerando el potencial de los contactos para evitar que tu currículum acabe en el montón de la papelera hasta que hablé con Jack, un ejecutivo de treinta y un años que trabaja en una empresa de comercio electrónico en rápida expansión. Jack es exactamente la clase de jefe inspirado y considerado que la mayoría de gente querría tener. Ha comprendido que apoyar a su equipo mejora el rendimiento y el ambiente.

Jack tuvo que contratar unas veinte personas cuando empezó y el grupo de recursos humanos lo inundó con cientos de currículums elegantes (y cartas de presentación bien redactadas) de aspirantes que presumían de títulos en prestigiosas universidades y escuelas de negocios, así como de una amplia experiencia en sectores diversos. ¿Cómo tomar una decisión?

«Casi toda la gente que contrato ha intentado ponerse en contacto conmigo directamente o ha contactado con alguien de la empresa que pudiera darme buenas referencias —me confío Jack. Quería contar con personas que tengan iniciativa y capacidad de asumir responsabilidades. Y piensa que, si buscan la manera de conectar con él, demuestran esas capacidades. También en este caso, las redes y los vínculos débiles suponen una ventaja—. No es algo que haya planeado de antemano, pero cuando alguien demuestra tanto interés y hace un esfuerzo extra, reparas en él.»

Una compañía más grande compró la empresa emergente, y Jack y todos aquellos a los que había contratado se sintieron muy afortunados cuando les pagaron sus participaciones a un precio muy generoso. Pero si la suerte les sonrió fue porque, de buen comienzo, se habían apoyado en sus relaciones.

Algunas personas consideran las redes de contactos una pizca deshonrosas, como si implicara aprovechar una ventaja que en realidad no merecen. Y en ocasiones te hacen sentir un tanto incómodo. Cuando se anunció el estreno de la serie *Girls,* de la HBO, recuerdo que el reparto me dejó estupefacta. La creadora, Lena Dunham, había elegido a tres mujeres como coprotagonistas, y dos de ellas, —Allison Williams y Zosia Mamet— eran hijas de padres famosos. La tercera, Jemima Kirke, era una amiga de Lena del instituto.[27] Todas tenían talento, pero yo no podía

---

27. El padre de Allison, Brian Williams, presentaba entonces las noticias vespertinas de la NBC y el padre de Zosia, David Mamet, era un conocido dramaturgo. Durham, entonces de veintitrés años, sin duda comprendió —conscientemente o no— que, para promocionar la nueva serie, no le vendría mal tener de su lado a un famoso escritor y a un poderoso presentador. Su amiga del instituto, Jemima Kirke, contaba también con un pedigrí importante: su padre había tocado la batería en dos conocidos grupos de rock.

dejar de pensar en las jóvenes actrices, igual de brillantes, que no contaban con esa ventaja. Imaginaba filas y filas de aspirantes aguardando el turno para la audición, sin saber que tenían todas las posibilidades en contra. No me pareció justo.

Sin embargo, sucedió algo curioso. A lo largo de las seis temporadas que la serie pasó en antena, Williams, Mamet y Kirke definieron sus personajes hasta tal punto que se me antojó imposible imaginar a otras en sus papeles. Mamet perfeccionó su capacidad de interpretación. Fui a ver una obra alternativa en la que ella participaba y actuó sorprendentemente bien. Y entonces me di cuenta: los contactos te permiten meter el pie, pero, igual que sucede con cualquier golpe de suerte, lo que importa es cómo aprovechas la oportunidad.[28]

Sea como sea, las redes de contactos y los vínculos débiles que traen suerte a unos les cierran la puerta a otros. En términos de movilidad social y de igualdad, habría que pensar maneras de ofrecer oportunidades a todos por igual en el ámbito laboral, financiero y en la industria del entretenimiento. Y algunas personas ya lo están haciendo. Mi amigo Julian Johnson es vicepresidente ejecutivo de Patrocinadores para Oportunidades Educativas (SEO, por las siglas en inglés), una organización sin ánimo de lucro que ofrece programas profesionales a estudiantes de comunidades desfavorecidas. Si sueñas con trabajar en Goldman Sachs pero procedes de una ciudad deprimida del sur de Alabama, Julian podría ser tu hombre. A lo largo de los años, sus colegas y él han ayudado a miles de estudiantes de minorías sociales a conseguir empleos en el mundo de las finanzas, el derecho y la banca de inversión.

«Ayudamos a crear redes para personas que no las tienen», me contó Julian. Los estudiantes de minorías sociales que han estudiado en escuelas modestas, por ejemplo, tal vez no cuenten con una ruta directa a Wall Street, por cuanto los bancos de inversiones suelen ofrecer empleo a los

---

28. Un detalle aún más curioso si cabe... El padre de Williams perdió su puesto en la NBC a causa de un escándalo y el de Mamet escribió un par de obras horribles. Al final, las hijas llegaron más alto que los padres.

estudiantes de unas pocas universidades muy selectas. Pero SEO amplía sus redes de contactos. El alumno aporta el esfuerzo y la determinación, y SEO se asegura de que pueda conectar con las personas adecuadas.[29] Cuando Julian y yo charlamos, el programa SEO había facilitado prácticas estivales a alumnos de 105 universidades distintas. Y eso son muchas universidades. SEO estaba repartiendo golpes de suerte a diestro y siniestro, y la gente del programa esperaba que el 80 por ciento de los colaboradores en prácticas recibieran ofertas para trabajar a tiempo completo.

Julian señaló que, para ser afortunado en la profesión, hace falta algo más que estudiar y trabajar con ahínco. Eso puede bastar en preescolar y primaria pero, en el mundo real, ya no es suficiente. En lugar de esforzarte al máximo pensando que tu trabajo hablará por sí mismo, debes buscar mentores, asesores y patrocinadores que te ayuden a prosperar. Julian me dijo que el equipo de SEO acompaña a los estudiantes durante las prácticas para ayudarles a entender cómo ascender en la empresa, «porque tantos contactos tienes, tanto vales».

Las relaciones abren caminos inesperados. Sea cual sea tu punto de partida en la vida, te debes a ti mismo desarrollarlas y sacarles provecho. Concédete una oportunidad. Ya sea tu padre, un peluquero, un compañero de equipo de la universidad (al que ni siquiera conociste) o una organización como SEO, ampliar tus redes cambiará tu suerte.

Mi amigo David Edell lleva mucho tiempo pensando en la fortuna profesional; en parte porque su trabajo consiste en repartirla. Como jefe de DRG, una empresa de cazatalentos que trabaja principalmente para organizaciones no lucrativas, ha colocado a más de un millar de altos ejecutivos. Para encontrarlos, aborda a decenas de miles de personas a las que pilla totalmente desprevenidas.

Dave y su esposa, Marsha, viven enfrente de mi casa, en Manhattan, de manera que una mañana lluviosa crucé la calle y fui a tomar un refres-

---

29. SEO también les proporciona instrucción. Los estudiantes universitarios cuentan con treinta horas de asesoría que les prepara para su primera entrevista en un banco de inversiones.

co con él en su bonito apartamento. Como encargado de seleccionar ejecutivos, David me confesó que muchos se quedan de piedra cuando contacta con ellos.

«Soy la llamada de la suerte. El tipo que llama y dice: "Hola, tengo tal oportunidad que ofrecerle y he pensado que a lo mejor le interesaría" —me relató David con una sonrisa—. El otro acaba de llegar de almorzar y ni siquiera se ha planteado cambiar de empleo. Y aparezco yo con una oportunidad de cuya existencia el otro ignoraba por completo. La cuestión es: ¿qué haces cuando te cae en las manos algo así?»

Tras largos años de experiencia, David ha descubierto que la gente, por lo general, se enmarca en una de tres categorías. El primer grupo, según su descripción, está formado por esas personas que «al momento se ponen a la defensiva explicando por qué no pueden aceptar». En ocasiones, el problema es que la vida real se interpone en el camino de la oportunidad (si tu hijo adolescente acaba de empezar el instituto, es posible que no quieras trasladarte a otra ciudad). Otras veces sencillamente les incomoda la idea de cambiar.

Los del segundo grupo reaccionan también con recelo y lo demuestran «atrincherándose y formulando muchas preguntas: quién será su jefe directo, por qué despidieron a la última persona que ocupó su puesto, qué responsabilidades tendrán. Desean contar con toda la información antes de considerar la posibilidad siquiera». Y, por último, el tercer grupo, «las personas que escuchan atentamente y dicen: "Genial. No esperaba su llamada, pero me interesa".»

David opina que la reacción inicial ofrece un buen indicio de cómo esa persona se desenvolverá en el empleo. Los que se niegan de buenas a primeras, por lo general, no funcionarán aunque cambien de idea y decidan aceptar la oportunidad. Los del segundo grupo, que hacen preguntas, podrían ser reflexivos y analíticos. David lo tiene en cuenta. Pero también procura observar si son de esas personas que plantean problemas constantemente y buscan motivos para no avanzar. Las pertenecientes al tercer grupo suelen ser las más proclives a identificar oportunidades nuevas y prometedoras; pero David debe asegurarse de que no pequen de temeridad.

«La suerte sonríe a los individuos que se atreven a reconocer una buena ocasión cuando se presenta y están abiertos a reflexionar en cómo optimizarla.»

David conoce por propia experiencia lo que significa toparse con una oportunidad inesperada. Le sucedió en los comienzos de su carrera, cuando trabajaba como recaudador de una organización benéfica muy importante.

«Y me sucedió lo más absurdo que puedas imaginar: recibí una llamada de la empresa Citizen preguntándome si podía enseñar a sus comerciales a vender relojes. Tenía treinta años y no sabía absolutamente nada sobre relojes de pulsera. —Uno de los más altos ejecutivos lo había visto en acción. Sabía que era persuasivo y rápido de reflejos, de manera que lo había recomendado—. Así que me desplacé al hotel Acapulco Princess, de México, pasé allí cinco días con mi mujer e impartí un curso de ventas a una empresa de relojes cuya facturación ascendía a 75 millones de dólares. ¿Valiente? Vale, lo fui. ¿Tuve suerte de me hicieran la oferta y no la pifiara? Sin duda. Más adelante la experiencia me sirvió para recordar que, cuando salta la ocasión, debes aprovecharla.»

David siguió impartiendo cursos de ventas durante varios años y empezó a atisbar oportunidades al margen de la recaudación de fondos. Contemplando su profesión desde una perspectiva más amplia, se arriesgó a crear su propia empresa de cazatalentos. Desde su propia experiencia, anima a los demás a tener presentes sus intereses pero sin centrarse *demasiado* en conseguir exactamente lo que quieren.

«Generar suerte no implica aprovechar cualquier oportunidad, pero sí requiere estar abierto a explorar si es o no interesante», afirmó.

No le importa plantearle a alguien un proyecto y, finalmente, recibir una negativa razonable. Respeta mucho a las personas que exponen razones concretas para rechazar una oferta y son capaces de explicar qué necesitan en realidad.

«La otra cara de la moneda sería actuar a lo loco y aceptar un empleo a la primera de cambio —señaló—. Eso te lleva a depender del azar en lugar de generar tu propia suerte.»

Una llamada de David (o de alguien como él) podría parecer el colmo de la buena suerte, pero, para él, el azar brilla por su ausencia. David solo contacta con personas que le han sido recomendadas previamente.

«Cuando estoy buscando a un ejecutivo, me fío de lo que me dicen los demás sobre las personas brillantes que van conociendo. Me comentan: "Eh, deberías conocer a Joe, porque está haciendo cosas interesantes". O: "Le oí hablar en un congreso y lo hizo de maravilla"». Lo que haces genera oportunidades.

Así pues, una buena estrategia para dar a conocer tu perfil profesional (y que reparen en ti) consiste en impartir ponencias en congresos, formar parte de comisiones o escribir artículos interesantes en la prensa o en un blog. David no considera que estas estrategias sirvan para trabajar la red de contactos, sino más bien para realzar tu perfil e informar al mundo de los logros que estás alcanzando. Pero ¿no debería el trabajo hablar por sí mismo?

«A veces lo hace —reconoció David con una sonrisa—. En ocasiones me entero de que alguien está haciendo algo interesante y lo llamo. Pero luego tendrán que vender su trabajo, ¿no? Tienen que estar dispuestos a aprovechar la oportunidad y dar el siguiente paso.»

Barnaby y yo charlamos de los puestos que cada cual había ocupado a lo largo de los años. Nos sorprendió descubrir que rara vez alguno de los dos había tenido que buscar trabajo. Jamás nos habíamos preocupado por si nuestro currículum acabaría en la papelera porque, en realidad, nunca lo habíamos presentado. Siempre habíamos accedido al empleo por una vía alternativa.

Mi carrera profesional se ha desarrollado a partir de la pauta «una cosa lleva a la otra». A menudo, un ejecutivo con el que trabajaba me pedía que lo acompañara a su siguiente puesto... y yo accedía. No lo meditaba a fondo, pero, en ocasiones, el mejor modo de ascender en la profesión (y en la vida) es reconocer las ocasiones cuando se presentan y cazarlas al vuelo. Cuando conseguí mi primer empleo como productora de televisión, ni siquiera tenía tele.

Barnaby siempre generó sus propias oportunidades y tomó rutas aún menos tradicionales si cabe. Sus padres eran una pareja de aventureros que abandonaron pronto sus profesiones de ejecutivos y se mudaron a Alaska con sus cinco hijos. Cuando contaba siete u ocho años, Barnaby vivía con su familia en mitad del bosque, sin relojes, calendarios, electricidad ni agua corriente. Pasaba días enteros sobreviviendo a solas, observando osos. No podía depender de los recursos tradicionales porque no los había. Tuvo que inventar sus propios recursos.

Barnaby me contó que su primer empleo auténtico antes de entrar en la universidad se lo proporcionó la compañía Disney. Y no lo encontró en Internet, ni mucho menos. En aquel entonces se había aficionado a observar la conducta de las aves extrañas. Así que visitó al conservador de la atracción Discovery Island (precursora de lo que más adelante sería el parque temático Animal Kingdom) y le preguntó si podía estudiar las especies de la atracción.

«El empleo que me ofrecieron no existía —me aclaró Barnaby—, pero yo estaba tan emocionado con la idea de hacer algo así que el director inventó el puesto en ese mismo instante.»

La primera investigación que emprendió fue la de una gran ave llamada pavo de matorral, que procede de las selvas pluviales del noreste de Australia y que se pasa el día destrozando hojas muertas hasta crear un gigantesco montículo de compost. El compost de hojas genera calor y entonces lo puede usar como nido. Qué listo, ¿verdad? Es posible que estudiar el compost no sea el trabajo de tus sueños, pero a Barnaby le apasionaba tanto que se convirtió en un personaje muy conocido del parque. Incluso lo incluyeron en el libro ilustrado que usaban con fines educativos. Dando un nuevo impulso a su suerte, Barnaby declaró que sentía curiosidad por la conducta de los buitres. Quería seguir a los que residían en el parque y ¿por qué no? Disney le facilitó una avioneta privada que estaba dotada con radiotransmisores especiales.

Me gustaría señalar que nadie más podría inventar algo así; cada cual debe buscar su fortuna particular. Esa es la gracia de generar la propia suerte. A modo de inciso, Barnaby me dijo que Walt Disney comprendía muy bien la idea de propiciar la suerte; había fracasado en los negocios más de una vez, pero nunca se rindió. Siendo muy joven, Walt se presentó a un puesto de empleado de correos y fue rechazado por su corta edad. Volvió vestido con ropa más elegante y una sombra de barba pintada en la cara. Consiguió el puesto. En otra ocasión, despidieron a Walt de un trabajo porque alguien dijo que «carecía de imaginación y no tenía buenas ideas». Si quieres ser afortunado, persistes. Creas tu propio reino mágico.

Los empleos personalizados surgen cuando alguien confía en ti y está dispuesto a apostar por una idea original. Hace algunos años, me ofrecieron un puesto que no existía antes de mi llegada. Consistía en crear programas de televisión para una conocida revista. Pasé cinco años en el puesto. Uno de los programas que produje fue un especial anual que premiaba a personajes televisivos y que atrajo a algunas de las figuras más importantes de la época. En una de mis fotografías personales favoritas, aparecemos mi marido y yo recorriendo la alfombra roja. Él está deslumbrante con su pajarita y yo, gracias a los ardides de un publicitario, luzco un vestido de diseño prestado que titila con la luz y diamantes por valor de un millón de dólares pertenecientes a una tienda de Rodeo Drive. ¡Hablando de suerte!

«El mejor modo de atraer la suerte es dedicarte a aquello que te apasiona e inventar un empleo a tu medida», afirmó Barnaby.

Mi hijo mayor, Zach, entendió lo que significa generar tu buena estrella cuando todavía estaba estudiando y asistió a una charla del presidente de una empresa de pagos por Internet. Al terminar la charla, Zach se acercó al ejecutivo, le comentó lo mucho que admiraba la compañía y le preguntó si podían hablar. El presidente accedió a reunirse con él, pero únicamente para ofrecerle consejo e información. No contaba con ninguna vacante para un estudiante de su perfil.

Zach acudió a la reunión bien preparado —siempre una buena estrategia para que te sonría la suerte— pero también escuchó atentamente. Cuando el presidente le explicó los métodos que utilizaban para captar clientes, Zach le expuso su idea de cómo recoger y analizar cierto tipo de datos podía resultarle útil. El presidente asintió con aire meditabundo. Nunca se le había ocurrido adoptar ese enfoque; y le preguntó a Zach si él se veía capaz de hacerlo.

«Sí, me encantaría encargarme de eso», aceptó Zach.

«¿Podrías empezar esta misma tarde?», preguntó el otro.

«Ya lo creo que sí», fue la respuesta.

No tiene sentido preocuparse por la posibilidad de que tu currículum sea descartado cuando estás reunido con tu futuro jefe y le resuelves un problema. Tener algo muy concreto que ofrecer puede ayudarte a transformar el «no tenemos un puesto para ti» en un «¿podrías empezar esta misma tarde?» Al saber que iba a trabajar en esa empresa tan moderna, los amigos de Zach se maravillaron de su buena suerte. Y la tuvo, pero de la que uno mismo se forja.

¿Qué si estoy orgullosa de mi hijo? Tú dirás.

Deseosos de evitar los caprichos del azar, cada vez más personas intentan generar suerte tomando rutas alternativas. En ocasiones, el mejor modo de ir a parar al tercer montón es colocarse allí donde los dos primeros ni siquiera existen. O, como lo expresa un amigo nuestro, sumamente afortunado: «La gente siempre dice que hay que salirse de los márgenes establecidos. Yo nunca he creído que existieran márgenes siquiera».

En un mundo que valora cada vez más el emprendimiento, las barreras que impiden penetrar en un ámbito profesional están perdiendo consistencia (hoy día puedes crear una empresa con un portátil en lugar de una fábrica). Así que abandonar las vías convencionales para acceder a una profesión y crear un camino propio no se considera una locura; incluso podría ser la manera ideal de entrar a formar parte del club de la buena suerte.

Barnaby quiso que conociera a una joven llamada Rebecca Kantar, que es experta en ir a su aire e inventar su propia suerte. Todavía en la veintena, Kantar ya se había convertido en una emprendedora consumada. Así que una tarde nos dirigimos a las oficinas del Grupo Gerson Lehrman (GLG), donde trabaja en ocasiones. Entramos en uno de esos espacios superelegantes donde tienes la sensación de que todo el mundo es más interesante que tú. La zona de la entrada, apta para usos diversos, contaba con butacas en tonos rojo y naranja, un acuario que iba del suelo al techo y lámparas colgantes en forma de globos de latón. Detrás de los espacios más chulos había filas y filas de personas tecleando en sus ordenadores.

Sonriendo, Kantar salió a recibirnos. Delgada y atractiva, con una larga melena rubia y un estilo seductor, podría haber pasado tranquilamente por la clásica animadora de un centro de secundaria. Pero no lo es y nunca lo ha sido. Cuando nos sentamos a la mesa de un rincón, Kantar reconoció al momento que siempre ha sido una excéntrica; le gusta ir a la suya. Sorprendió a todo el mundo unos años atrás cuando, en mitad del segundo curso de la universidad, cuando decidió dejar los estudios y marcharse de Harvard. Le pareció un buen modo de propiciar la suerte.

«Los ingresos medios de las personas que abandonan Harvard son más altos que las rentas de los graduados en la misma universidad», comentó con entusiasmo.

Barnaby sugirió que tal vez la media estaba sesgada por la desorbitada fortuna de cierto desertor en particular (y fundador de Facebook): Mark Zuckerberg.

«Sí, Zuckerberg, Bill Gates y Matt Damon, todos los cuales se marcharon de Harvard, han subido la media», asintió Kantar. Le gusta considerarse parte de ese grupo. Y también quiere ser una persona especial que corre grandes riesgos y despierta envidias cuando cosecha los frutos. En Harvard las clases no la motivaban y no creía que sus estudios la llevaran a ninguna parte.

«Mis padres se acongojaron, pero yo hablé con ellos largo y tendido y les pregunté qué les preocupaba tanto —nos relató—. Mi madre señaló que no podría conseguir un puesto tradicional como analista de inversión o consultora si no contaba con un grado universitario, pero yo le dije que no quería dedicarme a eso. También se preguntaba qué pasaría si a la larga decidía entrar en política. Yo le respondí que la gente de mi generación sentiría interés por alguien que había optado por algo distinto en lugar de ceñirse a lo establecido.»

Kantar había ido a la suya desde muy temprana edad. Criada en la pequeña ciudad de Newton, Massachusetts, se apuntó a clases de chino, se obsesionó con el origami y aprendió a tocar la trompeta. Para celebrar su Bar Mitzvah, invitó a sus amigos a practicar el tubing en la nieve («odiaba las típicas fiestas») y más adelante, en secundaria, empezó a pedirles a sus (atónitos) padres un burro.

«Pensé que sería bonito tener uno en el patio trasero. Por nada en especial. Me gustaban los burros», confesó Kantar con una sonrisa.

Por evitar una discusión, sus padres le explicaron que su chalet no poseía la calificación necesaria para albergar animales de granja. Kantar era demasiado joven para conducir, así que una tarde se desplazó andando al ayuntamiento y pidió que recalificaran su casa. Lo consiguió. (Pese a todo, no le compraron el burro.)

La anécdota del asno viene a resumir la actitud de Kantar ante la vida: desear cosas distintas. En el instituto, no quería cursar las asignaturas convencionales y pidió permiso para confeccionar un currículo propio. El centro se negó. Entonces escribió a los decanos de las facultades de la Ivy League a las que había solicitado plaza y les explicó que deseaba dejar las asignaturas avanzadas para estudiar un proyecto independiente durante el resto del curso. ¿Qué opinaban al respecto? Casi todos aprobaron la idea. Así que Rebecca pasó buena parte del año escolar trabajando fuera del aula.

«Fue la mejor experiencia académica de mi vida», nos confesó.

Todavía en Harvard, Rebecca desarrolló un proyecto de empresa llamado BrightCo, diseñado para conectar jóvenes empresarios con inversores y corporaciones interesados en sus conocimientos. Su planteamiento era que el grupo más joven conocía innovaciones capaces de derrocar los modelos tradicionales.

«Tal vez Coca-cola no supiera que unos chavales de poco más de veinte años estaban desarrollando cafeína en aerosol que podía alterar su negocio por completo —explicó Kantar—. Así que los poníamos en contacto.»

La empresa todavía era pequeña cuando Kantar la abandonó, y sabía que nunca se convertiría en Facebook. Al final, no obstante, GLG (Gerson Lehrman Group) presentó una opción de compra. GLG ha logrado un éxito inmenso conectando a expertos con inversores y empresarios que necesitan información. En realidad estaban comprando el cerebro de Rebecca; y le ofrecieron un puesto de emprendedora en prácticas.

Ahora Kantar está desarrollando un negocio que busca transformar el sistema de selección en las universidades y en la empresa privada. Está convencida de que las pruebas convencionales —tanto los test de inteligencia como los exámenes de selectividad o los psicotécnicos— no sirven para descubrir el tipo de pensamiento original que se requiere para triunfar.

«Los bichos raros favorecen los cambios que marcan la diferencia —afirmó—. Debes dejarlos trabajar a sus anchas. Necesitamos corderos, pero si encuentras a una oveja negra y original, dale espacio para serlo aún más.»

Kantar reconoce que tomar una ruta convencional te proporciona una red de seguridad.

«Si estudias en Harvard, en el peor de los casos puedes acabar trabajando como subalterno en un banco de inversiones —observó—. Pero la deserción genera enormes ramificaciones de posibilidades, para bien o para mal.»

Cuando nos marchamos, Barnaby me contó que, hacía pocos meses, en un congreso de innovadores de élite al que asistía, Kantar le comentó que le interesaría asistir. Él tiró de unos cuantos hilos y, si bien no pudo conseguirle una de las codiciadas invitaciones, ella encontró igualmente la manera de entrar. La anécdota me impresionó. Aunque Kantar parecía una animadora, por lo visto poseía la ferocidad y la intensidad de un soldado de operaciones especiales. Cuando se le metía algo entre ceja y ceja, no dejaba que nada ni nadie se interpusiera en su camino.

Cuando alguien se sale de los cánones establecidos, nunca se sabe qué pasará. Kantar podía ser el próximo Steve Jobs... o acabar en el paro. A veces, de tanto ir a por lana, acabas esquilado.

Estar dispuesto a correr más riesgos de lo normal puede ser un modo de labrarse fortuna en el mundo profesional. En ocasiones la estrategia da resultado y otras no. A pesar de todo, el fracaso no siempre es malo. Barnaby me contó una conversación que había mantenido con Naveen Jain, el emprendedor que fundó un negocio llamado InfoSpace a finales de 1990. Durante un tiempo, breve, fue una de las empresas de Internet más importantes del país, lo que elevó su valor a unos ocho mil millones de dólares. Entonces llegó el colapso de las empresas puntocom y su cotización se desplomó al rango de los doscientos millones.

«Los errores forman parte del proceso de mejora —le dijo Jain a Barnaby cuando conversaron—. El mejor jugador de baloncesto, en su mejor día, no encestará más de un cincuenta por ciento de los tiros, y el otro cincuenta por ciento no se consideran fracasos sino parte del éxito. Fallos buenos.»

Interesado en la exploración espacial, Jain cofundó una empresa en 2010 llamada Moon Expres con el propósito de lanzar un cohete robótico a la Luna y enviar imágenes de vuelta. Ha firmado un contrato de lanzamiento con la NASA.[30]

«La vida depende de la perspectiva —comentó Jain—. Ante cualquier nueva aventura, debes preguntarte: "¿Qué puede pasar?" y "¿qué entra dentro de lo posible?" Esa actitud te prepara para la buena y la mala suerte por igual, porque ambas te van a salir al paso en el futuro.»

Jain estaba convencido de que tomar un rumbo propio requiere asumir ciertos riesgos. Una vez que los has analizado, puede que no resulten tan dramáticos como pensabas. En su opinión, por ejemplo, conseguir que una empresa privada viaje a la Luna no es en absoluto una locura.

«El Gobierno intenta eliminar el 99,99 de los riesgos de los viajes espaciales, porque el error no es políticamente aceptable. Ese último 1 por ciento de reducción de riesgo suma un 99 por ciento del coste», comentó. Una empresa privada, en cambio, puede fabricar un cohete no tripulado «bastante bueno» y contratar un seguro privado para cubrir el coste en caso de que algo salga mal.

---

30. Durante la redacción de este libro, el suyo era uno de los cinco equipos que seguían compitiendo por el premio Google Lunar XPRIZE. El ganador debe conseguir que un vehículo robótico aterrice en la Luna, se desplace un mínimo de 500 metros y envíe a la Tierra imágenes de alta definición. Hay premios en juego por valor de treinta millones.

Jain considera este ejemplo una metáfora de cómo gestionar otro tipo de proyectos.

«Hay que abstenerse de buscar la máxima seguridad a toda costa —añadió—. De todos modos, nada es seguro al cien por cien.»

Es necesario conocerse a uno mismo y la propia capacidad de asumir riesgos. Barnaby y Rebecca Kantar constituyen seguramente la clase de personas que se subirían al cohete de Jain para ver a dónde les llevaba. Yo no sé si lo haría. Estoy dispuesta a propiciar mi suerte buscando los contactos adecuados, trabajando con ahínco y aprovechando las oportunidades que me salgan al paso, pero no me gusta correr riesgos. Algunas personas, en cambio, multiplican su suerte gracias a su buena disposición a adoptar enfoques totalmente originales.

Tratar de generar fortuna haciendo las cosas a tu manera no siempre funciona, pero, cuando lo hace, acabas convertido en el protagonista de la típica historia que señala la importancia de ser original. Así pues, por ejemplo, Barnaby no dejó la universidad como Kantar, pero cambió de estudios varias veces y se trasladó de Harvard a Cornell y luego un año a Oxford para llevar a cabo una investigación. (En realidad lo planeó así, por cuanto deseaba trabajar con los profesores de ornitología más renombrados de cada institución.) Más adelante quiso obtener una beca Rhodes para volver a Oxford y precisó el respaldo de su facultad. Al principio, Cornell alegó que no podía apoyarlo porque no poseía créditos suficientes en esa universidad. Barnaby fue recurriendo a instancias administrativas cada vez más altas hasta acabar llamando a la puerta del decano. Calcula que debió de contactar con unas cincuenta personas de diversas jerarquías académicas para conseguir el apoyo a su solicitud.

«No recurrí el enfoque convencional, pero en este caso ser original me ayudó a destacar —me confió Barnaby—. Conocí a mucha gente e incluso trabé amistad con algunas de esas personas.»

Tanto si te has propuesto llegar a la Luna como obtener una beca Rhodes o conseguir un empleo en Goldman Sachs, la suerte te sonríe cuando sigues tu propio camino. Es verdad que el azar siempre puede intervenir. Pero tienes que anticiparte y hacer todo lo posible para esquivarlo. Debes ir a parar al tercer montón de currículums y no a los otros dos, que podrían acabar en la papelera. Tienes que hablar con las personas adecuadas, abrirte paso a tu manera y estar dispuesto a destacar. La estrategia no siempre funcionará —y es posible que tengas la oportunidad de aprender de tus errores— pero, cuando lo haga, todo el mundo pensará que has sido muy, muy afortunado.

11

Afortunado en amores

Casarse con una supermodelo no siempre es una suerte. Invierte en la relación. Busca el amor en nuevos entornos. Escoge el pasto adecuado.

Recientemente, mi marido y yo celebramos un importante aniversario con un viaje de ensueño a Sudáfrica. Dormimos una noche en un hotel maravilloso llamado Le Quartier Français y compartimos un banquete de nueve platos (sí, nueve) en un famoso restaurante denominado Tasting Room. Mientras dábamos cuenta de la exquisita cena, unimos las manos, nos miramos con ojitos tiernos y comentamos lo increíblemente afortunados que somos. Todavía somos capaces de arrancarle unas buenas carcajadas al otro, compartimos un mismo sentido de la aventura (¡qué cantidad de leones y rinocerontes hay en África!) y nos hemos compenetrado de maravilla en la crianza de nuestros maravillosos hijos.

Si alguien nos estaba mirando, es probable que le entraran arcadas.

No obstante, pasó un tiempo antes de que me diera por pensar en *cómo* habíamos llegado a tener tanta suerte. ¿Fue obra del azar el hecho de que conociera al hombre perfecto tantos años atrás? Entre más de siete mil millones de personas que hay en el mundo, ¿acaso me las había ingeniado para encontrar (a la edad de veinticuatro años) a mi alma gemela?

Ojalá fuera tan romántica. Claro, Ron era apuesto, tenía buena planta y, como médico, exhibe un estilo amable y reflexivo que me cautivó a la primera de cambio. Pero, tal como sospechaba tras las investigaciones que venía realizando, nuestra suerte en el amor tuvo menos que ver con la magia de encontrar a tu media naranja que con el esfuerzo realizado por ambas partes a partir de ese momento. Nicholas Sparks no vendería ni un solo libro si escribiera sobre lo que de verdad requiere un buen matrimonio: mirar a otro lado cuando tu pareja está de mal humor y dar media vuelta en la cama cuando ronca. Pero, al cabo, esos son los giros y revueltas que llevan a los demás a pensar que todo ha sido cuestión de buena suerte.

Tendemos a ser realistas a la hora de definir la suerte amorosa. En la encuesta nacional que Barnaby y yo llevamos a cabo, tan solo un 7 por ciento afirmó que, para ser afortunado en el amor, es necesario encontrar a la pareja adecuada. Un número mucho mayor —el 80 por ciento, nada menos— creía que el secreto de la suerte amorosa pasa por prestar atención a las necesidades del otro tanto como a las propias.

De nuevo en casa, mientras dábamos cuenta de una cena de un solo plato infinitamente más vulgar (pollo asado con verduras), le pregunté a Ron a qué atribuía él nuestra suerte en el amor.

«Seguramente a Netflix», respondió.

«¿A Netflix?», repetí yo, desconcertada.

«Sí. Nunca encontramos nada porque tú siempre buscas algo que me guste a mí y yo quiero escoger algo que te guste a ti. Eso reduce drásticamente el número de películas que vemos. Pero, gracias a eso, nos sentimos muy afortunados de estar juntos.»

Me gustó la explicación. Cuando concedes tanta importancia a los deseos del otro como a los propios (y tu pareja hace lo mismo), ambos os sentís amados, afortunados y apoyados. La perspectiva de Ron acerca de la suerte en el amor encajaba con nuestra investigación. Pese a todo, algún que otro personaje de fama internacional opinaría de otro modo.

En su primer álbum en solitario, publicado en 1985, Mick Jagger triunfó con un tema titulado *Lucky in love*, afortunado en el amor. En la canción, la estrella del rock de caderas cimbreantes presumía descaradamente de sus conquistas sexuales. Tal vez fuera desafortunado en las cartas, las apuestas de caballos, la ruleta y otras bobadas por el estilo, pero las mujeres caían rendidas a sus pies. «Sí, tengo un toque mágico», bramaba.

Jagger es (usando jerga adolescente) un tío con suerte. La modelo Jerry Hall se quedó a su lado tanto tiempo como para tener cuatro hijos, si bien supo desde el principio que el rockero le era infiel. Mick Jagger tiene retoños de seis mujeres distintas y se las ha ingeniado para conservar el sobrenombre de *sex-symbol* bien entrados los setenta. No cabe duda de que tiene suerte en la cama. Y si dice que es afortunado en amores, le creemos.

Sin embargo, no tantas personas como podrías pensar definen la suerte amorosa en los mismos términos que Mick Jagger. Poco después del viaje a Sudáfrica, presenté un nuevo libro en Iowa como parte de una gira de promoción. Allí conocí a una mujer llamada Phoebe que, según me dijo, llevaba más de cuarenta años casada con su novio del instituto, Al. Ninguno de los dos había estado con nadie más. (O eso dijo ella. No quise presionarla.)

«Soy la persona más afortunada del mundo», declaró Phoebe a la vez que tomaba la mano de su marido.

Su adorado esposo era un tipo medio calvo con un barrigón que ocultaba la cintura del pantalón caqui corto. No tenían hijos, pero sí un pastor alemán (casi ciego y muy querido) y una pequeña cabaña junto a un lago a dos horas de allí para sus escapadas de fines de semana, siempre y cuando el buen tiempo acompañase.

«¿El nidito de amor?», pregunté en plan de broma.

«No, solo una cabaña que se cae a pedazos», respondió ella con una pequeña sonrisa.

Al, contable de profesión, había perdido el empleo hacía cosa de dos años y ahora trabajaba en casa como consultor.

«No consigue mucho trabajo, pero yo conservo mi empleo de enfermera y nos las arreglamos bien», confesó.

Teniendo en cuenta el contexto (el desempleo, el aspecto desastrado, la cabaña que se cae a pedazos) no puede evitar pensar que, desde fuera, pocos considerarían a Phoebe una persona afortunada en el amor. Ella, sin embargo, estaba entregada a su marido y únicamente veía sus aspectos positivos. Centrándose en las cosas buenas y prestándose apoyo y amor mutuos, los dos habían construido una relación feliz.

Obviamente, Phoebe había dado con una fórmula que el reputado psicólogo Barry Schwartz habría aplaudido.

«Una buena relación se crea, no se encuentra», afirmó el doctor Schwartz cuando Barnaby y yo lo llamamos por teléfono.

Profesor desde hace muchos años en la Universidad de Swarthmore, el doctor Schwartz saltó a la fama en Estados Unidos por su sorprendente investigación sobre la paradoja de la elección. (El estudio se hizo popular gracias al libro del mismo título y a numerosas charlas TED.) Demostró que, si bien solemos creer que cuantas más opciones tengamos más felices seremos, en realidad contar con muchas posibilidades de elección aumenta la insatisfacción. Cuando disponemos de demasiadas opciones, tendemos a pensar sin poder evitarlo en las alternativas a las que hemos renunciado.

El doctor Schwartz comenta en broma que, hace años, cuando el almacén de su pueblo ofrecía un solo tipo de pantalones vaqueros, él era mucho más feliz. Luego aparecieron toda clase de opciones: ajustados, holgados, caídos, de botones, lavados al ácido, lavados a la piedra... y la lista continúa hasta el infinito. Ahora, cuando abandona la tienda, los vaqueros le sientan mucho mejor, pero él es un dechado de insatisfacción. Sumar opciones incrementa las expectativas y eso, afirma, «genera menos complacencia con los resultados, por buenos que sean».

Y lo que vale para los vaqueros se aplica también a la pareja.

«Si buscas lo mejor de lo mejor, nunca dedicarás el tiempo y el esfuerzo que hace falta para convertir lo que *ya* tienes en una relación ideal —comentó—. Se trata del efecto Tinder. ¿Por qué invertir el tiempo y el compromiso necesarios para desarrollar una relación si basta arrastrar el dedo por la almohadilla del portátil para acceder a otras opciones?»

Casado desde hace más de cincuenta años, el doctor Schwartz lleva mucho tiempo invirtiendo ese tiempo y esfuerzo en su matrimonio.

«Hace una eternidad que nos conocemos. Ella era mi mejor amiga cuando terminé la primaria. Así que no le gusta nada oírme hablar de parejas "suficientemente buenas" —confesó con una carcajada—. Pero, en realidad, eso es lo que debemos buscar.»

Phoebe también pondría objeciones a la idea de que su marido es «suficientemente bueno». Pero resulta evidente que, sean cuales sean las cualidades del hombre, si ella ha tenido suerte en el amor ha sido porque ha invertido esfuerzo y ha llevado a cabo acciones positivas destinadas a mantener viva su relación, como tomarle la mano, compartir sonrisas y visitar la famosa cabaña. Al igual que el doctor Schwartz y su esposa, Phoebe y Al se conocieron siendo muy jóvenes (en el instituto) y siempre han vivido cerca de su pueblo natal.

«Cuando vives en un pueblo pequeño tienes menos opciones, así que estás más predispuesto a encontrar a alguien que te guste y tratar de sacar lo mejor de la relación —observó el doctor Schwartz—. No tienes tantas distracciones.»

A nadie le gusta la idea de «conformarse» en relación al amor, pero el doctor Schwartz señala que, de todos modos, acostumbramos a ser muy torpes en nuestros intentos de evaluar parejas en potencia. Después de muchos años con ella, sabe que su esposa es amable, empática, inteligente y que posee un código ético muy estricto. Además, es una primera lectora genial de todos sus libros. Sin embargo, él no se fijó en nada de eso cuando la conoció.

«Me sentí atraído por ella porque era la primera chica que encontraba aficionada al béisbol; o, más concretamente, a los Yankees de Nueva York. Ser aficionado a los malditos Yankees; ¿qué clase de base es esa para una relación?»

Por lo visto, buena. O bastante buena. Si juzgásemos la fortuna amorosa a partir de las comedias románticas de Hollywood, nos fijaríamos ante todo en el comienzo de la historia: Barry y Myrna se conocen de niños, se hacen amigos del alma, él se esfuerza a tope por salir con ella y al final se casan. Música. Fundido a negro. Fin de la historia.

Sin embargo, en el caso del matrimonio del doctor Schwartz, la suerte no hay que buscarla en el día que se conocieron ni en la boda. Ese fue el principio de la historia, no el final. La verdadera relación se desarrolló en los años siguientes, a medida que fueron construyendo la confianza mutua y aprendieron a recurrir al otro en busca de apoyo y amor.

«La gente siempre dice: "Oh, qué suerte tienen fulanito y menganita de haberse conocido". Y no es así. En realidad se conocieron y convirtieron su relación en algo que los demás querrían para sí. Esa clase de suerte abunda mucho más que la propiciada por el destino», declaró el doctor Schwartz.

La versión mágica sirve para explicar las relaciones poco afortunadas, porque si te centras en los días que preceden a la boda olvidas pensar en lo que sucede después. Y es en esos días posteriores cuando el matrimonio —y la verdadera suerte amorosa— muestra su rostro.

Un inversor de éxito al que llamaré Troy se creyó el tipo más afortunado del mundo cuando empezó a salir con una modelo de Victoria's Secret. Sus amigos, como cabría esperar, se mostraban impresionados y celosos. Salir con una mujer guapísima que es famosa por posar en medias y sujetador ofrece motivos de sobra, a primera vista, para contonearse al estilo de Mick Jagger. «Soy tan afortunado, soy tan afortunado...»

La suerte siguió sonriéndole, o eso parecía, hasta culminar en una espectacular boda que fue muy comentada en las redes sociales. Pero entonces llegó la vida real. A un tipo que sale con una modelo despampanante (la llamaremos Helen) cabe suponerle una personalidad tipo A, alta en testosterona y proclive a buscar atención. Troy podía pavonearse cuanto quisiera en el dormitorio, pero en público se encontró súbitamente desplazado a un segundo plano. Los fotógrafos querían retratar a Helen en la alfombra roja; ¿le importaría apartarse un momento, por favor? Siempre se organizaba un gran revuelo cuando entraban juntos en un restaurante, pero, una vez más, todas las miradas se posaban en ella y no en él. A Troy empezó a molestarle que su esposa tardara tanto en arreglarse para salir, el dinero que gastaba en ropa y el hecho de que pareciese ligeramente más enamorada de sí misma que de él.

La buena suerte llegó a su fin con un divorcio muy caro.

Cuando pensamos en la suerte amorosa, debemos adoptar una perspectiva más amplia que la mera emoción que despierta el pasillo nupcial. La persona con la que más te diviertes cuando sales por ahí tal vez no sea la misma que te hace sentir amado (y afortunado) en los buenos tiempos y en los malos que sin duda acontecerán. Es posible que la industria de las bodas sea lo más infausto que le ha sucedido al amor. Las bandas y las flores caras no contribuyen a un matrimonio feliz.

Una vez más, el talento (entendido en este caso como la capacidad de mostrarse amable e indulgente) y el esfuerzo contribuyen a generar suerte. Ahora bien, para construir una pareja estable debe darse la circunstancia de que encuentres a tu futura pareja para empezar. Si estás soltero, es posible que conocer a la persona idónea para casarte con ella se te antoje un interminable campo de minas. La antropóloga Helen Fisher, considerada una de las mayores expertas del mundo en el tema del amor, aceptó desayunar una mañana con Barnaby y conmigo para hablar de ligues y suerte amorosa. Rubia y esbelta, Fisher lleva mucho tiempo en el juego del amor, pero posee la inmensa energía y la deslumbrante piel de alguien con la mitad de su edad. Y el amor todavía la emociona.

«Encontrar un compañero para la vida y tener la oportunidad de enviar tu ADN al futuro es como ganar el premio gordo de la vida —comentó mientras daba cuenta de un saludable cuenco de fruta—. Pero ligar se parece a veces a buscar empleo y requiere trabajo. Tienes que arreglarte, mostrarte encantadora y lavarte el pelo.»

Fisher ejerce como investigadora en el Instituto Kinsey y lleva a cabo tareas docentes en la Universidad Rutgers, pero actualmente se la conoce sobre todo por ser la principal asesora científica de Match.com. Todo aquel que habla con ella le pregunta en qué medida han transformado el amor las nuevas tecnologías. Y si bien reconoce que el 40 por ciento de los solteros han salido con personas que conocieron *online*, afirma categóricamente que la tecnología nunca cambiará el amor.

«El cerebro está programado para buscar el amor, y los estudios antropológicos afirman que el 90 por ciento de las interacciones son de tipo no verbal. Cuando estás con alguien, el cerebro primitivo interviene para decirte si esa persona te gusta o no», explica.

Así pues, aunque cobra un buen sueldo de una página web de citas, está convencida de que la primera regla para que te sonría la suerte en el amor es salir a la calle y conectar cara a cara.

«Me da igual si dos personas se conocen en la iglesia, en un Starbucks o en Internet; el único algoritmo que funciona es tu propio cerebro.»

Fisher comparte el punto de vista de Barry Schwartz, según el cual un exceso de opciones puede socavar el amor. Si pasas demasiado tiempo en Internet, acabas abrumado. (Siempre hay alguien más por conocer a un par de clics de distancia.) Recomienda buscar de cinco a nueve personas en Match.com o en cualquier otra página de citas, dejarlo y conocer en persona a *una*.

«Hay que salir ahí fuera y mostrarse entusiasta e interesado. Cuanto mejor conoces a alguien, más te gusta», nos aseguró.

Si quieres ser afortunado en el amor, tal vez sea buena idea flexibilizar tu postura en relación a lo que crees estar buscando. Por ejemplo, Fisher ha descubierto que la gente, en las páginas de citas, tiende a pedir cualidades muy específicas a sus posibles parejas... Y luego acaba contactando con personas de rasgos completamente distintos. Es algo parecido a decir que te gusta mirar los documentales de la BBC y luego tragarte diez viejos episodios de *Friends* de una sentada. ¿Estás seguro de saber lo que te hará feliz? Los algoritmos de algunas aplicaciones de citas empiezan a tener en cuenta lo que haces además de lo que dices.

Cuando le preguntamos por esas personas que se quejan de que cuesta mucho conocer a alguien especial, la doctora Fisher se limitó a suspirar:

«La suerte nos sonríe cuando nos movemos por los sitios que la favorecen. Si te gusta la ópera, ve a la ópera. Si te encanta el arte, ve a exposiciones. Si el dinero es importante para ti, ve a los lugares donde acuden los ricos. El 87 por ciento de los estadounidenses se casarán, pero no serás uno de ellos si te quedas en casa viendo *Westworld*.»

Entonces, ¿cuál es el mejor sitio para encontrar pareja? Más tarde, hablando del tema, Barnaby señaló que la suerte guarda más relación con la proximidad de los contactos que con el poder de los números. Tienes más probabilidades de encontrar el amor entre los 125 invitados a la boda de un amigo que entre los 20.000 aficionados de un partido de fútbol. (Si quieres contactar con una pareja en potencia, entabla una conversación en la barra de postres en lugar de hacerlo en el puesto de salchichas del estadio.) La confianza en un mismo, una mentalidad positiva y estar abierto a distintas posibilidades son tres aspectos que contribuyen a la suerte amorosa.

A raíz de sus investigaciones en ámbitos diversos, Barnaby ha descubierto que las posibilidades de encontrar pareja se amplían si frecuentamos los lugares que ofrecen mejores perspectivas. Y eso implica mejores perspectivas en *tu* caso. ¿Recuerdas la idea de Barnaby descrita anteriormente sobre la libre distribución ideal? Los animales poseen una tendencia natural a congregarse en las zonas donde abundan las oportunidades de encontrar comida y pareja. Aplicado al ser humano, podríamos traducirlo como la hora de máxima concurrencia en el bar. Las bestias parecen saber por instinto qué lugares ofrecen mejores recursos. En una zona rica en pastos, la afluencia de ciervos (por decir algo) será muy alta, mientras que disminuirá en la zona menos frondosa del prado. De ese modo, hay alimento de sobra para todos. Si se reúnen demasiados ciervos en una misma área, algunos individuos (muy sensatamente) se desplazarán a otra. De nuevo habrá suficiente para todos.

Es útil recordar que en el mundo de las citas también hay suficiente para todos. Medita tus puntos fuertes y piensa qué hacen los demás; eso te ayudará a discurrir cómo aumentar tu suerte. Puedes acudir al bar donde va la gente más interesante, rica y sexy, porque allí abundan las posibilidades de que conozcas a tu hombre o mujer ideal: interesante, sexy y con dinero. Pero si todo el mundo frecuenta ese bar, estaréis todos compitiendo por los mismos, bueno, recursos. Los entornos que ofrecen más posibilidades concentran también mayor competencia. Si te ves capaz de competir en ese ambiente, adelante, da un paso al frente y pide un Martini. Pero si no llamas especialmente la atención, tal vez tengas más números de que te sonría la suerte (a saber, de conocer a alguien) en la tranquila cafetería de la esquina.

Para ser afortunado en el amor debes ser consciente de tus aspiraciones, que no son las mismas para todo el mundo. Si buscas un tipo de pareja muy concreto, puede que la demanda y la oferta no cuadren. (Lo siento, nada es perfecto.) Volviendo a la analogía animal de Barnaby por un momento, algunos tienen suerte pastando hierba y otros explorando entre los árboles. Apuntar al blanco adecuado te predispone a ser afortunado. Si no tienes claro tu objetivo, podrías pasar por alto tu gran oportunidad.

La doctora Fisher se casó cuando era muy joven, pero descartó la relación al poco tiempo y no ha vuelto a contraer matrimonio. Mantuvo una relación cálida y amorosa de treinta años con un hombre bastante mayor que ella y, cuando este murió, salió con otras personas. Ahora tiene una nueva pareja y está dilucidando si es su tipo. En un pequeño aparte, me susurró que le gusta mucho, pero que no comparten los mismos intereses. ¿Se trata de un problema tan grave como para romper la relación... o tan solo un aspecto más a gestionar para ser feliz en compañía?

Igual que todo el mundo, la doctora Fisher intenta averiguar qué es lo que la hace sentirse afortunada en el terreno amoroso. Sostiene que estamos programados para tres tipos de amor: la atracción sexual, el enamoramiento y la necesidad de establecer vínculos profundos con un compañero. Cada uno de los tres posee su propia base biológica. La justificación evolutiva de la atracción sexual es obvia, por cuanto resulta esencial para perpetrar la especie. Según la doctora Fisher, el apego también constituye un impulso natural «que surge de la necesidad evolutiva de que dos personas se toleren el tiempo suficiente para criar un hijo».

Ah, pero ¿qué pasa con el amor romántico, la materia de mitos, leyendas y grandes tragedias de Shakespeare? La doctora Fisher afirma que también se trata de un impulso básico. Ella y dos colegas más llevaron a cabo en cierta ocasión un experimento centrado en el tema. Sometieron a personas locamente enamoradas a resonancias magnéticas para observar el funcionamiento de sus cerebros. Concluyeron que la dopamina neuroquímica guarda una relación evidente con el amor romántico.

«En la base del cerebro se aloja una pequeña fábrica de dopamina. Está pegada a las zonas que regulan el hambre y la sed. En todos los casos hablamos de impulsos básicos; no podemos ignorarlos», nos dijo la doctora Fisher.

Es muy posible que el enamoramiento (¡cuánta dopamina!) sea un impulso aún más intenso que la atracción sexual o el apego. La doctora Fisher opina que nadie se quita la vida por perderse un revolcón. En cambio, el final de un apasionado romance puede llevar a la rabia, al rencor e incluso al suicidio. Podríamos llamarlo el síndrome de Romeo y Julieta: «Así, besando muero.»

En pleno enamoramiento, uno tiende a obviar los defectos de la pareja, porque el cerebro crea un ofuscamiento que nos induce a construir una fantasía positiva. Cuando el romance empieza a enfriarse, la realidad se perfila con más claridad, y es entonces cuando dejamos de sentirnos tan afortunados. (¿Te acuerdas de Troy y su supermodelo, Helen?) La doctora Fisher piensa que mantener viva parte de esa fantasía —o, cuando menos, concentrarse en lo que nos gusta de esa persona y no en lo que nos desagrada— contribuye a la prosperidad en la fase del apego. Pregúntale a Phoebe de Iowa.

Para ser afortunado en amores hay que superar, sin embargo, un pequeño obstáculo. Resulta que los tres elementos del amor —enamoramiento, sexualidad y apego— no siempre apuntan en la misma dirección. Te puedes acurrucar en la cama junto a esa persona a la que te sientes tan unido y, pese a todo, experimentar una tremenda atracción sexual por otra.

«En la mente siempre hay un comité deliberando», sostiene la doctora Fisher.

En todos los países y culturas del mundo eso que se conoce como «la comezón del séptimo año» aparece más bien a los cuatro. Por lo visto, la biología nos ha programado para seguir juntos el tiempo que requiere criar a un niño pequeño. Y la evolución prefiere que busquemos nuevas parejas en pro de la diversidad genética. Sí, podemos reprimir el impulso, pero como declamó el poeta lord Byron en su inolvidable *Don Juan*: «¿Por qué diablos los nuevos rostros / ejercen tamaña fascinación en nosotros, pobres humanos?»

Un hombre que conozco de sus tiempos de disoluta soltería está ahora felizmente casado, es padre de dos hijos y posee una elegante casa en Santa Mónica y un rancho en Colorado. ¿He dicho felizmente casado? Fue infiel por primera vez cuando su esposa se quedó embarazada de su hijo mayor y desde entonces, cada dos años aproximadamente, iniciaba una nueva aventura amorosa. (No he hablado con él últimamente.)

Lleva años sosteniendo la farsa de la fidelidad, con la excusa de que no quiere hacerle daño a su esposa. Sin embargo, todo el mundo sabe de sus correrías y, habida cuenta de que su mujer parece una persona perspicaz, cabe suponer que se siente a gusto con su hogar, sus hijos y su nivel de vida y que, como tantas esposas de hombres ricos a lo largo de la historia, prefiere mirar a otra parte. De los tres elementos del amor, se ha quedado con el apego y no le preocupan los devaneos de la atracción sexual.

¿Es afortunada en amores? Yo no le cambiaría el sitio. Si bien reconozco que tiene joyas maravillosas.

Pensando en Mick Jagger, Phoebe y ese amigo mío tan mujeriego, me pregunté en qué parámetros me basaba para estar tan segura de que Ron y yo teníamos suerte en el terreno amoroso. A juzgar por la escala de la doctora Fisher, actualmente cumplimos las tres condiciones: enamoramiento, atracción sexual y apego; tres de tres. Así pues, somos tan afortunados como el que más. Ahora bien, el marco temporal es importante también. ¿Es posible ser afortunado todo el tiempo? A lo largo de los años, hemos protagonizado pequeñas peleas y grandes enfrentamientos, y hemos desperdiciado fines de semana enteros sumidos en el rencor y no en el amor. Nuestro matrimonio no siempre es perfecto. En ocasiones, cuando voy a una boda, pienso que el mejor regalo que podría hacerles a los novios sería una nota advirtiendo: «¡Habrá días malos!» Pero sé que nadie quiere oír eso. Mejor deslizar una nota en la caja del robot de cocina avisando de que el secreto de la felicidad conyugal es tomar la decisión de seguir juntos pase lo que pase.

Barnaby y yo acordamos hablar con el psicólogo y economista evolutivo Dan Ariely, de la Universidad de Duke, famoso por sus investigaciones sobre conductas irracionales. Si alguna vez has dedicado veinte minutos a buscar los Krispies de arroz más baratos y luego te has marcado una cena por todo lo alto, ya sabes lo que él considera irracional. Conocedora de las investigaciones del doctor Ariely, me pregunté si podría ofrecernos alguna idea interesante sobre estrategias racionales para tener suerte en el amor.

Ya lo creo que sí.

«Hay que renunciar a la idea de encontrar a la persona ideal, porque no existe y es inútil buscarla —nos soltó a bocajarro—. En algún momento te dices: "Esta persona es maravillosa". Puede que ahí fuera haya alguien aún más maravilloso si cabe, pero no quiero seguir buscando.»

Vaya... Puede que el doctor Ariely sea un magnífico profesor, pero su propuesta venía a ser como decir... confórmate con lo que hay. Pero el doctor Ariely, por supuesto, lo estaba planteando desde una perspectiva muy racional. Barnaby y él comentaron entonces un ejemplo clásico que los economistas conocen como «el problema de la secretaria». Se trata de un método sencillo para saber cuándo dejar de buscar. Imagina que un ejecutivo necesita un ayudante y empieza a hacer entrevistas para encontrar a la persona ideal.[31] Desea contratar a un fuera de serie, pero cada día que transcurre sin ayudante le pasa factura: nadie contesta al teléfono. La cuestión es ¿cuándo debería dejar de buscar y contratar a alguien, aunque no sea el empleado perfecto?

«La solución óptima consiste en averiguar cuál es el perfil medio de personas disponibles y, una vez que lo conoces, contratar a la primera persona que esté por encima de esa media —nos reveló—. Esa misma estrategia se puede aplicar para encontrar al compañero ideal.»

Si crees en el amor verdadero, es posible que no quieras conformarte con el príncipe o la princesa «no está mal» cuando el ideal podría estar esperando a la vuelta de la esquina. Pero el doctor Ariely piensa que actuar conforme a un plan es el mejor sistema para ser afortunado en el amor. Ni siquiera en el ámbito emocional por excelencia podemos confiar en nuestras emociones. Seguir los propios instintos en el amor (o en el trabajo, las finanzas o a la hora de comprar Krispies de arroz) no siempre conduce a la decisión más inteligente. Si estás soltero y quieres encontrar pareja, no puedes esperar a que el amor llame a tu puerta; necesitas una estrategia. Y la esperanza no es una estrategia, como suele decir un ejecutivo que conozco.

En el transcurso de nuestra charla, el doctor Ariely comparó el mercado amoroso con el de inversión. Crees haber adoptado un enfoque racional, pero entonces pasa algo (el Dow Jones baja 200 puntos), el pánico se apodera de ti y cambias de plan influido por las emociones del momento.

«Para ser afortunado en el amor o en el mercado de inversiones, no debes ceder a los impulsos», afirmó.

---

31. Por lo que parece, los economistas entienden mejor las dinámicas laborarles que las del dormitorio, pero los mismos procesos son aplicables en ambos casos. Por otro lado, ¿alguien tiene secretaria hoy día? ¿O ayudante? Quizás deberíamos llamarlo «el problema de Siri».

Pese a todo, interrumpió su discurso para señalar una gran diferencia entre la bolsa y las personas. Las acciones no cambian por el hecho de que tú las escojas. Sin embargo, en cuanto escoges a una persona, todo se transforma.

«La suerte te sonríe en el momento en que decides quedarte ahí mucho tiempo. En ese caso, vale la pena explorar la relación y averiguar si funciona —expuso el doctor Ariely—. Las relaciones mejoran cuando inviertes en ellas. El compromiso genera nuevas oportunidades.»

Para ser afortunado en amores, debes remplazar el miedo a la estabilidad por la emocionante idea de hacer una inversión. Apuesta tiempo y esfuerzo, confianza y amor en la otra persona y obtendrás enormes dividendos. Me di cuenta de que Ron y yo habíamos optado por esa estrategia: estamos mutuamente comprometidos y confiamos en que el otro seguirá ahí pase lo que pase. Esa actitud nos permite explorar y probar cosas nuevas, prescindir de las que no funcionan y llevar adelante las que sí lo hacen.

«Si dos personas toman la decisión de seguir juntas mucho tiempo, lo que una quiere para sí es lo mismo que desea para su pareja —razonó el doctor Ariely—. Esa es la actitud adecuada para que te sonría la suerte. En ese caso, ambos están dispuestos a probar cosas nuevas y no les preocupa que algo no funcione.»

Quedarse no siempre es la decisión correcta. En situaciones que involucran abuso o violencia emocional, alcoholismo u otras conductas dañinas, la fortuna pasa por marcharse. Ahora bien, el doctor Ariely señala que, en circunstancias más favorables, la elección no importa tanto como la conducta una vez que has escogido.

Numerosos psicólogos conductistas han demostrado que, en cuanto tomamos una decisión, el cerebro interviene para corroborar nuestra elección. Se han realizado famosos experimentos centrados en este fenómeno. Los investigadores entregaban a los voluntarios objetos pequeños como una taza o un boli y, una vez que pasaban a ser de su propiedad, podían intercambiarlos. Pocos sujetos lo hacían. El hecho de poseerlos aumentaba su valor. Lo mismo se aplica a las parejas. En una encuesta llevada a cabo entre 1.100 sujetos, que Helen Fisher supervisó, el 86 por ciento afirmaron que volverían a casarse con la misma persona.

Ariely puso como ejemplo el caso una persona que vive de alquiler con un contrato de corta duración. El inquilino y el propietario deben renovar su acuerdo cada cierto tiempo.

«Si nunca tenemos la seguridad de que el contrato se prolongará, difícilmente pintaremos o compraremos flores. Siempre estaremos buscando otras opciones», afirmó.

La observación me pareció interesante a muchos niveles. Cuando Ron y yo estábamos pensando en dejar nuestra casa de las afueras para mudarnos a Manhattan, le propuse que compráramos un piso pequeño para probar. Si nos gustaba la vida urbana, daríamos el paso definitivo. A Ron no le agradó la idea. Pensaba que la experiencia de comprar una casa, hacerla nuestra y comprometernos con ella sería totalmente distinta.

Y eso fue lo que hicimos. Compramos un minúsculo apartamento en mal estado y lo reformamos con cariño. Yo escogí los tonos de la pintura, los accesorios del baño y los armarios de la cocina, y Ron se aseguró de que la instalación eléctrica estuviera en óptimo estado, que los enchufes estuvieran en su sitio y… bueno, no sé qué del cable coaxial. Yo no sentía la necesidad de entenderlo todo. Sea como fuere, después de invertir tiempo y atención, nos enamoramos locamente del pequeño piso.

Seguro que algunas personas firman un contrato breve de alquiler y, pese a todo, lo pintan, compran flores frescas y acondicionan el baño. Pero, por alguna razón, resulta más sencillo cuando sabes que te quedarás mucho tiempo.

Barnaby sugirió que nos reuniésemos con un tal Paul Zak, profesor de la Universidad de Claremont y fundador del Centro de Estudios Neuroeconómicos. Casualmente también aparece a menudo en la televisión, donde lo conocen como el doctor Amor.

¿Cómo negarme a hablar con el doctor Amor?

Mientras esperábamos en el vestíbulo del Cornell Club, Barnaby me dijo que la investigación del doctor Zak se centra principalmente en la oxitocina neuroquímica que se relaciona con la confianza, el amor y la moralidad. Me pareció una gran responsabilidad para una molécula tan pequeña.

A continuación, Barnaby se inclinó hacia mí y me advirtió en susurros de que el doctor Amor era aficionado a…

Antes de que pudiera terminar la frase, apareció el mismísimo doctor Amor y Barnaby nos presentó.

«Hola, me gusta saludar con un abrazo», anunció el doctor Zak, desvelando así la advertencia de Barnaby.

Como es alto y muy guapo, tan apuesto que parece el típico protagonista de una telenovela, me pareció de maravilla que me saludara con un abrazo. Sin embargo, cuando nos sentamos, le pregunté a qué venía esa costumbre.

«Los abrazos liberan oxitocina y eso ayuda a las personas a mostrarse más abiertas —comentó—. La primera vez que abracé a todo el mundo en una reunión, descubrí que la gente sonreía más y compartía más cosas.»

Le señalé que no me sentía transformada tras el rápido abrazo.

El doctor Zak sonrió.

«La oxitocina se crea en un segundo y permanece en el cerebro alrededor de veinte minutos.»

El profesor de Claremont se ha propuesto demostrar que el cuerpo reconoce nuestra fortuna amorosa aunque el cerebro consciente no se percate. En la temporada de 2016 del programa *The Bachelor* (El soltero), un formato de telerrealidad emitido por la cadena ABC-TV, puso en marcha una serie de experimentos que pretendían analizar la actividad cerebral de Ben, el soltero, y de seis de las mujeres con las que se estaba viendo. Las pruebas abarcaban las reacciones a los olores mutuos, los niveles de oxitocina y la sincronización fisiológica, medida a partir de la variabilidad del ritmo cardíaco y el nivel de concordancia del pulso.

Los experimentos se llevaron a cabo en una habitación blanca e impecable dotada con sofisticadas máquinas, probetas y matraces llenos de líquidos de colores; la idea que un escenógrafo tiene de un laboratorio. Algunos se preguntaron si el experimento sería tan falso como los matraces de colores. Una soltera llamada Olivia destacó como clara ganadora en las tres pruebas… pero Ben, finalmente, eligió a una mujer llamada Lauren B. El doctor Zak está convencido de la validez de su investigación, si bien *The Bachelor* tal vez no fuera el entorno ideal para hacer una demostración.

Las reacciones fisiológicas que interesan al doctor Zak pueden incrementar nuestra suerte amorosa. Los antiguos poetas, que consideraban el corazón la sede del amor, no andaban desencaminados: el cuerpo emite señales de enamoramiento. Si quieres despertar el interés de alguien, los psicólogos recomiendan que compartas una experiencia emocionante en la primera cita: ir de escalada, esquiar a medianoche o compartir un viaje en una montaña rusa. El efecto recibe el sofisticado nombre de «atribución errónea de la excitación» y significa que tu cerebro confunde el origen de la sensación. Si te subes a una montaña rusa y gritas de la emoción, es posible que tu cerebro atribuya parte del subidón al chico que tienes al lado. Las aventuras nos excitan y nos ayudan a conectar con el otro.

Yo solía llamar a una amiga íntima siempre que Ron y yo tropezábamos con un obstáculo en la relación y ella me escuchaba y me aconsejaba en todas las ocasiones. Fue así hasta que ella reparó en la pauta. Un día, cuando intenté hablar con ella para que me tranquilizara, mi amiga se negó a conceder importancia a mi inquietud.

«Haréis el amor o una excursión o visitaréis un museo y todo se arreglará», me soltó.

Su respuesta me arrancó carcajadas, así que se la repetí a Ron, y debo reconocer que desde entonces las palabras de mi amiga se han convertido en un mantra en nuestra relación. No hay problema que no podamos arreglar con un buen revolcón, una excursión o una visita a un museo. Esas son las actividades que nos gustan, en cualquier caso, y cualquier pareja puede encontrar sus propias experiencias de la suerte. Las sustancias neuroquímicas que segregamos cuando hacemos algo nuevo (como visitar un museo) o emocionante (como una excursión) fortalecen los vínculos. Y la actividad sexual sirve para eso y más.

El doctor Zak conoció a su esposa en un avión. Viajaba sentado en el asiento de atrás y se fijó en que ambos habían escogido platos vegetarianos. Se inclinó hacia delante para charlar y, finalmente, se trasladó al asiento vacío que había junto a la mujer. En aquel entonces estaba redactando su tesis doctoral en economía, así que sacó un montón de papeles por si la conversación decaía.

«Mis ecuaciones la impresionaron», bromeó.

Llevan casados un par de décadas y tienen dos hijas adolescentes, pero el doctor Zak resumió el matrimonio reconociendo que «a veces asesinarías al otro». Viaja a menudo y admite que podría haber engañado a su mujer varias veces si hubiera querido. Sin embargo, no lo ha hecho, porque no está convencido de que la fortuna amorosa como la entiende Mick Jagger sea siempre una suerte.

«Si dejo a cuatro mujeres embarazadas, seré afortunado en un sentido evolutivo, pero si mi mujer se entera me enviará a paseo», observó.

Desde una perspectiva neurológica, el cerebro calcula de maravilla la relación coste-beneficio, así que Zak ha decidido que le sale más a cuenta quedarse. Dedica toda su atención a una única persona, crea una relación de confianza y ofrece a sus hijos el beneficio de unas bases familiares sólidas y su pleno esfuerzo.

«Si me concentrara menos en cuidar de los hijos que ya tengo, podría estar con mujeres increíblemente hermosas —reconoció—, pero me siento más afortunado si reprimo los impulsos del bulbo raquídeo y acudo al córtex prefrontal para descartar la idea.»

Así pues, el primer paso para ser afortunado en el amor tal vez sea entender que toda elección conlleva una negociación. Quizás ahora que pasa de los setenta Mick Jagger preferiría disfrutar de menos sexo y más apego. Y es posible que Phoebe, tan felizmente unida a su marido, lea novelas románticas para llenar ese otro hueco. No se puede tener todo. En cambio, ayuda saber que no debes buscar incansablemente para ser afortunado en el amor. Basta con propiciar la situación que deseas y quizás hacer un viaje en una montaña rusa.

12

Cómo educar niños afortunados

*Enseña a tus hijos que hay rutas diversas. Anímalos a trabajar
con ahínco y a arriesgarse. Enséñalos a adoptar puntos de vista
positivos. Explícales que es posible generar la propia suerte.*

Una radiante tarde de domingo viajé al norte del estado de Nueva
York para asistir a la fiesta premamá de una amiga. La futura madre,
embarazada de gemelos, tenía cuarenta años cumplidos y los regalos que
se desplegaban ante ella no sorprendieron a nadie por cuanto los había
solicitado en una lista. Pocos años antes, cuando celebró una boda informal, no mostró el menor interés en el cristal tallado ni en la porcelana
fina, pero ahora quería asegurarse de que sus hijos se envolvieran en
prendas de algodón orgánico y mantas sedosas, contaran con música de
Mozart para estar estimulados y con hamacas vibratorias para estar rela-
jados. Elegantes moisés, cunas ergonómicas y un cochecito de paseo tan
lujoso que parecía sacado del palacio de Kensington habían sido cuidadosamente seleccionados para que los chiquitines entraran en la vida con
buen pie.

Todos queremos hacer cuanto sea posible por nuestros hijos; y así
debe ser. Sin embargo, si la suerte aparece en el cruce del talento, el esfuerzo y el azar, no acabo de ver claro cómo los objetos de lujo contribuyen a la fortuna de los niños. Opino más bien que el mayor regalo que
podemos hacer a nuestros hijos es enseñarles cómo fabricar su propia
suerte.

A comienzos de la semana siguiente, estaba pensando en los niños afortunados mientras deambulaba por los frondosos jardines de la escuela Horace Mann, en el barrio del Bronx de Nueva York. Los niños de esa zona no descansan en cunas ergonómicas, pero la mayoría procede de familias con recursos que valoran la educación y se preocupan de que sus hijos tengan lo mejor. Los que reciben ayudas estatales tienen padres que les leen cuentos, los apuntan a programas educativos y hacen sacrificios para ayudarlos a prosperar. Tener padres con valores sin duda te da ventaja en la línea de salida pero ¿qué contribuye, a la postre, a la prosperidad en la vida?

Plantada en una soleada acera, miré a un grupo de chicas que descendía por una loma hacia una pista deportiva. Un guardia de seguridad bajó discretamente de un coche mientras ellas cruzaban la calle. A razón de 45.000 dólares al año, el centro sin duda se asegura de que las chicas estén a salvo. En cualquier caso, más que el guardia me impresionó la reacción de las estudiantes al verlo. Varias lo saludaron al pasar y un par le gritaron:

«¡Gracias, George!»

Lo consideraban una persona, no una presencia invisible. La capacidad de apreciar a las personas que estaban allí para ayudarlas me pareció un buen punto de partida para generar suerte.

Dos chicas enfundadas en pantalón de deporte y camisetas Horace Mann, con sus palos de lacrosse bajo el brazo y la melena recogida, cruzaron la calle. Estaban enfrascadas en una conversación y me pregunté si hablarían de los deberes, de las fiestas o del próximo partido de lacrosse. No acerté ni de lejos. Cuando pasaron por mi lado, oí a una de ellas preguntarle muy en serio a la otra:

«¿Tú eres feliz? Porque, recuerda, eso es lo que de verdad importa.»

Sonreí para mis adentros. Ahí estaba la respuesta que buscaba, ofrecida por una jugadora de lacrosse de catorce años. Los niños afortunados son los niños felices... y viceversa.

Unos minutos más tarde me encontraba en el luminoso despacho de la doctora Jessica Levenstein, directora del segundo ciclo de Horace Mann. La doctora Levenstein dio inicio a nuestra conversación sobre los niños afortunados diciendo que el objetivo siempre debería ser su felicidad. Sonreí y le conté lo que había oído comentar a la jugadora de lacrosse. Ella asintió, obviamente complacida. Su mensaje estaba calando.

Ahora bien, la doctora Levenstein enfoca la felicidad de los niños de un modo distinto al de buena parte de los directores escolares. Doctorada en Princeton y experta en Dante y Ovidio, no es de las que van por ahí pegando caritas sonrientes. Considera la felicidad algo mucho más complejo que los objetos de lujo y los lemas positivos; para ella procede, cuando menos en parte, de la curiosidad y la inquietud intelectual. En su opinión, para ser afortunados los niños tienen que desarrollar «la capacidad de reconocer todos los caminos que podrían, potencialmente, conducirlos a la felicidad».

Horace Mann suele enviar más estudiantes a las universidades de la Ivy League que cualquier otro centro de secundaria de Estados Unidos, pero uno de los grandes dones que la doctora Levenstein lega a sus alumnos es la capacidad de ver más allá de Princeton o Harvard para adoptar una visión global. Cuando algún estudiante acude a ella aterrado por un examen inminente, ella le propone el experimento mental de pensar qué pasaría si el resultado no fuera el esperado. ¿Sus padres se sentirían decepcionados? ¿O él?

«Los alumnos tienden a creer que existe un único camino a la felicidad y que, si se desvían, están condenados a ser desgraciados —me comentó. Los padres ambiciosos a menudo quieren que sus hijos saquen buenas notas para poder entrar en Harvard o conseguir un empleo en Wall Street—. Es muy posible que esos logros te garanticen una vida feliz pero, a los dieciséis, todavía no lo sabes. Tampoco conoces otras formas de vivir que también te harían feliz y que ni siquiera tienes en cuenta. El desafío para todos los que trabajamos en educación es ayudar a los jóvenes a ampliar su concepto de la felicidad y la prosperidad.»

En ocasiones la doctora Levenstein invita a exalumnos que han optado por rutas originales para que hablen con los estudiantes del centro y les muestren que «hay numerosas posibilidades, muchas de las cuales aún no pueden visualizar en esta etapa. Algunas involucran trabajos de los que nunca han oído hablar y ciudades que no conocen».

Animar a los estudiantes a pensar más allá de las universidades de la Ivy League y de Wall Street puede sonar un tanto elitista, pero la base de su argumento radica en ampliar la búsqueda. Sea cual sea su lugar de origen, los niños a menudo poseen una perspectiva limitada de sus posibilidades. Ven lo que hacen sus padres y amigos, y poco más. Tal vez ni siquiera imaginen que pueden abandonar su pueblo o trabajar en la NASA en lugar de buscar empleo en el supermercado de la esquina. Los padres y los maestros favorecen la fortuna de los chicos cuando les señalan opciones y amplían sus miras.

Y eso ¿cómo se hace? La doctora Levenstein piensa que la lectura, en casa o en el colegio, puede ayudar. Las obras de ficción, afirma, «muestran a los niños distintas formas de vivir. Les permiten asomarse a otras realidades». El objetivo principal de la clase de lengua y literatura tal vez sea enseñar a los alumnos a leer y a escribir con cierto nivel de complejidad, «pero a través de las obras de ficción les mostramos modelos de conducta humana». Se me ocurren un montón de libros adecuados para ese objetivo, pero la doctora Levenstein me sorprendió al mencionar la tragedia *Edipo rey*.

«Los alumnos no se identifican con un niño que está destinado a matar a su padre y a acostarse con su madre, pero sí lo hacen con una persona que crea su propio destino. Entienden la idea de controlar la propia historia», me explicó, demostrando así por qué ella es educadora y yo no.

Pensé hasta qué punto sería inspirador volver a los años de instituto y asistir a unas cuantas clases de la doctora Levenstein. O a cualquier clase en Horace Mann. Y no sería mala idea, porque los padres que son capaces de trasladar a sus hijos la apertura y la flexibilidad mental que ella enseña incrementan la buena suerte de sus hijos.

Contemplar distintas posibilidades cuando el futuro de tu hijo está en juego no es fácil. Aun si uno mismo se esfuerza por ampliar el espectro y avanzar en zig cuando otros se mueven en zag, es posible que (sin pretenderlo) esté haciendo lo opuesto con los niños. Los padres tenemos la sensación de que la suerte guarda relación con el control y con la capacidad de seguir un solo camino. La doctora Levenstein con frecuencia recibe llamadas de padres que piden un profesor en concreto para su hijo, a menudo antes de que el curso haya empezado.

«Han decidido que únicamente tal o cual profesor puede beneficiar a sus hijos y que, si los niños no asisten a su clase, el curso será desastroso —me reveló—. Si los padres parten de esa idea, las perspectivas para sus hijos no son demasiado halagüeñas.»

Ups. Me parece que todos hemos hecho una llamada parecida. Yo la hice cuando mi hijo menor estaba a punto de empezar cuarto de primaria en el colegio público del barrio. Había oído decir a otras madres en los entrenamientos de fútbol que cierta maestra, a la que llamaré señora W, era un horror y era necesario evitarla a toda costa. Al parecer, había arruinado el curso a más de un alumno. Así que cuando supe que a Matt le habían asignado a la señora W, llamé a la directora. Igual que la doctora Levenstein, se negó a trasladarlo a otra clase cuando el curso ni siquiera había comenzado. Pensaba que Matt y la señora W encajarían bien y me animó a transmitirle a mi hijo una visión más positiva de su futura maestra. «Su manera de acercarse a ella podría marcar la diferencia», me dijo.

Así que hice la prueba. Y, para grata sorpresa de todos, el curso discurrió de maravilla. A la señora W le agradaba el hecho de que Matt fuera tan listo y lo animaba a explorar otras posibilidades. Mi hijo todavía se ríe recordando el día que lo llevó al pasillo con unas tijeras y un trozo de papel para enseñarle a recortar. «Puede que seas un genio en mates y en lectura, pero no has aprendido las destrezas de preescolar», le soltó. Por suerte, él se lo tomó a risa. Se adoraban.[32]

Los niños (y los adultos) aprenden a que les sonría la suerte cuando se les anima a hacer que cualquier situación trabaje en su beneficio. No se puede enseñar a los hijos a encontrar su propia suerte si contemplan la vida como algo que les sucede sin más.

---

32. Matt asistió a Horace Mann en secundaria y tuvo a la doctora Levenstein en clase de lengua y literatura. Las enseñanzas de la mujer lo inspiraron enormemente y todavía sigue siendo un gran fan de la profesora. Me encanta aprender de mis hijos y, de hecho, fue Matt quien me sugirió que hablara con la «doctora L» sobre la suerte.

«Si nuestra reacción inmediata es buscar a alguien a quien culpar, siempre estamos a merced de fuerzas externas. Las personas que consideran la vida como la consecuencia de sus actos tienen más probabilidades de ser afortunadas», me dijo la doctora Levenstein.

Si un niño llega a casa con un resultado discreto en el examen de matemáticas, el progenitor puede quejarse del profesor o afirmar que la vida es injusta. Pero también le puede decir: «Vamos a echarle un vistazo a ver qué ha pasado. Me encantará ayudarte. A lo mejor la próxima vez puedes prepararlo de otra manera». Adivina cuál de los dos niños tiene más números en el sorteo de la buena suerte.

Horace Mann es una de las pocas (y maravillosas) escuelas donde la inteligencia se aplaude e incluso mola. Pero a la doctora Levenstein le preocupan los padres que parecen vincular el afecto a los logros. Los niños afortunados saben que se les quiere por ser quienes son y no solo por lo que hacen. Es fantástico alegrarse por un diez en un examen o encargar un pastel helado cuando tu hijo gana un premio de ciencias en el instituto. ¡Eh, qué pasada!

«Pero no deberían tener la sensación de que el amor está ligado a esa experiencia», afirmó la doctora Levenstein.

Hace mucho, mucho tiempo, cuando yo estudiaba en el instituto, llegué a casa del colegio con mi primer boletín de notas. El centro había adoptado un enfoque innovador (que más tarde abandonó), que consistía en dejarnos escoger asignaturas y no poner notas hasta el final del tercer curso de secundaria. Por esa razón, aunque era una niña lista, nunca había sacado un sobresaliente. Ahora tenía cinco, uno detrás de otro.

Mi madre, que siempre ha juzgado a sus hijos por sus logros, me felicitó. Yo estaba deseando mostrarle a mi padre, todo un intelectual (aunque también un sentimental), mis fantásticas notas. Cuando llegó a casa por la noche, esperé nerviosa a que se hubiera acomodado en el sillón del salón. Me acerqué y le tendí el boletín doblado. Él identificó el papel al instante pero lo dejó en su regazo sin abrirlo y me miró.

«¿Qué tal lo has hecho?», me preguntó.

«Ábrelo y lo sabrás», presumí yo.

Él negó con la cabeza.

«No te he preguntado qué opinan tus profesores. Quiero saber qué piensas tú y si has dado lo mejor de ti misma.»

Me quedé de piedra. Medité la pregunta, allí plantada, y luego balbuceé que había trabajado mucho, había aprendido otro tanto y sí, había dado lo mejor de mí.

Él me devolvió el boletín de notas sin abrirlo. Advertí un brillo en sus ojos.

«Estoy muy orgulloso de ti», me dijo.

De todas mis memorias de infancia, me sorprende la claridad con que recuerdo esta en particular. Hablando con la doctora Levenstein, comprendí que la conservaba porque mi padre me había dado permiso para definir por mí misma qué significaba ser afortunada en la vida. Siempre y cuando estuviera satisfecha con mi trabajo, él también lo estaría. Yo debía decidir qué consideraba importante.

Cuando la doctora Levenstein dice que para potenciar la suerte de los niños debemos mostrarles los muchos caminos que llevan a la felicidad, señala la importancia de que los padres demuestren esa misma flexibilidad y sentido de la posibilidad en sus propias vidas.

«No debería darse la situación de que un padre verbalice ante su hijo: "No estoy haciendo lo que quiero hacer ni viviendo donde quiero vivir, pero no puedo cambiarlo" —alega ella—, porque eso transmite la idea de que la vida es como una camisa de fuerza y que las decisiones que tomas en la juventud van a marcar tu existencia hasta la jubilación. Me opongo radicalmente a esa idea.»

La doctora Levenstein se crio en Nueva York. Su padre era un ejecutivo de publicidad de éxito… que dejó su profesión para hacer realidad su sueño de escribir obras de teatro. El marido de la doctora era profesor en Yale hasta muy recientemente, cuando decidió que prefería la profesión de escritor a la de docente. Abandonó New Haven y ahora siente pasión por la investigación y la escritura. Espera que sus libros tengan buena acogida y está feliz con su trabajo y con su vida. Es curioso que el padre de la doctora Levenstein y su marido compartan historias parecidas. En cualquier caso, ella se muestra encantada de ponerlas como ejemplo.

«Espero que mis hijos, cuando crezcan, sigan explorando y nunca se sientan atrapados en una sola vida —declaró—. Me gustaría que fueran conscientes de que las oportunidades son infinitas a cualquier edad.»

Me habría pasado el día charlando con la doctora Levenstein, pero ella tenía una escuela que dirigir, así que le di las gracias y me alejé de los encantadores jardines en dirección al metro. De vuelta en Manhattan, no dejaban de oír sus sabias palabras como si fueran un mantra. Los niños afortunados son los niños felices. Y los niños felices saben que hay muchos caminos hacia la felicidad.

Al llegar a casa llamé a Barnaby para relatarle la conversación con la doctora Levenstein. A él le agradó la mentalidad de la mujer. Transmitir a los niños que pueden tomar rutas diversas para ser dichosos les otorga también la libertad de probar opciones que se alejan de lo usual y fracasar, algo que podría implicar una suerte aún mayor más adelante.

«¿Algunas vez has oído hablar de Traf-O-Data?», me preguntó Barnaby.

«No.»

«Es la compañía que crearon Bill Gates y Paul Allen cuando todavía iban al instituto. Se les ocurrió la idea de analizar los datos de tráfico por ordenador. El proyecto no prosperó, pero más tarde dirían que la empresa les sirvió de experiencia para tener éxito con Microsoft.»

«¿Nadie les dijo que debían concentrarse en estudiar para la selectividad y dejarse de empresas?»

«Supongo que no», respondió Barnaby con una carcajada.

Cuando tienes tanto éxito como Bill Gates, es fácil volverte a mirar todo aquello que hicieron tus padres y pensar que tomaron las mejores decisiones. El padre de Gates fue socio fundador de un gran despacho de abogados y su madre formó parte de numerosas organizaciones y plataformas cívicas. Su padre ha reconocido que no siempre le fue fácil tratar con Bill cuando era un adolescente malhumorado y obstinado a la edad de doce o trece años. Lo presionaron para que practicara deportes que no le gustaban especialmente, solo para que experimentara nuevas posibilidades y no se aferrara a lo conocido. Pero, en último término, le dejó ser quien era.

«Yo me tomaba mis intereses con mucha energía y obstinación», explicó Gates en una entrevista, hace algunos años. Cuando cursaba el último año de secundaria, el joven Bill sentía fascinación por los ordenadores y quería trabajar en ese nuevo sector. Pero su pasión lo alejó de la escuela. «Me sorprendió que mi padre, tras reunirse con el director y conocer todas las implicaciones, dijera: "Sí, te puedes dedicar a eso".»

Tienes que conocer muy bien a tus hijos (y confiar en ellos) para dar el visto bueno cuando sus intereses los llevan por un camino poco convencional. Sin embargo, ampliar tus miras junto con las de tus hijos os puede ayudar a todos a sentiros más afortunados.

Debo reconocer que no siempre demostré una mentalidad tan abierta hacia las nuevas oportunidades cuando mis hijos estaban creciendo, pero lo intenté. Y (afortunadamente) son esos momentos de inspiración los que ellos recuerdan con el paso de los años. Una noche, a comienzos del último curso de bachillerato, mi hijo mayor, Zach, entró en la cocina en el momento en que me disponía a preparar la cena. Me observó cortar zanahorias y me di cuenta de que algo le preocupaba. Había estado trabajando en sus redacciones para el acceso a la universidad y parecía haber perdido su aplomo habitual. Sentí una punzada de dolor al darme cuenta de que el proceso de solicitar plaza universitaria es capaz de aplastar incluso a los espíritus más positivos.

«¿Te puedo preguntar una cosa?», me dijo, al mismo tiempo que echaba mano de una zanahoria.

«Claro, ¿qué pasa?»

Mordió la zanahoria y masticó despacio.

«¿Qué pasa si ninguna universidad me acepta el año que viene?»

Advertí la inquietud que reflejaba su semblante e inspiré profundamente. Me costaba imaginar que mi hijo, tan inteligente y trabajador, no consiguiera una plaza en la universidad al año siguiente. Pero ¿quién sabe? El proceso es una locura y todo es posible. De ser así…

«¡Sería genial! —respondí—. Podrías tomarte un año sabático para viajar, dedicarte a investigar o hacer algo emocionante que, de otro modo, nunca habrías llevado a cabo. Vivirás experiencias maravillosas y, al otro año, volverás a intentarlo. Sinceramente, opino que sería fantástico para ti.»

«¿Lo dices en serio?», me preguntó.

«Claro que sí. Solo sería un cambio de rumbo y te iría de maravilla.»

Zach mordisqueó la zanahoria antes de decir:

«Gracias, mamá.»

Regresó a su dormitorio.

No pensé mucho más en ello y no hizo falta que se tomara un año sabático, porque enseguida lo aceptaron en su primera opción. Sin embargo, años más tarde, Zach me recordó la conversación de la cocina y la zanahoria. Me dijo (con gran generosidad) que mi respuesta no solo le ayudó a librarse de parte de la tensión sino que lo llevó a comprender que hay más de un modo de prosperar en la vida. Desviarse por un camino distinto al previsto podría incluso incrementar la suerte.

Tal como señalan la doctora Levenstein y Bill Gates, padre, el gesto de decirles a los niños «sí, te puedes dedicar a eso» les concede la libertad de ser ellos mismos y explorar sus propios caminos. Se trata de un gran paso adelante en términos de fortuna.

Uno de los inconvenientes de animar a los niños a ser ellos mismos es que, a la edad de ocho, doce o dieciséis años, en realidad no saben lo que quieren. Es difícil saber quién eres cuando estás muy ocupado tratando de parecerte a los demás. Hace poco, una niña de seis años que conozco pidió que le perforasen las orejas. Cuando le pregunté por qué, me dijo que todas sus amigas llevaban pendientes. Su madre accedió a que su hija de seis años se pusiera pendientes porque quería que se sintiera una más.

Tal vez la niña pensara que la primera vez que tuvo unos pendientes de oro era producto de su buena suerte. Pero, ¿era correcta su asunción a la larga? Lo dudo.

Para ser afortunados, los más jóvenes necesitan en ocasiones estar dispuestos a destacar de la multitud. Siempre me maravilla pensar que Barnaby se educó en casa hasta tener edad suficiente para ir a la universidad, pero creo que eso explica en parte su persistencia a la hora de escoger sus propios caminos y crear su suerte. Nunca sufrió la presión de tener que agradar a los demás chicos de su entorno.

Ahora que tienen dos hijas, Barnaby y su esposa, Michelle, han puesto en práctica su propia versión de la educación en casa, que incluye profesores particulares, clases especializadas, experiencias urbanas y horarios pautados con papá. Solo el 3 por ciento de los niños estadounidenses son educados en el hogar. Habida cuenta de que su hija Mandarin es una precoz jovencita de cinco años (Jasmine aún no ha cumplido dos) y tanto su padre como su madre trabajan a tiempo completo, ¿por qué no se limitan a llevarla a uno de los muchos colegios de élite que hay en la ciudad?

«Creo que un programa a medida es más adecuado para cultivar la suerte de los hijos —me comentó Barnaby—. Imagina que vas a participar en una carrera. Eres rápida y lo sabes, pero solo se te permite llevar una talla de zapatillas. Los buenos maestros intentan adaptar el paso pero, al cabo, nada te hará tanto bien como unos zapatos a medida… o un programa individual.»

A Barnaby también le preocupa que los niños dejen de hacer preguntas por miedo a no encajar en los esquemas de la escuela.

«La curiosidad contribuye a la prosperidad —afirmó Barnaby—. Los niños que son capaces de preguntar: "¿y por qué no?" aprenden a ver cosas que los demás no ven y a imaginar lo que otros no imaginan.»

Cuando Mandarin realizó un examen escolar de prueba, una de las preguntas la animaba a escoger artículos adecuados para la playa. Marcó una tabla de snowboard y, cuando el programa le indicó que la respuesta era incorrecta, ella no dio su brazo a torcer.

«Podría ser una tabla de *snowboard*, pero también se parece mucho a una de *surf*», insistió.

Barnaby sonreía cuando me contó la anécdota.

«Nos gusta pensar que conocemos el mundo mejor que los niños, pero también podemos pensar que sus respuestas son más atinadas en realidad porque implican ver el mundo desde una perspectiva ligeramente distinta. La suerte, en parte, depende de esa mentalidad.»

En el caso de los niños que asisten a escuelas convencionales, los padres pueden reforzar los cimientos de la buena suerte completando su formación con aprendizaje en el hogar, animando a los hijos a ser curiosos y persistentes y a emocionarse con las nuevas ideas.

No todos los padres educan a un Barnaby, a un Bill Gates o a una Mandarin y, aun si fuera tu caso, no siempre resulta fácil conciliar la estructura y la disciplina con la creatividad y la libertad. ¿Incrementamos la buena estrella de nuestros hijos cuando accedemos a concederles eso que les hace felices en cada momento (los pendientes) o es preferible empujarlos hacia posibilidades que darán fruto más adelante?

Barnaby sugirió que, si alguien podía darnos opiniones interesantes al respecto, esta sería la infame Mamá Tigre.

«¡Qué buena idea!», exclamé.

Amy Chua, más conocida como Mamá Tigre, es profesora de la Facultad de Derecho de Yale y experta en conflictos étnicos y globalización y admirada docente. Sin embargo, saltó a la fama en todo el mundo a raíz de su rol materno. El superventas *Madre tigre, hijos leones: Una forma diferente de educar a las fieras de la casa* que ella firma, levantó polémica a escala mundial por sus radicales técnicas parentales. En el título en cuestión contaba que obliga a sus dos hijas a practicar piano y violín varias horas al día, que las presiona para que sean las mejores en todas las asignaturas y que devolvió a una de sus hijas la tarjeta de cumpleaños que le había confeccionado porque le pareció que no se había esforzado lo suficiente.

Al principio del libro ofrece un resumen de todo aquello que sus hijas no tienen permitido. Lo no permitido incluye: quedarse a dormir en casa de amigas; reunirse con otras niñas para jugar; participar en funciones escolares; quejarse por no poder participar en funciones escolares; mirar la televisión o entretenerse con juegos de ordenador; escoger sus propias actividades extraescolares; sacar cualquier nota que no sea un sobresaliente.

Pese a todo, cuando una tarde Barnaby y yo charlamos con ella, no nos pareció tan intransigente.

«Sencillamente, pienso que educar es muy difícil —confesó con un suspiro—. La gente piensa que tengo las ideas muy claras pero en realidad no os puedo dar una respuesta sencilla.»

Chua posee ideas complejas sobre lo que significa educar niños para que tengan suerte. Nos confesó que su familia china es (como tantas otras) muy supersticiosa, y que, según su tradición, ella ha nacido con estrella. Por lo visto, el ocho se considera en China un número de la suerte. Ella nació el 26 de octubre y, sí, dos más seis suman ocho. Pronto se dio cuenta de que oír constantemente que la suerte te sonríe ejerce una influencia positiva.

«Si te dicen que eres afortunada, te atreves a correr riesgos y a cometer errores sin perder la confianza en ti misma —nos reveló—. Muchos de los logros que los niños atribuyen a la suerte se producen a consecuencia de enormes cantidades de preparación e inversión. ¿No afirma el dicho que cuanto más trabaje, más me sonreirá la suerte? Inculcarles a los niños la idea de que el esfuerzo los acercará a sus objetivos y animarlos a sentirse afortunados son estrategias excelentes para empoderarlos.»

Chua se dio cuenta de que las supersticiones chinas estaban empapadas de ideas sobre la capacidad de las personas para controlar su propia suerte. Nos habló de «las historias del feng shui», filosofía según la cual ciertas ubicaciones en el interior del hogar favorecen la prosperidad.

«Ahora bien, si cierta orientación en concreto no propicia la suerte siempre puedes colocar un espejo, cambiar la disposición o practicar un orificio para que entre el feng shui —prosiguió—. La fortuna sigue sus cauces, pero puedes buscar resquicios para controlar tu destino.»

Ella transmitió ese mensaje a sus hijas. Cada vez que una de ellas se queja de su mala suerte o de que algo sale mal, «les digo al momento: "No, tú posees la capacidad de reencauzarlo y cambiar tu suerte"».

Cabe suponer que la profesora Chua nunca ha llamado a la directora del instituto para pedir que cambien de clase a sus hijas. Les ha enseñado a gestionar cualquier situación. Cuando su marido adoptó una postura más protectora, le pidió que animara a las niñas a correr riesgos.

«Tendemos a tratar a los niños como si fueran frágiles y a protegerlos, pero yo no lo considero una buena estrategia —afirmó—. Muchos niños dicen: "Los exámenes no se me dan bien" o "No soy bueno en mates" y, si les dejamos persistir en esa actitud, nunca descubrirán hasta dónde pueden llegar.»

Por más que crea en la cultura de los resultados, Chua alberga la firme creencia de que sus hijas deben forjarse su éxito y prosperidad en sus propios términos. Se opone al tipo de crianza en la que las madres y los padres acuden constantemente al rescate de sus hijos, les hacen los deberes y tratan de resolverles los problemas.

«Un progenitor no debe sacarles las castañas del fuego a sus hijos. Los niños deben ganarse su propia suerte —sentenció—. El mundo es duro y hay que empujar a los niños a esforzarse al máximo y a creer en sí mismos.»

La profesora Chua sabe que todos los jóvenes son distintos y, paradójicamente, escribió el libro, en parte, porque advirtió que las mismas tácticas que tan bien habían funcionado con su hija mayor no acababan de casar con la pequeña, de personalidad más fuerte (y rebelde). Sea como fuere, las dos chicas acabaron estudiando en Harvard y recuerdan su infancia con felicidad. La mayor, Sofía, valora que sus padres la apoyaran en todo momento y piensa que las altas expectativas maternas se debían a «su confianza en que podía llegar muy lejos».

Lulu, que finalmente se rebeló contra las largas horas de ensayos con el violín, se alegra ahora de que su madre no se rindiera.

«Si sacaba una mala nota, no permitía que me tumbara en la cama a lamentarme de mi desgracia. Me decía que tenía que levantarme y estudiar para subir la nota, porque así me sentiría mejor.»

Si bien al principio me pareció que Jessica Levenstein y Amy Chua sostenían opiniones muy distintas sobre lo que significa criar un niño para que fuera afortunado, empezaba a comprender que las dos tenían mucho en común. Levenstein deseaba mostrar a los alumnos de Horace Mann los diversos caminos que llevan a la felicidad, mientras que Chua abogaba por una única vía para sus propias hijas. Sin embargo, el comentario de Lulu me impresionó porque, a la postre, había aprendido a no culpar a nadie, a responsabilizarse y a forjar su propia suerte (y sus buenas notas). Sin duda Levenstein lo aprobaría.

La doctora Levenstein me había dicho que la felicidad no siempre depende de los logros; hay niños felices con distintos niveles de capacidad. La profesora Chua no lo tenía tan claro en relación a sus hijas; pensaba que el éxito las haría felices. Sin embargo, ahora es más consciente de que la suerte depende en realidad del proceso: los repetidos intentos, la capacidad de asumir riesgos, la confianza en uno mismo.

La profesora Chua nos comentó que, si bien tiene fama de defender la disciplina a ultranza, «he dado un giro completo y ahora abogo por la postura casi contraria. Creo que nuestros hijos están sobredirigidos, ultracontrolados. Percibo una gran ansiedad entre los padres y creo que, en algún momento del camino, hemos tomado el desvío equivocado. El objetivo debería ser enseñar a los niños a valerse por sí mismos».

Sin embargo, no se trata de una contradicción en absoluto, porque todavía piensa que para ser fuertes y afortunados nuestros hijos deben «esforzarse, autocontrolarse y comprender que para conseguir algo hace falta fuerza de voluntad». Todos queremos que los más jóvenes confíen en sí mismos. Ahora bien, decirles que son maravillosos no sirve de mucho. Tienen que saber cómo generar buena suerte por sí mismos.

Habida cuenta de la polémica que rodea sus libros y de los ataques que han suscitado, Chua podría considerarse una persona sumamente afortunada o desafortunada, según como se mire.

«Me considero una de las personas más afortunadas que existen —nos confesó, animada. La actitud positiva es clave para generar más suerte—. La gente prefiere a las personas positivas, así que proyectar optimismo, aplomo y alegría en lugar de negatividad contribuye al éxito», concluyó.

Tras despedirnos de ella, pensé en dos carteles que había visto en la Horace Mann con frases aportadas por los alumnos sobre los fundamentos de una vida sana. Las había anotado, así que abrí mi libreta de notas para echarles un vistazo:

Sentirte cómodo en tu comunidad.

La sensación de pertenencia.

Una sensación de paz y plenitud.

Una imagen positiva de ti misma.

Estar satisfecho de ti mismo a pesar de tus carencias.

Pensé que los autores de esas frases habían empezado en la vida con buen pie. Habida cuenta de la escuela a la que asisten, sin duda trabajan con ahínco, algo que favorecerá el ciclo de adquisición de confianza y generación de suerte que Amy Chua visualizó. Por otro lado, el centro escolar los anima a adoptar esa mentalidad positiva e inquisitiva que la doctora Chua defiende también. Los niños con suerte comprenden que, si buscan el lado bueno de cada situación, lo encontrarán.

Cuarta Parte

LA OTRA CARA DE LA SUERTE

«Uno nunca sabe de qué desgracia lo habrá librado
su mala suerte.»

Cormac McCarthy

13

Mala suerte: por qué tu peor momento puede ser el más afortunado

Amplía tus miras. Imagina desenlaces positivos. Considera la mala suerte una oportunidad de que suceda algo positivo. Tómate las cosas a risa.

Después de todas las conversaciones que había mantenido con Barnaby sobre las emocionantes rutas que conducen a la buena suerte, cierta idea incómoda empezaba a rondarme la cabeza. En ocasiones acontecen desgracias que son fruto del azar. Uno puede atisbar las posibilidades y cazar las oportunidades, puede trabajar con ahínco y actuar con pasión y optimismo, puede dar muestras de un talento extraordinario e incluso avanzar en zig cuando otros lo hacen en zag. Pero si surge la enfermedad, ocurre un accidente trágico o (como sucede en Estados Unidos con demasiada frecuencia) se produce un tiroteo de la nada, quedas sujeto a fuerzas que no puedes controlar.

Barnaby se mostró de acuerdo pero, como de costumbre, aportó un punto de vista ligeramente distinto.

«En ocasiones hace falta perspectiva para saber qué es buena suerte y qué mala —dijo. Esa misma semana, en el Laboratorio de la Suerte, había estado hablando con el reputado astrofísico Piet Hut. Este le sugirió que es posible hallar fortuna en las desgracias si hacemos el esfuerzo de tomar distancia y ver la situación desde fuera. Barnaby lo comparó con un paseo a solas por el bosque. Rodeado de frondosa vegetación, apenas alcanzas a ver nada e incluso es posible que te acobardes—. Pero si pudieras tomar distancia y contemplar el paisaje desde arriba, tus sensaciones cambiarían. Verías de dónde vienes y los distintos caminos que puedes tomar. No te sentirías atrapado ni abandonado en un punto concreto. El hecho de ver el conjunto te proporcionaría una mayor sensación de control sobre los acontecimientos.»

No puedes tomar distancia de tu cuerpo en la vida real, pero sí imaginar los desenlaces positivos que tal vez te depare el destino. O, cuando menos, aceptar que están ahí aunque no puedas siquiera imaginarlos. Lo que hoy se te antoja una desgracia podría convertirse en suerte el día de mañana.

Me acordé de la película *Dos vidas en un instante*, estrenada en 1998, en la que Gwyneth Paltrow interpreta a una mujer británica, Helen, que un buen día pierde su empleo de relaciones públicas y corre hacia su casa. En el instante en que va a subir al metro, las puertas se le cierran en las narices. El siguiente tren se retrasa (otra dosis de mala suerte), así que decide tomar un taxi y, mientras está en la calle esperando, sufre un atraco (otro golpe del destino). Con un corte en la cabeza, acude al hospital.

No era su día de suerte, ¿verdad? Podría decirse que todo cuanto podía salir mal, lo hizo. Sin embargo, en ese punto, la película retrocede y muestra otro posible devenir de la misma jornada. En ese caso, Helen pilla las puertas del vagón abiertas y consigue subir al tren. ¡Qué suerte! Si no fuera porque al llegar a casa encuentra a su novio con el que comparte la casa en la cama con otra mujer.

A lo largo de la película los dos escenarios se van desplegando simultáneamente. Y bajo la trama romántica subyace el mensaje, más trascendente, de que nunca sabemos lo que nos puede deparar la vida. La buena suerte puede mudar en mala, y a la inversa. Descubrir que tu novio te engaña podría ser mala suerte pero ¿y si eso te predispone a conocer a alguien mejor, más amable y menos voluble? ¿O a encontrar un final trágico e impredecible?

No siempre podemos predecir cómo se desarrollarán los acontecimientos y, si acaso existen los universos paralelos, aún no tenemos acceso a ellos. Así pues, lo único que cabe hacer es apechugar con los hechos tal como se presentan y tratar de transformarlos en buena estrella en lugar de mala.

En la época en que yo dirigía una importante revista, una mañana llamé al escritor Lee Child y le pregunté si le gustaría redactar una historia de portada. Admiraba la enérgica prosa de Lee y me encantaban sus popularísimas novelas, protagonizadas por un auténtico tipo duro, Jack Reacher. Me parecía el personaje ideal para entrevistar al (entonces) reacio actor Robert De Niro. Lee accedió y, pocos días después, recibí su reportaje.

«Acabo de terminarlo y lo he pasado de maravilla con Bob —me dijo con su afectado acento inglés—. Fue una entrevista genial y quedará un reportaje espectacular.»

Sonreí. Los periodistas rara vez lo pasaban de maravilla con De Niro… ni lo llamaban Bob.

«¡Es usted increíble!», exclamé.

«Cuando le encargan un trabajo a Jack Reacher, lo hace», respondió Lee.

Me reí y, cuando hablamos nuevamente, descubrí que Lee era en verdad tan decidido como el personaje de ficción que lo había llevado a la fama. Empezó a escribir poco después de que lo despidieran de la televisión británica, donde trabajaba desde hacía trece años. Pensaba seguir allí para siempre, pero hubo cambios en la dirección y… Lee no se podía creer su mala pata. Tenía una hipoteca que pagar, un préstamo que devolver por el coche que se acababa de comprar, una hija a la que mantener y ahorros en el banco que apenas le alcanzarían para unos meses. Cuando le dieron la mala noticia, fue presa de la rabia y la frustración y se sintió traicionado hasta la médula, pero canalizó toda esa ira en la búsqueda de nuevas oportunidades.

«Soy un luchador nato. Plantéame un desafío y lo superaré o moriré en el intento», me confesó.

Así que creó a Jack Reacher, que adquirió su férrea determinación tras ser expulsado de los Marines. Lee, y Jack, estaban decididos a convertir su mala estrella en buena. Más tarde, le encargué un artículo sobre cómo seguir adelante cuando has perdido el empleo, y sus consejos fueron espectaculares.

«Intenta algo. Lo que sea. Siéntate, respira, cree en ti mismo, identifica tu sueño y ve a por él dando un 110 por ciento. Créeme, la motivación nunca será más fuerte. Y es posible que la oportunidad jamás vuelva a presentarse», escribió.

Me encantó la idea de considerar la adversidad como una oportunidad que te sale al paso y que tal vez nunca se repita. Cuando estás en plena vorágine, es muy posible que te cueste contemplar la mala suerte como una ocasión de hacer algo grande. Incluso si tienes tanto talento como Lee Child, aún no sabes que pronto te convertirás en un escritor de fama internacional y que algún día Tom Cruise protagonizará las adaptaciones cinematográficas de tus novelas.[33] No siempre es el caso, por supuesto, y en ocasiones la pérdida del empleo supone un desastre del que resulta muy difícil recuperarse. Pero si cuentas con cierto margen de seguridad, una situación complicada como quedarte sin trabajo te brinda la oportunidad de volver a plantearte qué deseas en realidad. Tal vez el infortunio te arranque de tu zona de confort y te inspire a asumir riesgos y a explorar caminos que pueden desembocar en desenlaces positivos e inesperados.

Cuando le conté a Barnaby la teoría de que la mala suerte se puede considerar una oportunidad, asintió al momento y sugirió que contactásemos con la baronesa Susan Greenfield.

«¿Qué sabrá una baronesa de mala suerte?», le pregunté.

«Será mejor que ella misma te lo cuente», fue la respuesta.

Pronto descubrí que a la baronesa Greenfield de Otmoor, una zona del condado de Oxfordshire (en serio, ¿no os parecen maravillosos los

---

33. La elección de Cruise para el papel de Jack Reacher provocó cierta polémica, por cuanto el personaje se describe en las novelas como un tipo duro de metro noventa y ocho y cien kilos de peso. Con un metro setenta y tres, Cruise es... más bajo. Child explicó con diplomacia que el talento de Cruise compensaba la envergadura.

nombres ingleses?), le fue concedido el título por sus investigaciones científicas sobre la fisiología cerebral. Es miembro vitalicio de la Cámara de los Lores, lo que equivale a decir que no ostenta el título por nacimiento sino por sus logros. No despide el más mínimo tufo a fincas palaciegas y visitas a la reina; la baronesa ha realizado descubrimientos impresionantes relacionados con el Alzheimer y ha pasado jornadas interminables pululando entre tubos de ensayo.

Greenfield (no tardamos nada en prescindir del título cuando empezamos a hablar con ella) fue la primera mujer designada para pronunciar una serie de importantes charlas, conocidas como las Conferencias de Navidad, en la Institución Real de Gran Bretaña, una organización fundada en 1799 para promover la investigación y la educación científicas. La nombraron directora en 1998 con mucho bombo y platillo, por cuanto nunca antes una mujer había ostentado el cargo. Doce años más tarde, con más bombo y platillo si cabe, la despidieron.

«La prensa publicó un montón de mentiras. Me sentí como Margaret Thatcher en los últimos días de su gobierno. Fue una experiencia sumamente desagradable», nos confesó.

Algunos sugieren que Greenfield sufrió las consecuencias del sexismo más rancio; a los chicos del club no les gustó que apareciera ella para sacudir el polvo. Barnaby recuerda haberla visitado una vez en la sede de la institución, que describió como «un lugar acartonado decorado con retratos al óleo de un montón de hombres ya fallecidos vestidos con trajes oscuros, y allí estaba ella con su minivestido rojo y sus brillantes botas de cuero de tacones altos. Era muy independiente, asertiva y vital de un modo encantador».

Quizás demasiado animada para tanto carcamal. La Institución Real alegó que un programa de desarrollo implantado por Greenfield —con el pleno apoyo de la junta directiva— había desembocado en grandes deudas y la culpaban a ella de las pérdidas. Greenfield recuerda perfectamente el momento en que la llamaron para decirle que su puesto se había declarado irrelevante. Fue una manera educada de ponerla de patitas en la calle.

«Colgué el teléfono y pensé: "¿Y ahora qué?" Fue el peor momento de todos, cuando me quedé mirando al abismo —nos reveló—. Pero estábamos a 24 de diciembre, mis padres estaban a punto de llegar y yo tenía que ponerme en plan ¡Feliz Navidad! Íbamos a ver el musical *Chitty Chitty Bang Bang* y no quería estropear la velada. Si me lo propongo, puedo con todo.»

Los ingleses disfrutan de lo lindo con los grandes escándalos y, cuando la «irrelevancia» se hizo pública, Greenfield comprendió que acababa de aterrizar en mitad del barro. Pero hizo de tripas corazón y no perdió el sentido del humor.

«En mi juventud, cuando empecé a alternar con chicos en las fiestas, me agobiaba pensando: "¿Qué opinarán de mí?" Y mi madre me dijo: "Preocúpate por lo que tú opinas de ellos". Era bailarina y una iconoclasta. Ella me proporcionó la resiliencia y la perspectiva necesarias para comprender hasta qué punto la vida puede ser absurda.»

Igual que muchas personas cuando pierden el empleo, Greenfield se sintió un tanto desorientada. Pero decidió que «la suerte nace de la motivación». No le interesaba lo que ella llama «socialización vacía», de manera que siguió priorizando el trabajo y continuó desarrollando teorías, a menudo polémicas, sobre los temas que le apasionaban.

«Pienso que mi teoría sobre el Alzheimer es correcta y que todos los demás se equivocan —manifestó alegremente—. Cuando crees en algo con todo tu ser, llamas a las puertas que haga falta.»[34]

Se aseguró de conservar el espíritu positivo (a la gente le gusta y se siente atraída por esa actitud) y, al cabo de pocos años, fue capaz de fundar una empresa de biotecnología de la que habla con gran emoción. Los ecos de aquella Navidad en que abandonó la Institución Real y miró al abismo suenan muy distintos ahora.

«Entonces no lo sabía, pero aquella experiencia tan desagradable se transformó en buena suerte. Si no me hubieran despedido, seguiría atrapada en Londres organizando cenas. En cambio, acabo de crear mi empresa de biotecnología y me levanto cada día emocionada por ir a trabajar. Lo considero un Argos cósmico.»

---

34. Greenfield piensa que un péptido denominado AChE podría estar implicado en la muerte celular asociada con el Alzheimer. La idea todavía no ha sido aceptada por toda la comunidad científica, pero su empresa está intentando desarrollar un fármaco que bloquee el proceso.

Titubeé, pero tenía que preguntar.

«¿Qué es un Argos cósmico?»

«Argos. Conoces las tiendas Argos, ¿no?»

Tuve que reconocer que no. Me explicó que son unas tiendas de venta por catálogo enormemente populares en el Reino Unido. Por lo visto, rellenas un formulario indicando lo que quieres, se lo entregas al dependiente y, al cabo de unos minutos, te trae el artículo solicitado.

«Mis amigos y yo bromeamos con el Argos cósmico —nos explicó entre risas—. Expresas tus deseos y te facilitan justo lo que quieres. Sufrí lo que me pareció el peor percance del mundo y el resultado fue fantástico. Si haces las cosas bien, el Argos cósmico te reserva un premio.»

Después de interrumpir la llamada, pensé que la baronesa Greenfield era una de las personas más encantadoras con las que había conversado últimamente. Sin embargo, su Argos cósmico no me parecía mágico en absoluto. Ella había transformado en fortuna el peor momento del mundo a fuerza de determinación, optimismo y pasión. Podrías arrojar paletadas de mala suerte a su paso que la baronesa la convertiría en buena estrella.

Mientras viajaba por todo el país presentando mi libro sobre la gratitud, me sorprendió descubrir cuántas personas me abordaban para contarme experiencias desafortunadas: una enfermedad, una tragedia, la muerte de un familiar. Una y otra vez escuchaba cómo las circunstancias difíciles los habían llevado a pararse a dar gracias por lo que tenían y a valorar todo lo bueno que les sucedía a diario.

Una joven de cálida sonrisa y alegre talante se acercó a saludarme antes de una charla. Me contó que hacía un año le habían diagnosticado un cáncer de ovario.

«Cuánto lo siento», le dije, a la vez que le tomaba la mano con empatía.

«Gracias. Debería haber sido el peor año de mi vida, pero abundan los momentos en que me siento sumamente afortunada.»

Le brillaban los ojos y no me soltó la mano. El tratamiento había sido un calvario, dijo, pero ahora la enfermedad estaba en remisión. Cada dos semanas acudía a las revisiones acompañada de su hermana y luego salían a comer para celebrar la buena nueva. También contaba con un marido maravilloso, que siempre estaba a su lado.

«Tengo dos hijos pequeños, de cuatro y siete años, y quiero estar aquí para verlos crecer. Pero ahora mismo me dedico a quererlos y nos divertimos juntos a diario. Me siento afortunada por todos y cada uno de los momentos que compartimos», afirmó.

Hala. Se me saltaban las lágrimas. El diagnóstico de cáncer de ovario debe de ser una de las peores noticias que le pueden dar a una joven mamá. Sin embargo, se consideraba afortunada, porque le había permitido compartir momentos de felicidad con su hermana, conectar con su marido a un nivel más profundo y vivir momentos con sus hijos que nunca olvidarían.

Le confesé cuánto admiraba su capacidad para ver el lado más luminoso de una historia amarga.

«Es el único modo de seguir adelante», me respondió.

La suerte, como la gratitud, no depende de los acontecimientos. Es lo que haces con estos y la perspectiva que adoptas lo que en realidad importa.

Pocos días después, en Los Ángeles, viajé al hotel Shutters de Santa Mónica en un coche de alquiler. Siempre ha sido uno de mis rincones favoritos. Está situado en primera línea de una enorme playa y decorado con tanto gusto que más parece un decorado cinematográfico que un hotel de verdad. Mi amiga Monica Holloway me estaba esperando en el vestíbulo, sentada en uno de los mullidos sofás junto al alegre fuego de la chimenea. Estábamos a 18 °C en el exterior, temperatura que en Santa Mónica se considera adecuada para encender el hogar.

«¡Estás fantástica!», exclamé cuando se levantó para abrazarme.

«Voy demasiado arreglada para comer —dijo, al mismo tiempo que se alisaba con aire teatral los pantalones acampanados, tan atrevidos y creativos como ella—. Pero tengo que acudir a los premios Emmy directamente desde aquí.»

Cuando conocí a Monica, hace pocos años, su presencia me intimidaba una pizca. Es rubia, divertida y posee un agudo ingenio que combina con calidez a partes iguales. Por si fuera poco, descubrí que estaba casada con Michael Price, uno de los principales productores de *Los Simpson*. Imaginaba la vida en su hogar como algo sacado de una telecomedia. Dos personas divertidas y brillantes están en su casa de Los Ángeles y... ¡rodando!

Sin embargo, a lo largo de nuestra larguísima charla, mientras almorzábamos en el precioso comedor de Shutters con vistas a la playa, descubrí que la vida de Monica no es ni de lejos tan sencilla. Michael y ella se separaron en cierto momento, cuando el matrimonio ideal de dos personas brillantes no se les antojó tan perfecto. Y sí, ahora mismo disfrutaba de una suerte extraordinaria, pero su fortuna actual procedía de sus grandes esfuerzos por transformar la mala suerte en buena estrella.

Monica se crio en un pueblo de Ohio, al cuidado de un padre violento y maltratador. Su primer trabajo consistió en conducir un coche fúnebre al aeropuerto, donde recogía cadáveres para una funeraria. Solo cuando se marchó de su pueblo y se casó empezó a sentirse segura. Cuando tuvo un hijo, estaba decidida a ofrecerle el entorno seguro y divertido que ella nunca conoció. Pero entonces su querido Wills recibió un diagnóstico de autismo. Recuerda perfectamente el día que el neuropsicólogo le informó de que el niño nunca aprendería a leer ni a conducir, ni sería independiente.

«Fue el peor momento de todos», me reveló entre sorbos de té con hielo y pellizcos de pan.

Pese a todo, a partir de ese terrible momento, empezó a ver luz al final del túnel. Al salir de la cita, me contó Monica, estaba disgustada y asustada. Según salían del aparcamiento una mujer estuvo a punto de estampar su coche contra ellos.

«Empecé a gritarle y volqué en ella toda la rabia que sentía. En cierto momento, le chillé: "Debería darte vergüenza asustar así a mi hijo", y entonces oí que Wills se reía en el asiento trasero. *Se estaba riendo.*»

¡La explosión de su madre le divertía! Como había crecido en un clima tan opresor, Monica deseaba crear un hogar repleto de risas y confianza. Al principio se le antojó un duro golpe tener que criar a un niño autista, que se asustaba de todo.

«Sin embargo, como él era tan miedoso, decidí que yo sería valiente por los dos —declaró Monica con alegría, con la vista clavada en la playa que se extendía al otro lado del cristal—. Tenía que transmitirle a Wills que el mundo es un lugar seguro y, para eso, yo debía creerlo también.»

Y las risitas de su hijo en el coche aquel día la ayudaron a comprender que, por más que jugasen con desventaja, la suerte aún podía sonreírles.

«Somos graciosos», me dijo Monica.

Wills estudia ahora en la universidad, sabe leer y conducir y vive por su cuenta. No considero esta historia el relato de una curación milagrosa. El autismo es una enfermedad compleja que presenta muchos grados. Otras familias han hecho gala de tanta determinación, amor y recursos como Monica y Michael sin conseguir unos resultados tan positivos.

Para mí, la moraleja de esta historia radica en la actitud de Monica. Las personas como ella son capaces de atisbar desenlaces afortunados ante cualquier situación aciaga. Cuando comentamos la idea, ella asintió con vehemencia. Me confesó que solía hacer recuento de las experiencias negativas a las que se había enfrentado —un padre maltratador, un hijo autista— y se preguntaba por qué el destino le había repartido unas cartas tan malas. Pero en cierto momento decidió darle la vuelta a todo eso.

«Ahora me río de las cosas. Algo que a priori parece horrible puede transformarse en una experiencia divertida e incluso revelar un lado afortunado. Como el hombre desnudo de la ducha.»

«¿El hombre desnudo…?»

«¿No te lo he contado?», me preguntó Monica con una sonrisa.

Resulta que su lista de desventuras incluía un par de episodios de cáncer de piel que requirieron cirugía. Pero Monica, con el buen talante que la caracteriza, también fue capaz de encontrar el lado bueno en esos episodios. («Conseguí una nariz nueva y una barbilla más bonita», manifestó cuando me describió la cirugía cosmética a la que tuvo que someterse.)

Una de las operaciones tuvo lugar en un momento delicado de su vida. En aquel entonces, ella y su marido estaban separados. Así que, en lugar de regresar a casa tras la cirugía, decidió pasar unos días en un hotel de lujo que estaba especializado en esa clase de cuidados postoperatorios.

«Serían las tres y media de la madrugada cuando oí que corría el agua de la ducha en mi cuarto de baño. Yo estaba medio atontada y apenas veía nada, pero pensé: "Aquí pasa algo raro" —me contó—. Así que me levanté y me encaminé a la ducha a trompicones. Vi un montón de prendas masculinas en el suelo, como si alguien se hubiera desnudado. Yo no entendía nada. El caso es que entré en el cuarto de baño y encontré a un hombre desnudo en la ducha.»

Monica salió de la habitación pidiendo socorro a voz en cuello. Sin embargo, anunciar en mitad de la noche que hay un hombre desnudo en tu ducha no siempre suscita la reacción esperada. Los recepcionistas le explicaron que no era posible; los analgésicos debían de haberle provocado alucinaciones.

Monica no estaba alucinando. Al final, el desconocido que misteriosamente había burlado todos los controles de seguridad fue detenido. Pero ella no quería quedarse en el hotel ni un minuto más. Aunque estaban separados, llamó a su marido, Michael.

«Acudió a rescatarme —prosiguió—. Yo llevaba encima un pijama de seda con lunares, tenía los ojos y la cara deformados, y nos partimos de risa. Le dije que llevaba diecinueve años sin ver a ningún hombre desnudo que no fuera él y, ahora que por fin se me presentaba la ocasión, tenía los ojos tan hinchados que no había distinguido nada. Nos reímos a carcajadas y me llevó a casa. La anécdota volvió a acercarnos.»

Comprendí que la propensión de Monica a reírse de los desatinos de la vida le traía suerte. La mayoría de la gente consideraría la operación, la cara hinchada y el intruso desnudo en la habitación del hotel como una serie de infortunios. Ahora bien, si mezclas todas esas desdichas con una buena dosis de risas y usas la combinación para cargar las pilas de tu matrimonio, es posible que, al cabo, no acabes convertida en una pobre víctima del destino. Te otorgas a ti misma cierto control sobre los acontecimientos absurdos que parecen surgir de la nada. Das un giro de ciento ochenta grados a las circunstancias negativas para extraer suerte de las fuentes más inusitadas... y de los peores momentos.

Cuando llegué a Nueva York, comenté con Barnaby la idea de que la suerte no aparece necesariamente en línea recta. Tal como me habían mostrado Monica y Susan Greenfield, en ocasiones las malas experiencias conducen a resultados positivos.

Barnaby tomó una hoja de papel y dibujó cuatro picos de tamaños diversos hasta dibujar un mini paisaje montañoso.

«He estado trabajando sobre algo parecido en el Laboratorio de la Suerte —dijo—. Hemos analizado cómo las empresas pueden optimizar sus estrategias para maximizar las ganancias. Llamamos a esta teoría la estrategia del escalador.»

No me pareció ni de lejos tan interesante como el hombre desnudo en la ducha, pero asentí, atenta a sus palabras. Según esa teoría, las empresas (y los individuos) aspiran a alcanzar el pico más alto y quedarse allí el máximo tiempo posible. Si has escalado una montaña de tamaño medio hasta la cima, tienes que decidir si prefieres quedarte donde estás o tratar de alcanzar la cima de una monte todavía más alto.

Señalando los picos del papel, Barnaby clavó el dedo índice en la cima de un monte de tamaño medio.

«Si quieres ir de aquí a aquí —siguió hablando, mientras desplazaba el dedo a una de las montañas más altas— tendrás que bajar. No hay un camino directo de un pico a otro. Así pues, para optimizar la suerte, es necesario pasar por un valle.»

Las transiciones nunca son sencillas. Si deseas mejorar lo que ya tienes, a menudo deberás arriesgar tu situación actual para conseguirlo. ¿Es preferible instalarse en la montaña de tamaño medio o forzar la suerte buscando una montaña más alta? Ese tipo de preguntas se nos plantean también en la vida personal.

Pensé en una amiga de la universidad, Lia, que llevaba casada largos años y tenía dos encantadores hijos mayores. Para un observador externo, la vida de Lia discurría la mar de bien y podría decirse que estaba felizmente instalada en una de esas montañas de tamaño medio. Sin embargo, no acababa de ser feliz y tenía la sensación de que su vida carecía del romance, la pasión y la aventura que todavía ansiaba. Para conseguirlo, tendría que descender y escalar otra montaña.

Y lo hizo. En el que sería el peor año de su vida, Lia se separó de su marido y luego se las arregló para sacar adelante un divorcio amistoso. Acabó viviendo en un pequeño apartamento con cuatro muebles y un montón de incertidumbres. Pese a todo, estaba dispuesta a arriesgarse por cumplir sus sueños. Ahora que han pasado un par de años, está viviendo una luna de miel con su nuevo amor y los dos están planeando un futuro compartido, el mismo que mi amiga imaginó. Sus hijos se muestran comprensivos y conserva la amistad con su exmarido. Va camino de la cumbre de ese pico infinitamente más alto al que aspiraba: la verdadera felicidad.

Mucha gente opinó que Lia debía de estar chiflada para abandonar la montaña anterior (a saber, un matrimonio de toda una vida). ¿Quién sabía cómo acabaría la historia? El futuro pintaba muy negro. Sin embargo, atraer la suerte requiere a menudo estar dispuesto a descender e internarse en el valle. Transitas el peor momento (o año) de tu vida para ir en busca del mejor.

«Tienes que saber lo que buscas y lo que estás dispuesto a arriesgar —señaló Barnaby—. Cuando te aventuras por el pico más alto, corres riesgos considerables.»

Las empresas se encuentran a menudo ante dilemas parecidos. Para transformarse y poder conquistar el monte más alto deben estar dispuestas a cruzar el valle. En términos corporativos, eso implica una reducción de los beneficios o un descenso del valor de las acciones en el mercado. Le comenté a Barnaby que había visto una película en Netflix la noche anterior y comentamos cómo esa empresa había apostado por llevar a cabo grandes cambios.

Netflix comenzó siendo un vídeo club virtual que enviaba los DVD por correo postal (¿recordáis aquellos tiempos?) y se las arregló para eliminar a Blockbuster del mercado. Sin duda estaba instalada en la cumbre del pico mediano. Pero el director general, Reed Hastings, se dio cuenta de que podía generar una fortuna mayor en otro monte más alto: el vídeo en *streaming*. Una idea genial, si no fuera porque en cuanto Netflix renunció al modelo «solo por correo» y empezó a experimentar con ciertas estrategias de precio un tanto polémicas, la empresa sufrió fuertes ataques.

En cierto momento de 2011, el valor de las acciones de Netflix cayó un 80 por ciento.

Hastings transformó aquel momento aciago en un futuro próspero. Si alguna vez has estado enganchado a series como *House of Cards*, ya sabes que la empresa discurrió un enfoque totalmente nuevo. Empezaron a producir sus propios programas y ahí también les sonrió la suerte. Salieron del valle y conquistaron un nuevo pico. El precio de las acciones se ha multiplicado varias veces desde entonces.

Es probable que Reed Hastings pasara unas cuantas noches en vela cuando la empresa atravesaba sus horas bajas. Los emprendedores y los directores generales conocen bien estas travesías inciertas. Pese a todo, cabe suponer que hay una gran diferencia emocional entre bajar de las alturas en busca de algo mejor, como hicieron Hastings y mi amiga Lia, y caer porque otros te empujan, como les sucedió a Monica y a Susan Greenfield. En el primer caso, partes de una situación controlada y eres consciente de los riesgos. En cambio, cuando las horas bajas llegan inesperadamente la prueba resulta más complicada. Caes en el valle de golpe y porrazo. Lo único que puedes hacer es asimilar dónde estás y decidir si quieres volver a escalar.

Barnaby me contó que, en su Laboratorio de la Suerte, estuvo hablando de la estrategia de la escalada con el astrofísico Piet Hut, la misma persona que destacó la importancia de ver cada situación desde una perspectiva más amplia. Hut afirmó que, si tomas distancia y te imaginas a ti mismo visto desde lejos, verás los montes a tu alrededor.

Hut sin duda sabe un par de cosas sobre mirar el mundo desde las alturas: un asteroide lleva su nombre.[35] También tiene experiencia en convertir los batacazos en prosperidad, porque ha pasado por ambas experiencias. A los treinta y dos, se convirtió en el profesor titular más joven del Instituto de Estudios Avanzados y estaba considerado una lumbrera. Discurrió una revolucionaria fórmula para calcular el movimiento de los

---

35. El asteroide 17031 Piethut, por si quieres comprobarlo. Hut también ha llevado a cabo investigaciones sobre cómo evitar que los asteroides se estrellen contra la Tierra; sin duda un modo de garantizarnos a todos buena estrella.

astros y desarrolló el superordenador más rápido del mundo (en la época) para simular el comportamiento de las galaxias. Sin embargo, quince años después de otorgarle la plaza, el instituto afirmó que la superestrella Hut era más bien una supernova, condenada a la extinción. Lo demandaron para obligarlo a dimitir. La demanda alegaba, entre otras cosas, «que no había logrado convertirse en un astrofísico destacado y mucho menos en un líder de su campo». Toma ya. Hablando de malos momentos.

Ahora bien, todo sea dicho, el golpe no lo pilló completamente desprevenido. Había empezado a interesarse en la filosofía oriental y, en lugar de dedicarse a la astrofísica pura y dura, estaba estudiando, según Barnaby me explicó, «cómo las tradiciones contemplativas orientales afectan a la ciencia occidental». Podría decirse que Hut intentaba permanecer en lo alto de un pico al mismo tiempo que contemplaba otro con nostalgia.

El caso se resolvió por fin en los tribunales y Hut accedió a abandonar el Departamento de Astrofísica. No encajaba en ninguno de los cuatro departamentos del instituto, así que crearon uno nuevo, interdisciplinario, que básicamente fue implantado para él. Y fue entonces cuando los peores momentos de su vida empezaron a mudar en los más dichosos.

«Tuvo aún más suerte de la que podía prever —me reveló Barnaby—. Ahora dirige su propio ámbito de investigación. Puede contratar a quien quiera sin someterlo a largos procesos de selección, toma sus propias decisiones y decide qué actividades quiere llevar a cabo. Si se le ocurre organizar unos campamentos de yoga en el campus, lo hace. Posee libertad académica absoluta.»

En lugar de organizar campamentos de yoga, Hut ha utilizado esa inmensa libertad para investigar temas tan trascendentes como el origen de la vida y el orden universal. Ha contribuido a crear un consorcio de cien millones de dólares en Japón para investigar estos temas y ha fundado una organización en la ciudad de Nueva York llamada YHouse que se dedica a investigar la naturaleza de la conciencia y la interrelación entre ciencia, tecnología y discurso civil. Por si todo eso suena demasiado enrevesado, Barnaby me explicó que la institución estudia conceptos complejos como el impacto creciente de los robots en nuestras vidas; por ejemplo, si una inteligencia artificial puede sentir emociones o quién es responsable cuando un robot hace algo mal.

«Son los temas que las empresas punteras en tecnología se plantean ahora mismo, y Piet se ha convertido en una eminencia internacional en este tipo de ciencia, único en su categoría —me informó Barnaby—. Jamás podría haber logrado todo eso de haber conservado su puesto anterior.»

El momento más aciago en la vida de Piet Hut propició la oportunidad que necesitaba para dedicarse a su verdadera pasión. Y su deseo de resolver las preguntas más básicas sobre la existencia y la búsqueda de sentido podría incrementar la fortuna del mundo también.

Tanto si te interesan los robots como si buscas una relación romántica o una nueva profesión, la mala suerte no siempre es lo que parece. En ocasiones se trata del impulso que precisas para conseguir que la suerte te sonría.

14

La ambulancia en la puerta de casa

Preocúpate por lo que merece tu atención. Deja de buscar proble-
mas. Asume que controlas algunas cosas y otras no. Escucha al
médico y no a tu vecina. Resígnate a no hacer nada.

Un día lluvioso, Barnaby llegó a nuestra reunión de los miércoles obsesionado con no caer enfermo. Como tiene dos hijas pequeñas, los
microbios están a la orden del día en su casa. Un miembro de la familia se
había resfriado y había contagiado al otro, que había contagiado al otro...
Ese bucle sin fin que los padres de los preescolares conocen bien.

«No tengo tiempo para ponerme enfermo», protestó, repitiendo las
mismas palabras exactas que pronuncian a diario las personas ocupadas
de cualquier lugar del mundo.

La enfermedad (grave o benigna) puede parecer el ejemplo clásico
de mala suerte que escapa a nuestro control. Le conté a Barnaby el caso de
una esbelta mujer de cuarenta y cinco años que conozco. Corre maratones, nunca ha fumado y, pese a todo, le han diagnosticado un cáncer de
pulmón en fase avanzada. Me parecía terrible y totalmente aleatorio.
¿Cómo explicas algo así?

En último término, es posible que haya un modo de explicarlo; los
investigadores están cada vez más cerca de identificar las bases genéticas
y biológicas de la enfermedad. Pero, mientras la ciencia no nos ofrezca

interpretaciones más sólidas, a casi todos nos aterroriza la aparente aleatoriedad de la enfermedad. ¿Una mujer que no fuma y lleva una vida saludable sufre un cáncer de pulmón? ¿Cómo controlar la mala suerte que, al menos en apariencia, es incontrolable? Según seguimos buscando las causas de lo desconocido, no le llevamos tanta ventaja a Lucrecio, el poeta romano, que atribuía las causas de la enfermedad a las «semillas» que pululan en el aire, o a los antiguos griegos, como Hipócrates, que culpaba de los achaques a los desequilibrios entre los cuatro humores del cuerpo. En la China arcaica, algunos médicos imputaban la enfermedad a espíritus airados y aun en nuestros tiempos numerosas religiones relacionan la enfermedad y los remedios con causas divinas.

En lugar de centrarte en lo que no sabes y no puedes controlar, puedes incrementar tu suerte concentrando tus esfuerzos en los aspectos de la salud que sí dependen de ti. Un estudio llevado a cabo por investigadores de la Escuela de Salud Pública de Harvard descubrió que más de un millón de estadounidenses muere prematuramente por culpa del sobrepeso, el tabaquismo o la presión arterial alta. Todas esas muertes se podrían evitar. El tabaco por sí solo es responsable de una muerte de cada cinco, nada menos. Perder peso o dejar de fumar no es fácil. Ahora bien, si quieres incrementar tus posibilidades de disfrutar una vida plena y sana, deberías empezar por ahí.

«La gente tiende a tomarse la salud como una lotería —observó Barnaby—. A menudo adoptan conductas autodestructivas y luego culpan a la mala suerte. Una de las claves para ser afortunado es adoptar buenas costumbres y luego preocuparse por las cosas importantes.»

Dedicamos demasiado tiempo a inquietarnos por peligros absurdos; y los medios de comunicación contribuyen a ello. ¿Temes sufrir el ataque de un tiburón? No me extraña. La película *Tiburón* de Steven Spielberg, estrenada en 1975, generó unos beneficios de 260 millones de dólares únicamente en Estados Unidos. En 1988, el Discovery Channel inauguró su Semana del Tiburón anual. Es el evento televisivo que lleva más tiempo en antena de toda la historia del medio. En una ocasión el Discovery llegó a emitir un falso documental en el que informaba de que un tiburón prehistórico denominado megalodon había sobrevivido y engullido un barco de recreo con su tripulación. El canal ha publicado un artículo en Internet que enumera veinte maneras de evitar un ataque de tiburón. Así pues, si quieres que te sonría la suerte en el mar, no te bañes con un corte abierto, no lleves joyas brillantes ni un bañador de colores vivos y mantente alejado del agua si luces un bronceado irregular que pueda confundirse con las tonalidades desiguales de los peces.

¿Has tomado buena nota? Ah, y no lleves traje de neopreno si sales a surfear porque tendrías el mismo aspecto que una suculenta foca.

La ironía del asunto es que, según el Centro para el Control y la Prevención de Enfermedades, tan solo una persona al año muere en Estados Unidos por un ataque de tiburón. En cambio, alrededor de diez fallecen víctimas de ahogamientos involuntarios. Si prescindes del traje de neopreno porque te asustan los tiburones, estarás incrementando el riesgo de morir ahogado. (El traje de neopreno aumenta la flotación.) Y si de verdad quieres ser afortunado en esta vida, retoza tranquilamente en el mar y no te preocupes ni de los tiburones ni del agua… siempre y cuando respetes el límite de velocidad en el trayecto de vuelta a casa. Cerca de cien norteamericanos mueren cada día en accidentes de tráfico. Cien. Cada día. ¿Quieres que te sonría la suerte? Abróchate el cinturón de seguridad.

La buena estrella se incrementa cuando nos concentramos en hechos reales y no en miedos inducidos. Un médico que conozco me contó el caso de una paciente que acudió a su consulta en noviembre de 2014 preguntando qué medidas tomar para no contagiarse del Ébola. El brote en África occidental era una realidad, pero ella no había pisado el continente. Las únicas personas que contrajeron las enfermedad en Estados Unidos fueron dos enfermeras que habían tratado a pacientes del Ébola procedentes de otros países.

«Unos cuantos enfermos contagiados en África estaban ingresados en hospitales estadounidenses. Las noticias hablaban de ello a todas horas —me dijo—. Yo le recomendé a la mujer que apagara la tele y se vacunara contra la gripe.»

El consejo fue el mejor que le podía dar a la paciente en términos de suerte, por cuanto la enfermedad se lleva diez mil vidas al año. Sin embargo, ella rehusó vacunarse.

«Me dijo que su amiga Mabel había caído enferma por culpa de la vacuna», suspiró el médico, sacudiendo la cabeza con pesar.

Los psicólogos hablan de estrategias heurísticas para referirse a los atajos mentales que usamos para tomar decisiones. Consultar las estadísticas, analizar los hechos y buscar información autorizada requiere trabajo, así que recurrimos a métodos más sencillos. El comentario de una amiga, una noticia del diario o una vaga intuición influyen con frecuencia en nuestras elecciones. El problema es que tendemos a aplicar estrategias heurísticas que funcionan en ciertos casos para abordar otros muy distintos y, a menudo, esos procesos nos inducen a sacar conclusiones equivocadas.

Es más emocionante hablar de tiburones que de cinturones de seguridad y más dramático preocuparse por el Ébola que por la gripe, pero no sería mala idea ahondar un poco más (y usar la cabeza) en cuestiones de salud. El consejo del médico nos traerá más suerte que el de Mabel. Ha visitado a cientos de pacientes antes y después de vacunarlos contra la gripe y ofrece opiniones fundadas. Pero la anécdota de Mabel nos toca la fibra sensible y tendemos a recordarla. Sea como sea, en un caso como este, instalarse en la heurística de lo familiar y confortable no es la mejor opción.

Mi marido es un médico extremadamente ocupado que goza de una reputación excelente y siente absoluta devoción por sus pacientes. Cuando mis hijos eran pequeños, estaban acostumbrados a que llegara del hospital a las tantas. Corrían a recibirlo con sus pijamas de felpa, le echaban los brazos al cuello y le preguntaban: «¿Has salvado alguna vida hoy, papá?»

Ron está especializado en medicina interna, de modo que su rutina diaria no recuerda demasiado a un episodio de *Anatomía de Grey*. A su consulta acuden personas normales, no pacientes sangrando que requieren un trasplante de corazón urgente (llevado a cabo por médicos que, si no están operando, se dedican a mantener relaciones sexuales en el almacén de suministros). Recientemente, una de esas personas normales, a la que llamaré Lucy, acudió a su consulta con un terrible dolor de cabeza. Sufría estrés en el trabajo y cualquier internista, sobre todo uno tan ocupado como Ron, la habría despachado con una receta para la migraña o la sugerencia de que practicara yoga para combatir el estrés. Sin embargo, ella describió los síntomas con claridad, y una combinación de experiencia e intuición llevaron a mi marido a sospechar que se encontraba ante un problema más grave. Pidió una imagen por resonancia magnética. Al cabo de una hora, había examinado el escáner, había descubierto un aneurisma cerebral a punto de abrirse y la había ingresado en el hospital. Una hora más y el sangrado cerebral (conocido como hemorragia subaracnoidea) podría haber sido fatal.

«Le has salvado la vida —le dije con una sonrisa esa noche, cuando Ron me relató lo sucedido—. Deberíamos contárselo a los niños. Se sentirán orgullosos.»

Ron posee un don especial para el diagnóstico y me estremecí al pensar lo que habría pasado si Lucy hubiera acudido a otro internista. Alrededor de 30.000 personas sufren aneurisma cerebral con ruptura cada año y un 40 por ciento muere. De los que sobreviven, más de dos tercios arrastran algún tipo de incapacidad permanente. De haber sido otro el desenlace, los amigos de Lucy habrían considerado el hecho una tragedia; algo imposible de prever. Sencillamente, habría tenido muy mala suerte.

En cambio, Lucy está de maravilla.

Así pues, ¿qué podemos hacer para contarnos entre los afortunados en una situación como esa? Uno quiere conocer el origen de las migrañas, pero pedir más pruebas no siempre es la solución. Según la Fundación para la Cobertura del Aneurisma Cerebral, tan solo el 1 por ciento de los pacientes que acuden a urgencias con un fuerte dolor de cabeza presenta hemorragia subaracnoidea. En la consulta del médico, el porcentaje sería todavía más bajo. Más del 99 por ciento de las veces, el médico tendría razón al sugerir meditación en lugar de una IRM. Le daría al paciente Excendrin y le diría que lo llamara si la migraña empeoraba.

Para Lucy, por supuesto, ese diagnóstico podría haber sido letal. Es conveniente que el paciente y el doctor se conozcan lo suficiente como para comentar los síntomas con cierto detalle y poder percatarse de que algo se aleja de lo normal. La comunicación y la implicación pueden marcar la diferencia.

En otra ocasión, Ron reparó en un raro problema cardiaco e incluso salvó a un tercer paciente identificando un ictus inminente. Así pues, desde mi punto de vista, el mejor modo de ser afortunado en temas de salud es asegurarte de que te atienda Ron. Pero soy consciente de que el consejo no sirve de mucho. (Y, lo siento, ya no acepta nuevos pacientes.)

Dar con un buen médico puede incrementar la suerte, pero el doctor Kein Jones, un reputado investigador del Instituto Oncológico Huntsman de Salt Lake City, afirma que el paciente también puede tomar las riendas de su fortuna en temas de salud. Cuando lo llamé una mañana para averiguar en qué se basan los facultativos a la hora de tomar decisiones me dijo que las elecciones médicas dependen de abundantes matices, por lo que es importante un buen nivel de comunicación entre paciente y doctor, tal como sucedió en el caso de Lucy.

«El gran desafío de la medicina es permitir que los pacientes sean conscientes del grado de incertidumbre que existe en realidad —reconoce—. Saberlo puede resultar muy inquietante, y algunos pacientes prefieren a los médicos que rebosan aplomo y afirman saber exactamente lo que les pasa. Ahora bien, una cosa es cómo piensan los médicos y otra cómo se comunican con sus pacientes.»

Señaló que los médicos piensan en términos de listas. Si, igual que le sucedió a Lucy, acudes al médico con un fuerte dolor de cabeza, repasará mentalmente las posibles causas del síntoma. Seguramente escogerá la más probable, como una migraña. Pero si le dices que jamás en tu vida habías experimentado un dolor tan fuerte, tal vez se replantee el asunto. Es ahí donde tú entras en juego a la hora de generar tu propia suerte. Debes adoptar un papel activo en la atención médica.

«A eso lo llamamos "diagnóstico diferencial" —me explicó el doctor Jones—. Probamos un tratamiento adecuado para el problema que ocupa el primer puesto de la lista, pero si no funciona o tenemos razones para seguir buscando, pasamos al segundo.»

Según el doctor Jones, puedes incrementar tu suerte formulando las preguntas adecuadas, como «¿qué otras posibilidades ha tenido en cuenta? ¿De verdad el diagnóstico está claro o ha pensado en algún otro tratamiento?»

Tal nivel de franqueza puede resultar violento para ambas partes, pero el doctor Jones piensa que incrementará nuestra suerte. Algunos doctores se pavonean, opina.

«Transmitir seguridad es genial, siempre y cuando funcione, pero si el tratamiento falla, el paciente no va a entender qué ha pasado. ¿Acaso he cometido un error? ¿Este médico es idiota? En realidad, lo más probable es que el profesional no haya contemplado más posibilidades de la lista.»

Como oncólogo cirujano de tumores óseos especializado en sarcoma, un tipo de cáncer poco frecuente, el doctor Jones sabe que, cuando acuden a su consulta, los pacientes han visto a muchos otros médicos y se sienten un tanto abrumados. Los enfermos de gravedad a menudo visitan una consulta tras otra buscando una segunda, tercera y cuarta opinión, con la esperanza de aumentar su buena estrella. El doctor Jones, en cambio, opina que basta preguntarle a cualquier facultativo «dónde se ubica a sí mismo en el espectro de enfoques médicos y si se considera conservador o agresivo. En relación al cáncer, yo voy a lo seguro y opto por márgenes amplios. Otros oncólogos cirujanos especializados en sarcoma tratan de ceñirse lo más posible a los tumores. No hace falta pedir tres opiniones; pregúntale al médico cuál es su filosofía y cómo la defiende en relación a las demás».[36]

Pocos días después, acompañé a una amiga a la consulta de un médico del Upper West Side de Manhattan. Era un centro privado asociado al Hospital Presbiteriano de Nueva York y, mientras esperábamos al médico en la sala de reconocimiento, nos fijamos en un cartel que mostraba las cuatro preguntas que todo paciente debería formular. En esencia eran:

✧ ¿De verdad necesito esta prueba o intervención?
✧ ¿Qué riesgos implica?
✧ ¿Hay opciones más sencillas y seguras?
✧ ¿Qué pasa si no hago nada?
✧ ¿Cuánto me costará?

---

36. El doctor Jones nunca es el primer médico en abordar el problema y, ante una enfermedad de gravedad, asegurarse de que un segundo par de ojos eche un vistazo suele ser buena idea. A todos se nos puede pasar algo por alto.

Las preguntas eran simples y directas, y comprendí que, al propiciar este tipo de conversaciones entre médico y paciente, las mismas que el doctor Jones aconseja, contribuyen a incrementar las posibilidades de suerte. Advertí sorprendida que el cartel insistía en la importancia de cuestionar la necesidad de las pruebas en lugar de pedir más. Uno de los mejores hospitales de Estados Unidos nos recuerda que, en cuestión de salud, más intervenciones no significa necesariamente más vida ni mejor suerte. Parece ser que la medicina actual está dando un enorme giro.

En posteriores investigaciones descubrí que la importancia del cartel era aún mayor de lo que yo creía, por cuanto un exceso de pruebas podría atraer desenlaces desafortunados. Los investigadores nos han aportado nuevas tecnologías y toda una sopa de letras con las que explorar el interior del cuerpo humano: rayos X, ultrasonidos, TAC, PET, IRM, IRMN, RMN, espectroscopia... y la lista continúa. La gente suele pensar que sometiéndose a más pruebas, análisis y exámenes, tendrá más garantías de que le sonría la suerte. Sin embargo, la realidad podría ser totalmente opuesta.

Todo se reduce a una máxima que las madres repiten a sus hijos desde hace generaciones: si buscas problemas, los encontrarás. En medicina, la idea implica que si el médico busca con ahínco un problema aun en ausencia de síntomas, hay mucha probabilidades de que encuentre algo sospechoso. La incertidumbre puede desembocar en otra prueba y quizás en una intervención invasiva solo por estar seguros y, toma, aparece la complicación. Ahora sí que estás enfermo, por cuanto las infecciones secundarias, los diagnósticos equivocados y las reacciones adversas pueden acabar con tu vida. Han llegado a mis manos artículos de prestigiosas publicaciones médicas que demuestran que algunas de las pruebas más habituales —como los cribados más frecuentes para las enfermedades cardiacas y el cáncer de próstata— a menudo perjudican más que otra cosa. Como señala un artículo publicado en *JAMA Internal Medicine,* «ninguna prueba (incluidas las no invasivas) es benigna y, a menudo, menos es más».

El exceso de análisis e intervenciones suma un gasto de alrededor de doscientos mil millones de dólares al año solo en Estados Unidos. Olvidemos el dinero por el momento, porque centrarse en los costes lleva a mucha gente a suponer que, si se la puede permitir, por qué no someterse a la prueba. El hecho es que esa mentalidad incrementa las posibilidades de infortunio.

Hace unos años, un conocido médico deportivo, James Andrews, se preguntó si los escáneres por IRM se empleaban en exceso y se interpretaban de manera errónea. El doctor Andrews sabe un par de cosas sobre lo que implica tratar a un atleta: en 1985 practicó una cirugía artroscópica a un conocido lanzador de béisbol, Roger Clemens, que tras la operación ganó siete premios Cy Young, el galardón que se otorga anualmente al mejor lanzador de las grandes ligas. (Clemens dio las gracias públicamente al doctor Andrews por haber salvado su carrera.) Otras estrellas deportivas, incluidos Michael Jordan, Tom Brady, Peyton Manning y Drew Brees, han sido pacientes suyos también.

A modo de experimento, el doctor Andrews practicó escáneres IRM a treinta y un lanzadores profesionales en 2011. En béisbol, la suerte de un lanzador depende del buen funcionamiento de su brazo. El doctor Andrews descubrió que veintisiete de ellos sufrían lesiones en el manguito rotador y veintiocho presentaban anomalías en el cartílago del hombro. Y he aquí la sorpresa. Todos y cada uno de los deportistas se encontraban bien y lanzaban de maravilla. Someterse a cirugía habría sido la decisión más desafortunada que podrían haber tomado.

«Si necesitas una excusa para operar el hombro que usa un pitcher para lanzar, practícale una IRM», ironizó.

Otros médicos han señalado que los TAC casi siempre muestran algo anormal.

«Es muy raro que el informe de una IRM se limite a las palabras: observación normal. No sabría decirte cuándo fue la última vez que las vi», afirma Christopher Di Giovanni, un cirujano ortopédico que ahora trabaja en el Hospital General de Massachusetts.

La IRM y su alta sensibilidad no son las únicas culpables de intervenciones desdichadas. Otros estudios sugieren que practicar un TAC para detectar anomalías en las rodillas de un corredor habitual mostrará casi siempre rasgaduras en el cartílago y ligamentos rotos, incluso entre aquellas personas que no experimentan dolor. Monitorear el corazón de alguien el tiempo suficiente (como buena parte de los cardiólogos hacen hoy en día) mostrará periodos ocasionales de taquicardia. Ahora bien, si no experimentas síntomas, ¿deberías tratar esos problemas?

Una vez que han comenzado el reconocimiento y el tratamiento, cuesta mucho negarse. Un estudio reciente mostró que, en un solo año, del 25 al 42 por ciento de los pacientes de Medicare habían sufrido tratamientos innecesarios. Hablamos de un hecho que va más allá de lo teórico, por cuanto hay grandes posibilidades de que tú o alguien que conoces haya sufrido la experiencia. A mí me sucedió en dos ocasiones. La primera vez un médico me convenció de que me sometiera a una mamografía, si bien aún no había cumplido los cuarenta. «¿Por qué esperar?», preguntó. (Más tarde descubrí que esperar habría sido más afortunado.) La prueba reveló un minúsculo no sé qué y, aunque el médico estaba seguro de que era benigno, «sería mejor practicar una biopsia de todos modos». Así que acudí al hospital a primera hora de la mañana, me enfundé la bata azul, me calcé las babuchas de papel y me senté en la gélida sala de espera durante una hora mientras mi marido me rodeaba los hombros en ademán protector. A continuación me llevaron al quirófano, donde me abrieron con el bisturí. Como era de esperar, todo iba bien. Habida cuenta de mi juventud, las posibilidades de que la mamografía indicase un falso positivo superaban con mucho la probabilidad de un problema real. Así que no pasó absolutamente nada, salvo que el cirujano cortó una pizca de más al hacer la biopsia y mi cuerpo tardó largos meses en recuperar la normalidad.

La segunda vez, no hace muchos años, otro médico me recomendó un TAC «solo por seguridad» en relación a un síntoma que a mí me parecía absolutamente normal. De nuevo accedí, porque ¿quién se atreve a oponerse? El resultado fue normal pero reveló la presencia de una cosita rara. Y si hay una cosita rara, el médico desea hacer un seguimiento. Así que pidió más pruebas. Revisiones a lo largo de varios meses. Por fin le pregunté a la radióloga si, a juzgar por su experiencia, las cositas raras como esa mudaban en algo más peligroso:

«A juzgar por mi experiencia, no, pero eso no significa que sea imposible.»

Su experiencia se remontaba a más de treinta años, así que decidí que hasta ahí había llegado. Y entonces mi médico (para mi estupor) sugirió cirugía.

«Todo parece estar bien, pero lo haremos en una mañana y así sabrás que ya no lo tienes», alegó.

En esta ocasión me negué... alto y claro. Cambié de médico. No me sometí a más TAC. Estoy perfectamente sana y bien.

Resulta que soy una de las personas menos aprensivas del mundo, así que pasé por ambas experiencias sin angustiarme demasiado. Por otro lado, me ayudaron a darme cuenta de que una intervención lleva a otra y que a veces el intento de conseguir una salud perfecta puede mudar en mala suerte. Se calcula que mueren anualmente más de 200.000 personas a causa de errores hospitalarios. Así pues, si quieres que brille tu buena estrella, no te sometas a intervenciones innecesarias. No te acerques al hospital a menos que de verdad lo requieras y, si te ves obligado a ingresar, no te demores allí más tiempo del que sea estrictamente necesario.

Pocos somos duchos en evaluación de riesgos y consultar las estadísticas nos puede asustar más que ayudarnos a incrementar la suerte. Después de pasar una mañana leyendo el teorema de Bayes, entendí por fin por qué las pruebas, en ocasiones, causan más problemas de los que son capaces de resolver. En 1700 el reverendo Thomas Bayes discurrió una complicada fórmula matemática que, dejando los números al margen, viene a demostrar que la probabilidad de que suceda una desgracia cambia si cuentas con información específica.

Pongamos que una enfermedad fatal afecta a una persona de cada mil de tu grupo demográfico. La prueba para averiguar si tú la padeces posee una fiabilidad de un 90 por ciento (lo que implica tan solo un 10 por ciento de falsos positivos). En cambio, no existen los falsos negativos. Como es barata y sencilla y tú estás preocupado, decides seguir adelante. Un par de días más tarde recibes una llamada del médico que, en tono quedo, te comunica la mala noticia. La prueba ha dado positivo. Cuando cuelgas el teléfono, te tiemblan las rodillas. Dadas las estadísticas, das por sentado que tienes un 90 por ciento de probabilidades de sufrir una muerte horrible a corto plazo.

Sin embargo, deberías esperar un poco a reservar plaza en un crucero para dar la vuelta al mundo. La suerte está de tu lado más de lo que crees.[37]

Es aquí donde interviene el teorema de Bayes. Pongamos que practicamos la prueba a 1.000 personas y reunimos a todas las que han dado positivo en el famoso crucero. Habida cuenta de que la enfermedad afecta a 1 persona de 1.000 y no existen los falsos negativos, uno de esos individuos padece la enfermedad. La enviamos a dar la vuelta al mundo. Ahora bien, recuerda que la prueba es fiable en un 90 por ciento, así que un 10 por ciento serán falsos positivos. El 10 por ciento de 1.000 son 100, lo que implica un centenar de personas que cree sufrir la enfermedad. En consecuencia, tenemos a otros 100 individuos dispuestos a hacer el crucero.

Tu prueba ha salido positiva, así que estás a bordo del barco. Mira a tu alrededor. Hay 101 personas en el crucero y, en realidad, tan solo una de ellas está enferma. ¿Saberlo te hace sentirte un poco más tranquilo? Ese 90 por ciento de probabilidades de sufrir la horrible enfermedad se ha reducido a menos del 1 por ciento.

Es genial, ¿verdad?

---

37. Los médicos se desorientan también con este tipo de problemas estadísticos. Para la realización de cierto estudio, se les dijo a un grupo de médicos que la probabilidad de sufrir cáncer de mama entre las mujeres mayores de cuarenta que se sometían a controles regulares era del 1 por ciento, y que el cáncer sería localizado el 80 por ciento de las veces. Igualmente había una probabilidad de falsos positivos del 9,6 por ciento. Si la mamografía de una paciente da positivo, ¿qué probabilidades hay de que sufra cáncer de mama? La mayoría de los médicos respondieron que estaba entre un 70 y un 80 por ciento. Sin embargo, si haces los cálculos, comprobarás que es inferior al 8 por ciento. En un control de 1.000 mujeres, 10 tendrían cáncer de mama y 96 darían un falso positivo. Una vez más, piensa en esas 101 personas que ya han comprado el billete para el crucero y entenderás a qué me refiero.

La gran variable, para empezar, es el número de personas que realmente sufre la enfermedad. Si se trata de una dolencia común, habrá más gente realmente enferma en el barco y las posibilidades a tu favor se reducirán. Tal vez las estadísticas cambien si tienes en cuenta la edad, el país o el género. Eso explica por qué hay muchas probabilidades de que el resultado positivo de una mamografía practicada a una menor de cuarenta sea falso. No hay tantas mujeres que sufran la enfermedad a esas edades, así que el crucero estará lleno de falsos positivos y muy pocos casos reales.

Si un comité de evaluación médico hace una recomendación en contra de alguna prueba —como las mamografías entre mujeres menores de cierta edad— se debe a que han juzgado que los peligros derivados de los falsos positivos pesan más que las posibles ventajas. Ahora bien, la única persona de ese crucero que estaba enferma de verdad afirma que le han salvado la vida. Así pues, ¿por qué cambiar las políticas? Hay argumentos razonables a favor de ambas posturas. Los activistas sostienen que los gobiernos solo buscan recortar gastos a expensas de nuestra salud. Pero también podría suceder a la inversa. Tal vez si recortamos gastos y dejamos de buscar problemas que no existen con la prevalencia que imaginábamos estemos incrementando nuestra salud y fortuna. A veces, menos es infinitamente más suerte.

Por muy cuidadoso que seas, el mundo está lleno de virus, patógenos y raíces de árbol con las que tropezar, y hay muchas posibilidades de que te cruces con alguno. Llegado el caso, puedes incrementar tu suerte sabiendo qué te vas a encontrar y cómo tomar medidas.

Barnaby me contó que, hace algunos años, su madre enfermó gravemente y precisó atención urgente. Estaban en Filadelfia en aquel entonces, bastante cerca del excelente hospital de la Universidad de Pensilvania, así que metió a su madre en el coche y la llevó a urgencias. Sabía que se trata de un excelente hospital universitario con capacidad para hacerse cargo de situaciones complejas, pero no estaba preparado para la escena que lo recibió.

«La sala de espera de urgencias estaba abarrotada. Había gente gritando de dolor y unos cuantos tendidos en el suelo. Una mujer se quejaba a gritos de un dolor en el pecho, pensando que iba a morir —me relató Barnaby, sacudiendo la cabeza con incredulidad—. Cuando acudimos al mostrador de ingreso, la persona que lo atendía nos dijo que intentaban atender a la gente lo antes posible, pero que la espera en aquel momento era de cuatro horas.»

Barnaby llamó a una amiga que había trabajado como anestesióloga en ese mismo hospital para ver si podía echarles una mano.

«Suspiró y dijo: "La situación es la misma en muchas urgencias de Estados Unidos, Barnaby. Lo siento"».

Pero Barnaby nunca se rinde. Telefoneó a su médico de cabecera y le describió la situación. El hombre comprendió que el caso revestía suficiente gravedad como para intervenir. Los pasaron al principio de la cola.

Los tiempos de espera en los servicios de urgencias varían según los hospitales. A menudo la peor situación es llegar con una herida o un hueso roto. Tienes unos dolores terribles y necesitas una solución urgente pero, en términos de triaje, estás al final de la lista. No te mueres por un tobillo astillado. Según la página web ProPublica, si vas a emergencias con una fractura tendrás que esperar de media una hora antes de que te administren algún fármaco para el dolor en muchos lugares de Estados Unidos.[38]

Mantener una buena relación con el médico de cabecera puede incrementar la suerte en caso de una herida o cuando estás considerando la idea de acudir a urgencias. A lo largo de los años he oído a mi marido hablar cientos de veces con aterrados pacientes a altas horas de la madrugada para evaluar con calma su situación y aconsejarles los pasos que deben dar a continuación. Si no tienes médico de cabecera ahora mismo, buscar uno ofrece una manera sencilla de incrementar la suerte. Es ver-

---

38. La página web ProPublica posee un «control de espera para urgencias» que te indica el tiempo que tendrás que esperar en las urgencias de tu zona antes de que te atiendan. Una vez que lo consigas, es posible que te ingresen o que te manden a casa. Las esperas más largas se producen en Maryland y en el distrito de Columbia.

dad que los médicos ven a muchos enfermos a diario y algunos estudios ponen en duda que un examen superficial realmente contribuya a mejorar la salud. Sin embargo, visitarte regularmente te ayudará a mantener una relación más fluida con tu médico de cabecera, que podría coordinar tu atención sanitaria y llamar a urgencias si juzga necesaria tu admisión. En el sorteo de la salud, ese gesto tan sencillo te proporcionará muchos números.

Barnaby y yo llamamos a la doctora Neha Vapiwala, miembro del consejo de la Escuela de Medicina Perelman y directora del programa de residentes de la misma facultad, para hablar de cómo incrementar la buena estrella en caso de ingreso hospitalario. La mayoría de los hospitales punteros de Estados Unidos están instaurando protocolos de seguridad e intentando cambiar una desalentadora realidad: en la acualidad los errores médicos son la tercera causa de muerte en el país. El dato es estremecedor. Solo el cáncer y las enfermedades cardiacas acaban con más vidas que los errores médicos. La doctora Vapiwala apunta que tus probabilidades de que todo vaya bien aumentan si alguien se queda contigo, habla en tu nombre y está al corriente de lo que pasa.

«No hay que dar por supuesto que todo el mundo está enterado de lo que sucede y, en consecuencia, no deberías hacer preguntas —expuso—. Abundan los errores que se pueden cometer, así que es importante confiar pero asegurarse.»

Me acordé de la anécdota que me contó una joven doctora llamada Britney en cierta ocasión. Una amiga suya fue ingresada en el hospital por complicaciones en los primeros meses de embarazo. Una noche, una enfermera la despertó diciendo que debía tomar la medicación. «Mi amiga le preguntó: "¿Está segura? Llevo aquí una semana y nunca he tomado pastillas en mitad de la noche". La enfermera insistió pero mi amiga no quiso tomarlas.» Britney sacudió la cabeza con incredulidad. «La habían despertado en mitad de la noche, estaba medio dormida y, pese a todo, puso en duda lo que le estaban diciendo. ¿Cuántas personas lo hacen?» Tuvo suerte de reaccionar como lo hizo, porque la enfermera se había equivocado de paciente.

«Estaba allí tratando de salvar las complicaciones. Imagina las consecuencias si hubiera tomado una medicación que ni siquiera era para ella», se horrorizó Britney.

Cuando me narró la anécdota, la propia Britney estaba embarazada. Consciente de los entresijos que se cuecen en los hospitales, el parto la inquietaba sobremanera. Había decidido llevar una doula con ella para contar con la ayuda de alguien que hiciera las preguntas pertinentes y se asegurase de que no se cometieran errores.

Le conté la historia a la doctora Vapiwala, quien rápidamente convino en que es posible incrementar la suerte involucrándose en la atención médica.

«Uno debería sentirse cómodo con la idea de hablar con los médicos y las enfermeras que te tratan —comentó—. Algunas personas tienen miedo de contrariar al equipo, igual que temen molestar al camarero que les trae la comida.»

Sin embargo, las consecuencias en este caso son más trascendentes que una hamburguesa demasiado hecha o la lechuga algo pasada. La doctora Vapiwala sugiere que debemos plantear nuestras dudas sin negatividad y que el equipo médico debe ser capaz de prestarles oídos.

Después de poner fin a la llamada, descubrí que se había llevado a cabo un nuevo estudio en Israel para observar cómo los médicos y las enfermeras tratan a los frágiles y vulnerables recién nacidos en la unidad de cuidados intensivos. Recurriendo a escenarios simulados, los investigadores descubrieron que, cuando un progenitor hace un comentario desagradable, los médicos y las enfermeras cometen más errores y sus habilidades se resienten. No se comportan así por venganza (saben que están siendo evaluados) pero su desempeño se resiente. Los autores del estudio concluyeron que los comentarios impertinentes distraen al personal médico y desvían sus recursos cognitivos del trabajo que están llevando a cabo.

«Todos somos seres humanos y a todos nos afectan las actitudes desagradables», comentó uno de los autores del estudio.

Así pues, la conclusión de todo lo antedicho es que, si quieres ser afortunado durante tu estancia en el hospital, debes adoptar una actitud activa ante el diagnóstico y el tratamiento, asegurarte de que alguien te defienda, hacer preguntas con un talante positivo y evitar actitudes desagradables que podrían repercutir negativamente en tu tratamiento.

¿Demasiado complicado? Nadie dijo que la suerte fuera pan comido.

Aumentar la buena estrella en cuestiones de salud resulta mucho más sencillo cuando el dinero no supone un problema. Leyendo sobre el tema, descubrí varios estudios según los cuales el 1 por ciento más rico de Estados Unidos vive quince años más que el 1 por ciento más pobre. La brecha resulta asombrosa, pero la pauta no es nueva: hace un par de siglos, como poco, que el dinero garantiza una vida más larga.

La explicación más habitual sostiene que, si tienes dinero, puedes acceder a mejores médicos y cuidados. O, aún más importante, puedes ir al médico. Una serie de informes afirman que los estadounidenses con bajos ingresos no van al médico porque no se lo pueden permitir, lo que augura graves consecuencias.[39] Sin embargo, el asunto es más complicado. Un estudio publicado en la revista médica *JAMA* demuestra que la esperanza de vida de los estadounidenses más pobres varía enormemente en función de su lugar de residencia. Parece que las políticas de salud empiezan a hacer efecto, pero influyen todavía más las conductas individuales. Las personas que abusan del alcohol y las drogas mueren antes. Los individuos que hacen ejercicio, no fuman y se mantienen en un peso normal viven más tiempo.

Claro, puedes culpar a tus problemas de salud o a la genética, pero la mayoría de estudios calculan que tan solo un 25 por ciento, aproximadamente, de las diferencias en términos de longevidad se pueden atribuir a factores genéticos. Sea cual sea tu nivel de ingresos y tu historial familiar, tus elecciones afectan a tu salud y pueden incrementar tu suerte. Y esas elecciones deben tener una base racional; no vale basarse en las últimas tendencias pseudocientíficas. Un hombre que conozco lleva una dieta sin

---

39. En los países que cuentan con sistema público de salud, no es el caso.

gluten y sin carne (en realidad no es alérgico al gluten, pero cree que comer así es más sano) y al mismo tiempo bebe cinco vasos de vino cada noche. Traté de explicarle que hay pruebas abundantes de que un exceso de alcohol es nocivo y apenas ninguna de que la carne y el gluten perjudiquen al organismo. Él cree que está incrementando su suerte, pero yo no estoy tan segura.

El intento de mejorar la buena estrella en relación a la salud puede adoptar muchas formas. Barnaby tiene un amigo tremendamente rico que posee una de las casas urbanas más grandes de Manhattan, además de varias más por todo el mundo. Está acostumbrado a controlar numerosos aspectos de su vida y, de igual modo, ha dedicado algún tiempo a averiguar cómo ser afortunado en cuestiones de salud.

«Pensó que incrementaría su suerte si contaba con una ambulancia totalmente equipada en cada una de sus casas —me contó Barnaby—. En algunas circunstancias, la suerte depende de la rapidez con que recibas tratamiento y de ese modo se asegura atención inmediata.»

Vale, tiene lógica. Los demás no podemos permitirnos nuestras propias ambulancias, pero podríamos tomarlo como ejemplo para idear un plan sobre cómo llegar al hospital en caso de emergencia. Mi casa de Connecticut se encuentra en una zona un tanto aislada, a una hora como poco de cualquier hospital bien equipado, así que me puse a pensar qué haría si se presentara un problema.

Barnaby me contó que su amigo compró las ambulancias y contrató equipo que supiera manejarlas. Me gustó la historia. Ofrecía un ejemplo un tanto excéntrico de cómo el pensamiento poco convencional reduce los riesgos e incrementa la suerte. Sin embargo, el relato dio un giro inesperado. Estando cierto día en su casa del Caribe, el empresario decidió poner a prueba su sistema. Corrió a la ambulancia, que lo esperaba allí mismo, y fue introducido en la parte trasera. ¡Todo marchaba según lo planeado! El conductor se sentó al volante, encajó la llave en el contacto… y no sucedió nada. El vehículo no arrancaba. Por lo visto el conductor, aburrido de pasar tantas horas sin hacer nada, había estado escuchando un partido de fútbol en la radio del coche. La ambulancia se había quedado sin batería.

Barnaby y yo nos reímos a carcajadas. Puedes esforzarte al máximo por tenerlo todo bajo control para que te sonría la suerte, pero siempre hay circunstancias imprevisibles.[40]

Un viernes por la noche, en plena reflexión sobre la salud y la suerte, me desplacé a Broadway para ver el nuevo musical *El día de la marmota*.[41] Abundaban los críticos y los periodistas entre el público (era el día del estreno), así que se trataba de una noche importante. El espectáculo, basado en la famosa película *Atrapado en el tiempo*, resultó magnífico y hacia el entreacto a nadie le cabía duda de que el protagonista, Andy Karl, sería el actor revelación de la temporada. Es guapo, divertido e ideal para el papel. El público se enamoró de él. Yo me enamoré de él.

El ritmo vertiginoso del musical requería un gran esfuerzo físico por parte de Karl, pero él no parecía apurado en absoluto. Y entonces, hacia el final del espectáculo, saltó en plena carrera por el escenario y aterrizó mal. Le falló la rodilla. Abandonó el escenario a rastras. El musical se interrumpió y cayó el telón. El director preguntó si había algún médico en la sala.

Por lo visto, Karl se había lastimado la rodilla. Pese a todo, pasados alrededor de veinte minutos, decidió continuar. El telón se alzó de nuevo y allí estaba Karl, en mitad del escenario. Casi incapaz de andar, se apoyaba en los decorados y en un bastón improvisado. Exhibía una mueca de dolor pero siguió cantando y conquistando a la concurrencia. Por casualidad, la letra de una canción incluía las frases: «estoy aquí, todo va bien» y el público aplaudió entusiasmado.

Cuando terminó el espectáculo, la gente se puso en pie para ovacionarlo y Karl, con lágrimas corriendo por sus mejillas, miró a los asistentes. No solo era la nueva estrella de Broadway; se había convertido en una inspiración. Todos afrontamos desafíos y a veces no hay más reme-

---

40. Aunque la batería estaba descargada, el amigo de Barnaby sigue vivito y coleando.

41. Una de las decisiones que han incrementado mi suerte a lo largo de los años ha sido la de escribir reseñas de teatro, gracias a lo cual consigo entradas de prensa.

dio que seguir adelante y sacar lo mejor de la situación que te ha tocado vivir.

Mientras me alejaba del teatro, pensé en un amigo árabe que en cierta ocasión me dijo que en su lengua no existe una palabra para el concepto «accidente». «Normalmente usamos la palabra *hadit*, que significa más bien "percance" o "suceso"», me explicó. *Hadit* me pareció un vocablo ideal para definir la noche. Sufrir una lesión no es más que uno de esos percances que acontecen y no se pueden prever. Karl había hecho todo lo posible para prepararse: estaba en buena forma (como demostraba su musculatura) y seguramente había practicado el salto cientos de veces en los ensayos.

Cuando se produce un incidente —ya sea una fractura de rodilla o un diagnóstico inesperado— todavía podemos intervenir en la evolución de la suerte. Podemos renunciar y lamentarnos de nuestra mala pata o de la inoportunidad del percance, pero también está en nuestra mano tomar la decisión de afrontar lo que sea que ocurra con la firme determinación de forjar nuestra propia fortuna, porque el espectáculo (y la vida) debe continuar.

15

Cómo ser afortunado en caso de catástrofe (natural o de otro tipo)

Reúne tanta información como puedas. Toma las medidas que sean necesarias (aunque te sientas un tanto ridículo). Involucra a tu cerebro. Evita el pensamiento mágico.

Una tarde, mientras pasaba un agradable fin de semana de mayo en el campus universitario con motivo de una reunión de exalumnos, me zafé de tanta socialización y me senté al fondo de un aula, donde una joven profesora de Geología llamada Maureen Long hablaba de los terremotos. Y de los tsunamis. Y de otras catástrofes naturales. Me marché pensando que debería haberme graduado en Geología. Hasta ese punto son interesantes sus clases.

Cuando vi a Barnaby la semana siguiente le mencioné que la experiencia me había llevado a preguntarme quién sobrevive a los desastres naturales y quién no. ¿Es una cuestión de azar o acaso los supervivientes se han preparado de algún modo? Debe de haber alguna manera de incrementar las posibilidades de salir bien parado de esas desgracias.

Terremotos, tornados, huracanes, tsunamis y otros desastres naturales nos pillan desprevenidos en todas las ocasiones y, sin embargo, ocurren con regularidad.[42] Los accidentes de avión no son exactamente «naturales» pero podríamos incluirlos en la misma categoría. ¿Qué podemos hacer para contarnos entre los afortunados que salen ilesos?

«Qué buena pregunta —comentó Barnaby—. Yo también he pensado en ello, porque mi madre, en cierta ocasión, fue la coordinadora de terremotos del estado de Alaska.»

Solté una pequeña carcajada. Todavía no había dado con un tema en el que Barnaby no contara con cierta experiencia. Me explicó que su madre tenía formación en arte y diseño y no sabía ni una palabra de sismología, pero era una persona decidida y emprendedora, así que había conseguido el empleo de todos modos. No tardó nada en aprender algunas nociones científicas e intentó concienciar a la gente de los peligros de los terremotos mediante programas escolares y folletos explicativos. Sin embargo, no paraba de encontrar impedimentos, porque los poderosos propietarios de casas y terrenos en las zonas vulnerables preferían obviar el tema.

«Alaska se encuentra en el Anillo de Fuego, que es en esencia la zona de actividad sísmica más intensa de todo el planeta», me explicó Barnaby. El terremoto que asoló el estado el Viernes Santo de 1964 fue el más terrible de la historia de Estados Unidos y el segundo más intenso jamás registrado en el mundo (9,2 en la escala Richter). Dada la dispersión de la población en Alaska, hubo pocas pérdidas humanas, aunque más de un centenar de personas murieron a causa de los subsiguientes tsunamis.

«La ciudad de Anchorage sufrió grandes daños, pero pocas horas después del terremoto, un influyente promotor inmobiliario llamado Wally Hickel anunció su intención de reconstruir sus propiedades —prosiguió Barnaby—. Los geólogos le suplicaron que no lo hiciera, pero él levantó un hotel de lujo de todos modos.»[43]

No debería sorprendernos que un promotor que bautiza sus edificios con su nombre tenga en cuenta los beneficios e ignore las consecuencias

---

42. En los últimos tiempos ocurren con mayor frecuencia e intensidad.

43. El hotel Capitán Cook de Hickel sigue en pie y es enormemente popular. Posee tres torres y 550 habitaciones para invitados. Su construcción ha atraído nuevas edificaciones a la zona.

a largo plazo. Cuando al cabo del tiempo presentó su candidatura a gobernador, la gente oyó con agrado las promesas de prosperidad para el estado que Hickel pregonó y fue elegido para el cargo. Su legado empresarial tal vez se devalúe si se produce otro terremoto.

«Si no quieren que la mala suerte empañe su estancia en Anchorage, los visitantes deberían evitar los hoteles construidos en zonas inestables», opinó Barnaby.

En cuestión de catástrofes naturales, no somos demasiado propensos a tomar precauciones. No he encontrado ni una sola reseña sobre el hotel de Hickel en TripAdvisor que mencione los terremotos. ¿Y por qué iba nadie a tenerlos en cuenta? Si nos fiamos de las estadísticas, parece lógico pensar que no te va a sorprender un gran movimiento sísmico justo la noche que pasas en Anchorage antes de emprender un crucero por Alaska.

Sin embargo, las probabilidades podrían estar en nuestra contra a la larga. Una geofísica llamada Mary Lou Zoback pasó tres años tratando de conseguir que la ciudad de San Francisco prestara más atención a los edificios que no están preparados para un terremoto. Pero, igual que la madre de Barnaby, se topó con la oposición de los intereses inmobiliarios, que temían ver mermado el valor de sus propiedades.

«Al final comprendieron que la seguridad de los edificios redunda en beneficio de la ciudad», nos dijo.

El seísmo que sufrió San Francisco en 1906 acabó con la vida de alrededor de tres mil personas y, más de cien años después, Zoback señala que algunas de las zonas más populares de la ciudad (como el puerto deportivo y el corazón financiero) están construidas en zonas de riesgo. En caso de terremoto, los edificios erigidos en estos emplazamientos podrían ser vulnerables.

Ahora bien, es posible que nuestra suerte mejore en un futuro cercano. La ciudad ha aprobado leyes que obligan a los propietarios a reforzar las estructuras antiguas, y todos los nuevos edificios que se construyen en San Francisco (y se construyen muchos) deben ser a prueba de seísmos.

Profundamente interesada a esas alturas en cómo mejorar mi suerte ante la eventualidad de un terremoto, llamé a la profesora que había conocido en mi reunión, Maureen Long, y le comenté cuánto me había gustado su clase.

«Oh, me alegro mucho» —respondió—. Es un tema apasionante.»

Tan amable por teléfono como en persona, me contó que decidió estudiar Geofísica cuando empezaba la secundaria y cursó la asignatura estándar de Ciencias de la Tierra. Por lo visto, la cautivó el estudio de las placas tectónicas, las estructuras profundas de la corteza terrestre.

«Me pareció lo más alucinante que había estudiado jamás», me confesó.

Los movimientos de las placas provocan terremotos y erupciones volcánicas, pero la profesora Long me explicó que también tienen su lado positivo. Otros planetas, como Marte o Venus, carecen de placas tectónicas. En el nuestro, es posible que la presencia de estas, con el paso de millones y millones de años, contribuyan a la habitabilidad del planeta.

«Estamos investigando por qué la Tierra en particular muestra este tipo de dinámicas, desde el movimiento de las placas tectónicas hasta el hecho de que la corteza oceánica se recicla en el manto y da origen a continentes —me explicó—. La capacidad de la Tierra de intercambiar los materiales del interior con los océanos a lo largo de millones de años podría ser fundamental para regular el ciclo de carbono del planeta a largo plazo. La idea ofrece respuestas a buena cantidad de cuestiones fundamentales sobre el origen de la vida.»

La teoría me pareció sumamente interesante. Y halagüeña. Ahora bien, pensando a corto plazo, los movimientos tectónicos que dan lugar a los seísmos son mucho más frecuentes de lo pudiéramos pensar. Se producen alrededor de quince movimientos sísmicos de magnitud siete al año y no querrás estar presente cuando sucedan. Buena parte de los mismos se declaran lejos de las personas y las infraestructuras, así que no aparecen en el telediario de la noche. Pero entonces, en el momento más insospechado, se produce un terremoto tan terrible como el de Haití de 2010, que acabó con la vida de más de cien mil personas (algunos estiman que las pérdidas fueron mayores), cuya devastación nos recordó que las malas infraestructuras y una absoluta falta de previsión acarrea muy mala suerte.

La tragedia a menudo azota inesperadamente, pero en ocasiones hay señales de aviso que nos pueden dar tiempo a prepararnos. El terremoto que se desató bajo el océano Índico en 2004 fue de magnitud nueve (el tercero más intenso jamás registrado) y provocó un tsunami devastador. Las primeras olas —en realidad muros de agua— que asolaron las costas de Tailandia aparecieron casi al momento. Los veraneantes que tomaban el sol en las playas fueron arrastrados por la tremenda corriente. Difícilmente podían tomar precauciones. Sin embargo, al otro lado del océano, las olas seguían propagándose y en lugares muy lejanos las desgracias se multiplicaron varias horas más tarde.

«Hacen falta sistemas de aviso sobre el terreno que anticipen este tipo de desastres, para que la gente sepa lo que está pasando y pueda ser evacuada», afirmó la profesora Long. En ausencia de esos sistemas, el tsunami mató a cerca de doscientas cincuenta mil personas en catorce países.

Los científicos todavía no son capaces de predecir dónde y cuándo se producirá un terremoto, pero hay otros modos de anticiparlos.[44]

«A veces es posible detectar el fenómeno treinta, cuarenta o cincuenta segundos antes de que se produzca. Puede que no parezca gran cosa, pero te ofrece tiempo suficiente para parar el funcionamiento del reactor nuclear y sacar los trenes de los túneles del metro. Se trata de una innovación científica muy importante.»

Este tipo de sistemas existe ya en Japón y se están desarrollando en California y en el Pacífico Noroeste. Recibir un aviso implica que puedes ser tan afortunado como para buscar el umbral de una puerta o la protección de una mesa para evitar los golpes de los cascotes.

La suerte generalizada en caso de catástrofe natural casi siempre requiere un plan oficial cuidadosamente diseñado, que puede incluir sistemas de advertencia previa y protocolos de seguridad en los edificios más eficaces. Ahora bien, cuando los gobiernos no hacen lo suficiente, depen-

---

44. La profesora Long me explicó que las primeras ondas de un terremoto —llamadas ondas P— viajan más deprisa que las ondas superficiales, las más peligrosas. «En las zonas que cuentan con abundante instrumental y recogen datos con suma rapidez, es posible detectar las ondas P y advertir a la población», dijo.

demos de nosotros mismos. Debemos averiguar qué precauciones contribuirán a que nos sonría la suerte en situaciones en las que otros salen malparados.

Barnaby propuso que habláramos con Laurence Gonzales, que lleva años escribiendo sobre situaciones extremas. Ha estudiado todo tipo de peligros, desde catástrofes naturales hasta aviones que se estrellan, para tratar de dilucidar quién sobrevive y quién no. Charlando con él largo y tendido, descubrimos que, en cuestión de tomar medidas para prevenir un desastre, Gonzales lo tiene claro. Nos contó que, el día anterior, su esposa y él se encontraban en la consulta del médico cuando se disparó la alarma de incendios. Ella estaba pagando con un talón en el mostrador de recepción, pero no titubeó ni un momento.

«Se desentendió del talonario, vino a buscarme y nos encaminamos directamente a la salida. ¿Era una falsa alarma? Casi siempre lo son. Ahora bien, si una alarma se dispara, abandonas el edificio. Si no, ¿para qué sirven las alarmas contra incendios?»

Tiene razón, pero pocas personas reaccionamos con tanta prontitud cuando se dispara una alarma. Titubeamos, preguntamos, esperamos a ver qué hacen los demás. Tendemos a creer que no pasa nada. Hace muchos años, mi marido y yo dormíamos en nuestra casa de las afueras con los niños al final de un pasillo. Hacia las tres de la madrugada se disparó la alarma antirrobo y al momento sonó el teléfono. Era la empresa de seguridad, que llamaba para preguntar si todo iba bien. Ron respondió a la llamada.

«Falsa alarma», dijo, medio dormido. Les facilitó el código y les informó que todo estaba en orden.

Cuando colgó, lo miré sorprendida.

«¿Por qué has hecho eso?», le pregunté.

Se levantó de la cama y, en calzoncillos, acudió a la planta baja para comprobar que no hubiera intrusos. No sé qué habría hecho de haber encontrado alguno. Afortunadamente se trataba en efecto de una falsa alarma, pero a menudo hemos hablado de aquella noche.

Al psicoanalista Stephen Grosz no le habría sorprendido la reacción de mi marido. En su libro *La mujer que no quería amar* señala hasta qué punto nos cuesta romper nuestros hábitos más arraigados. Mi marido es una persona competente y autosuficiente, habilidades que por lo general actúan a su favor. Funciona así por defecto. En nuestro hogar, la alarma jamás había sonado por nada que no fuera un error. Ahora bien, habría sido más inteligente por su parte, al oír la señal en mitad de la noche, abandonar su pauta habitual. Grosz contaba que, en cierta ocasión, cuando se declaró un incendio en un club nocturno, la gente se molestó en pagar la cuenta antes de marcharse e incluso algunos murieron porque trataron de abandonar el local por la puerta que habían usado para entrar. A menudo la gente se entretiene demasiado; tal vez huelan el humo pero esperan a ver las llamas. «Nos resistimos a cambiar. Efectuar un pequeño cambio, por más que sepamos que nos favorecerá, a menudo nos aterra más que obviar una situación peligrosa».

Laurence Gonzales explica que, para desenvolvernos en la vida cotidiana, creamos modelos mentales que nos permiten acostumbrarnos a casi todo. Cuenta que su nieta aún no había cumplido dos años cuando vio por primera vez un camión de la basura. Al observar su estrepitoso paso, la embargó el miedo y la emoción. Sin embargo, cuando hubo visto el número suficiente de vehículos parecidos, dejó de reparar en ellos.

«Los incorporó a un modelo que le permite funcionar en el mundo de manera eficiente», nos explicó.

Como adulto, no puedes llevar una vida feliz —ni ser afortunado— si cada suceso que acontece te sorprende o te asusta. Te acostumbras. Asumes que no todo requiere tu atención. Sin embargo, a veces te sientes tan cómodo con esa actitud que ni siquiera reparas en los peligros que tienes delante. Gonzales nos contó que en la costa del golfo de Texas, donde él se crio, algunas personas organizan fiestas para recibir a los huracanes.

«No se marchan de la ciudad ni acuden a un edificio más grande para protegerse. Compran un montón de bebida e invitan a sus amigos —relató—. Hace unos años, justo antes de la llegada de uno de los grandes huracanes, el *sheriff* se acercó a una zona de apartamentos de la playa de Galveston para advertir a la gente de que la tormenta se aproximaba y tenían que marcharse. Un grupo que celebraba una fiesta en la terraza de un quinto piso le gritó: "Eh, no te preocupes, hacemos lo mismo cada año". Se limitaron a reír y a saludar.»

«Las olas que provocó aquel huracán alcanzaron diez metros de altura y todas esas personas murieron —nos contó Gonzales—. Anécdotas cómo esta demuestran hasta qué punto nuestros modelos mentales pueden perjudicarnos.»

Si estas habituado a los huracanes, a las alarmas de incendio y a los camiones de la basura inofensivos, ¿cómo distinguir aquello que sí requiere tu atención? Gonzales opina que las personas con suerte tienden a estar atentas a las señales de peligro y muestran menos tolerancia a los roces con la muerte.

«He sido piloto durante buena parte de mi vida y mi lema es que más vale estar en tierra anhelando volar que en el aire deseando estar en tierra —aseveró—. Cuando alquilaba un avión, calculaba los riesgos a ojo de buen cubero: si encontraba tres cosas que no funcionaban bien, lo rechazaba, consciente de que seguramente habían más problemas que no se advertían a simple vista.»

Yo empezaba a comprender que establecer de antemano unas condiciones mínimas resulta útil en todo tipo de situaciones. En lugar de dar por supuesto que todo irá bien como suele ser la pauta, cuentas con unas bases preestablecidas. De ese modo, para saltártelas, el cerebro racional debe ignorarlas conscientemente. Por muy plácido que suela ser el discurrir de la vida, a menudo nos columpiamos al borde de desastres que nos pasan desapercibidos. Gonzales piensa que incrementamos nuestra suerte «si adoptamos una actitud un tanto más humilde y suspicaz».

Cuanto más complejo es un sistema, más probabilidades hay de que se produzca un fallo catastrófico. Gonzales lo llama la paradoja de la cena. Imagina que has decidido reservar mesa para un grupo grande en un restaurante famoso y que todos los comensales deben ser puntuales o se la darán a otro grupo. Tus amigos son de fiar, así que la probabilidad de que lleguen a la hora convenida es de un 90 por ciento. La cuestión es: ¿a cuántos amigos puedes invitar antes de resignarte a cenar en otra parte?

Tu primer impulso (igual que el mío) sería invitar a todos los que te apetezca. ¡Mis amigos son de fiar en un 90 por ciento! Ahora bien, si realizas los cálculos, te encontrarás con una respuesta sorprendente. Si invitas a más de seis personas, hay muchos números de que la reserva se vaya a paseo y acabes pidiendo una hamburguesa en el bar de la equina.[45]

«Ahora tomen un sistema como el aeroplano DC-10, que cuenta con más de 250.000 componentes, o a una lanzadera espacial, que posee aún más —prosiguió Gonzales—. Aun en caso de que la fiabilidad de las piezas alcance un 99,9 por ciento, hagan los cálculos ustedes mismos. Ante tal nivel de complejidad, las probabilidades de que se produzca un fallo catastrófico son altísimas.»

Cuando nos enfrentamos a una de esas grandes catástrofes, el instinto nos induce a reaccionar con dramatismo. Aparece el famoso síndrome de «huida o lucha» y lo que algunos neurocientíficos llaman el «circuito de la rabia» (piensa en lo que pasa cuando te golpeas el pulgar con un martillo). Sin embargo, para ser el feliz superviviente, en ocasiones tienes que luchar contra esos instintos.

«Si consigues involucrar a tu cerebro superior, a la mente lógica, serás capaz de gestionar esas reacciones automáticas de un modo eficaz», comrentó Gonzales.

Le pregunté a Gonzales cómo puedes involucrar al cerebro superior, y él propuso actividades que sean «pautadas, rítmicas, repetitivas y enfocadas a un objetivo concreto». Hacer punto sería una posibilidad, así como afilar cuchillos, tocar un instrumento musical o jugar al billar.

«Todos ellos requieren una implicación progresiva del cerebro superior que ejerce un efecto tranquilizador, porque involucra a la neocorteza y te ayuda a dominar las respuestas emocionales», añadió Gonzales.

Como es natural, en mitad de un desastre no te vas a poner a tejer para recuperar el control. Pero Gonzales piensa que si entrenas a tu siste-

---

45. La fiabilidad de cada invitado es de un 90 por ciento de manera que, si invitas a dos personas, la probabilidad de que una se retrase será de 90 por ciento multiplicado por 90 por ciento; es decir, de un 81 por ciento. Si añades otro invitado, multiplicas por noventa por ciento otra vez. Los números son aceptables hasta seis invitados, pero si añades uno más las probabilidades de que todos sean puntuales descenderán al 47 por ciento; menos de la mitad. Prepárate para ir al bar.

ma nervioso con anterioridad mediante ese tipo de actividades tranquilizadoras, tendrás más oportunidades de superar la crisis.

«Parte del proceso de mantener la cabeza fría en caso de emergencia consiste en creer que es posible», afirmó.

Hace un par de años, mi marido construyó un enorme porche de madera en nuestra casa de campo. Tardó todo el verano, horas y horas cada fin de semana. El trabajo mecánico de encajar cada tablón y clavarlo le procuraba gran satisfacción. A mí no me preguntéis; yo no podía entenderlo. Sin embargo, ahora pienso que, siendo doctor, Ron debe afrontar crisis y emergencias a diario. Necesita entrenar su cerebro superior para gestionarlas de manera racional, sin dejarse llevar por las emociones. Es posible que construir un porche o tocar el piano (otra actividad de su agrado) le ayude a conseguirlo. Si es así, a mí me parece de maravilla. El porche ha quedado fantástico.

Encontrar un modo de entrenar el cerebro racional y conseguir que se involucre en caso de emergencia puede marcar la diferencia entre la fortuna y la desgracia. Gonzales nos contó que su mujer y él, cuando llegan a un hotel, recorren el pasillo al momento en busca de la escalera de emergencia para familiarizarse con el camino, por si tienen que salir a rastras entre el humo de un incendio.

«Me parece un tanto excesivo —comenté yo—. Usted viaja a menudo y los incendios no son frecuentes en los hoteles. ¿De verdad merece la pena tomarse tantas molestias?»

«Hay que pensar en términos de riesgo y beneficio. ¿Qué obtengo y qué pierdo? Si se declarase un incendio y no pudiera salir, moriría. Recorrer el pasillo hasta la salida de incendios solo me resta unos minutos del precioso tiempo que dedico a mirar la tele.»

Vale, un punto para él. Sin embargo, tras poner fin a la llamada, pensé que tampoco debemos engañarnos pensando que podemos controlar (o prever) cualquier desastre. Las catástrofes son, por definición, inesperadas y los afortunados serán aquellos que mantengan la mente alerta y el cerebro superior en funcionamiento pase lo que pase. Puedes buscar la salida de emergencia allá donde vayas pero, si se declara una emergencia durante tu estancia en un hotel, sin duda te pillará por sorpresa. En lugar de encender la tele, quizás podrías emplear ese tiempo muerto en hacer punto para entrenar tu cerebro. Como poco, tendrás un jersey.

Si afrontamos una catástrofe con la cabeza fría, tal vez logremos lo que parece imposible. Tal fue el caso a principios de 2009, cuando una bandada de gansos se estrelló contra un avión de US Airways procedente del aeropuerto LaGuardia a los pocos minutos del despegue. Fallaron los dos motores y el piloto Chesley Sullenberger comprendió que no llegaría al aeropuerto a tiempo para evitar el desastre. Sin demasiadas opciones —y desde luego ninguna buena— decidió aterrizar en el río Hudson de Nueva York.

Las turbinas de los aviones aspiran pájaros constantemente, pero el motor casi nunca resulta dañado. Si se da el caso, el piloto se limita a efectuar un aterrizaje de rutina con un solo motor. La posibilidad de que dos pájaros inutilicen ambos motores es extremadamente remota. Nadie cuenta con un plan (ni un tren de aterrizaje) de emergencia para un incidente tan inaudito como la avería de ambos motores a una altitud de ochocientos cincuenta metros sobre la poblada isla de Manhattan. Sullenberger tuvo que reaccionar de inmediato.

En caso de imprevisto, funcionamos mejor si conservamos la calma, recurrimos a nuestra experiencia y conocimientos y relacionamos la situación con otra que conozcamos. Como dijo en su momento un piloto de la aerolínea US Air retirado, John Willey, «observas el paisaje y lo conviertes en algo que reconozcas. Visualizas el río como si fuera una pista».

Sullenberger amerizó el vuelo 1549 en el río, prácticamente en mitad de Manhattan. La tripulación ayudó a los pasajeros a salir del avión y todos esperaron en las alas a que llegaran los botes de rescate. Un helicóptero de la policía con buceadores experimentados sobrevolaba la zona por si algún pasajero aterrado saltaba a las gélidas aguas.

Las 155 personas que viajaban a bordo sobrevivieron. Los reporteros de todo el mundo se refirieron a la proeza como «el milagro del Hudson» y Sullenberger devino un héroe de la noche a la mañana: recibió llamadas de dos presidentes y un aplauso cerrado en la Super Bowl. La película que narra la heroicidad del piloto Sully, dirigida por Clint Eastwood y protagonizada por Tom Hanks en el papel del tranquilo y reservado piloto, cosechó críticas excelentes y obtuvo una recaudación en taquilla de más de doscientos millones de dólares. Sin embargo, fue el alcalde de Danville, California, el pequeño pueblo natal de Sully, quien mejor resumió la hazaña:

«Tuvo dos minutos para tomar una decisión. Ni siquiera soy capaz de pronunciar mi nombre tan deprisa», dijo Newell Arnerich.

Los accidentes de avión siempre captan la atención pública porque resultan tan infrecuentes como aterradores. Nos hacen sentir impotentes. En este caso, la victoria que acarreó el desastre tornó el suceso aún más impactante. Nos recordó que las crisis a menudo acaecen por causas azarosas (¿pájaros?, ¿de verdad?), pero la fortuna del superviviente depende del mismo talento y esfuerzo que define la suerte en otras circunstancias. Si la persona adecuada se hace cargo de una crisis fortuita, los resultados pueden ser providenciales. Sullenberger llevaba cuarenta años volando, pero lo realmente importante fue su actuación a lo largo de los 208 segundos que transcurrieron entre el incidente con los pájaros y el amerizaje. En ocasiones, hace falta toda una vida para forjar la suerte. En caso de crisis, depende de pocos segundos.

Si no eres piloto pero quieres que la suerte te sonría en el aire, la buena noticia es que la fortuna ya está de tu lado. Me topé con una app muy divertida (en mi opinión) llamada «¿Voy a estrellarme?» que te permite introducir los detalles de tu próximo viaje en avión y a continuación emplea datos oficiales de varias fuentes de transporte para pronosticar la probabilidad de que tu avión acabe estampado contra el suelo. El creador de la app ideó el programa para ayudar a su esposa a vencer su miedo a volar. Se le ocurrió que, si te asusta subirte a un avión, no hace falta tomar tranquilizantes; basta con que tomes una «dosis de realidad». Así pues, por ejemplo, si vuelas en un 747-400 de British Airways para desplazarte de Londres a Nueva York, la app te dice que hay una probabilidad entre nueve millones de que tu avión se estrelle. Podrías tomar ese mismo vuelo cada día durante los próximos 25.000 años más o menos sin sufrir el más mínimo problema. ¿Todavía necesitas alprazolam?

Cuando comenté el asunto con Barnaby, me contó que en cierta ocasión viajaba a bordo de una avioneta cuando el motor se paró a unos cientos de metros del suelo. Se hizo un funesto silencio en la cabina y, mirando por la ventanilla, Barnaby descubrió que la única hélice se había detenido por completo. Creyó que el corazón se le había parado también. Afortunadamente, el piloto consiguió volver a arrancar el motor.

La buena noticia es que la mayoría de los accidentes de avión no son fatales. Un estudio de accidentes comerciales que involucraba cosa de 53.000 personas demostró que el 98 por ciento de los viajeros había sobrevivido. (Es verdad que, de haber volado en una avioneta, no habrían salido tan bien parados.) Si sufres un accidente de avión, ¿hay algún modo de incrementar tu buena suerte? En 2013, un grupo de científicos y pilotos de pruebas estrellaron adrede un Boeing 727 repleto de sensores y maniquíes en el desierto mexicano. Descubrieron que la cola es la zona más segura del avión. Alrededor de un 78 por ciento de los pasajeros del fondo habrían sobrevivido, mientras que en las primeras doce filas los resultados no eran tan positivos. (La seguridad en la zona media del avión —a la altura de las alas— sería, pues eso, media.) Los investigadores advirtieron que otro tipo de accidente (si la cola hubiera impactado en primer lugar, por ejemplo) habría ofrecido un resultado distinto.

Las probabilidades globales de muerte en un vuelo comercial son de una entre 4,7 millones. En consecuencia, Barnaby señaló que cada vez que le ofrezcan un magnífico asiento en primera clase piensa aceptarlo. Viajar en la cola del avión no aumenta de forma significativa esas fantásticas estadísticas. En cambio, tu suerte se incrementará si te pones el cinturón de seguridad y, en caso de aterrizaje de emergencia, adoptas la postura de impacto (como hicieron los pasajeros del vuelo de Sully). Si de verdad te propones aumentar tu buena estrella en un avión, deberías llevar mascarilla o un gran frasco de loción desinfectante, por cuanto el mayor peligro en el aire son los microbios que puedas pescar.

Con millones de personas jugando al tejo a diario por todo el planeta, nos las ingeniamos mejor que nunca para compartir ideas e innovación, pero también hemos creado un gigantesco crisol de virus y bacterias. La mayoría de los microbios te obligan a guardar cama un par de días y nada más, pero Barnaby me recordó que «algunos, como el virus del Ébola o la fascitis necrosante son directamente mortales. Lo que preocupa a los epidemiólogos es saber que, en algún momento, un germen eliminará a quinientos millones de personas o más antes de que descubran el modo de detenerlo».

Con ese inquietante pensamiento en mente, llamamos a Pardis Sabeti, una brillante científica y matemática que Barnaby conoce de la temporada que pasó en Oxford. Se hizo famosa antes de los treinta años por sus descubrimientos sobre los efectos de las variantes genéticas en la evolución de la enfermedad. Ahora es profesora en Harvard y es famosa en Cambridge por ir patinando a las clases y cantar en una banda de rock alternativo.

Cuando el virus del Ébola azotó África occidental en 2014, la doctora Sabeti dirigía un grupo que empleaba la secuenciación genómica para desentrañar cómo se transmitía la enfermedad y encontrar mejores modos de identificarla y tratarla. Hablamos de una infección aterradora. No hay vacuna ni fármaco para combatirla. La gente moría en cuestión de días.

La doctora Sabeti nos contó que había impuesto tres reglas a su equipo durante el brote, y se podrían considerar consignas para todo aquel que desee ser afortunado (y permanecer sano) en caso de epidemia grave.

Son las siguientes:

1. Seguridad ante todo.
2. Nada de pensamiento mágico.
3. Priorizar.

«El único modo de evitar la mala suerte es aceptar que está ahí —dijo la doctora Sabeti—. Hemos sufrido grandes plagas en el pasado y hay que mostrar un profundo respeto hacia el poder de la oscuridad. No subestimar la posibilidad de que ocurra una desgracia es el mejor modo de evitarla.»

Para la doctora Sabeti, poner la seguridad ante todo implica tener presente la forma de mitigar el riesgo sin abandonar el trabajo. Priorizar se torna crucial porque «quieres descubrir qué puedes hacer para aportar algo valioso en lugar de montar en tu caballo y salir cabalgando en cualquier dirección».

En situaciones de crisis, el pensamiento mágico podría constituir el problema más peligroso de todos. La gente que celebraba la llegada del huracán y aquellos que se quedaron en el club nocturno cuando estalló el incendio fueron víctimas del pensamiento mágico. *No va a pasar nada malo porque nunca se ha dado el caso.* Durante el brote del Ébola, la doctora Sabeti se desesperaba con los encargados de establecer las políticas de control cuyo enfoque consistía en: «a lo mejor no se extiende hasta Sierra Leona o puede que no llegue a Estados Unidos. El pensamiento mágico no sirve para tomar decisiones».

Un modo de incrementar la buena estrella en caso de crisis es evitar la mala suerte; y eso requiere una planificación inteligente.

«Algunas personas creen que contratar un seguro implica predisponerse a que ocurra una desgracia, cuando es todo lo contrario. Lo que haces es cerrar las escotillas para poder relajarte. Si has tenido en cuenta lo peor que podría pasar, estás prevenido ante cualquier eventualidad. En el contexto de esta epidemia, algunas personas trabajaban bajo la premisa de que el virus no mutaría. Es preferible pensar: "Puede que mute. ¿Y entonces qué?"»

La doctora Sabeti cree que un modo de incrementar la suerte en caso de crisis consiste en no mostrarse alarmista ni complaciente. Acabó repitiendo una y otra vez: «No tengas miedo, toma precauciones». En cierto momento, cuando el brote del Ébola acababa de declararse y antes de que se hubiera detectado ningún caso a Estados Unidos, pronunció una conferencia en un congreso de grandes mecenas de Harvard.

«Les dije a todos esos multimillonarios que compraran suficiente comida para sobrevivir veintiún días. No pretendía matarlos de miedo, pero digamos que, en un mundo ideal, tendríamos en casa comida enlatada para tres semanas y, si la epidemia quedase controlada en un plazo más breve, podríamos regalar toda esa comida a un mendigo. ¿No es mejor eso que esperar, esperar, esperar a que todo vaya bien y luego descubrir que todo va mal? Es entonces cuando presenciamos escenas que parecen sacadas de una película, con gente peleando a puñetazos en los supermercados.»

La doctora Sabeti piensa que, durante un brote epidémico, más información equivale a más suerte. La norma funciona a escala global, cuando se comparten hallazgos para conseguir mejores resultados en salud pública, y también a escala individual. Si entiendes lo que está pasando puedes adoptar precauciones sensatas y evitar la psicosis colectiva. Actualmente, Pardis Sabeti está tratando de poner en marcha un sistema de vigilancia global para epidemias. El procedimiento comienza con una aplicación que los estudiantes de Harvard pueden utilizar cuando sufren algún tipo de infección. Introducen los síntomas y la aplicación les ofrece información sobre las posibles causas. Es muy difícil detectar una enfermedad contagiosa a partir de un solo diagnóstico —«el 99 por ciento de las veces no tienes ni idea de lo que tienes delante y te limitas a esperar que no sea mortal»— pero cuando empiezan a coincidir las muestras, la relación señal/ruido se torna más eficaz. Hay más probabilidades de reconocer el comienzo de una epidemia.

«Hace falta un sistema que sea cómodo para la gente, para que puedan recurrir a él de inmediato en caso de crisis —afirmó—. Igual que la formación para casos de secuestro que recibí cuando viajé a…»

«¿Ha recibido formación por si la secuestran?», la interrumpí, sorprendida.

«Sí, varias veces. En plena crisis, nuestro campo de visión se estrecha y perdemos el sentido de la lógica. Todo se emborrona. Hay que tenerlo todo controlado de antemano. La clave para ser afortunado y sobrevivir radica en entender qué puedes controlar y que no. De ese modo, evitas entrar en pánico.»

Por más facilidad que tengas para atrapar al vuelo las oportunidades que propician la suerte, siempre hay circunstancias que te descolocan. La enfermedad, la muerte y los disturbios sociales (o un secuestro) pueden desbaratar los planes más concienzudos. Las cosas cambian, a menudo cuando menos te lo esperas. Como escribió la autora Joan Didion después de que su marido sucumbiera a un infarto en el salón de su casa:

La vida cambia deprisa.
La vida cambia en un instante.
Te sientas a cenar y la vida tal como la conocías llega a su fin.

Didion se sintió sobrecogida ante lo ordinario de la tragedia.

«Ante una catástrofe súbita, a todos nos sobrecoge la normalidad de las circunstancias que rodearon lo impensable», afirmó. La tragedia puede caer del cielo azul, a menudo literalmente. La mañana del 11 de septiembre de 2001 hacía un día azul y radiante, y la gente a menudo describe el sol de esa mañana con asombro reverencial, como si echaran en falta alguna señal de advertencia, nubarrones de tormenta antes de que los aviones se estrellaran contra el World Trade Center y el Pentágono.

La catástrofe personal de la doctora Sabati aconteció también un día despejado. Poco después de la crisis del Ébola, la invitaron a pronunciar la conferencia inaugural de un congreso de dirigentes mundiales; el tipo de evento en el que se concentran políticos, celebridades, estrellas de Silicon Valley y líderes mundiales. Imagina a Ashton Kutcher y al presidente de México alternando con el senador Cory Brooker y un director general de alguna empresa de nuevas tecnologías. Por la mañana escucharon las peroratas de los chicos listos y por la tarde participaron en actividades deportivas que la doctora Sabeti describió como «absurdas y sumamente peligrosas».

Pronunciar la charla inaugural en este tipo de reuniones es un gran honor y la doctora Sabeti se preparó para afrontar el día con una hora y media de estiramientos, verticales «y otras locuras». Su conferencia tuvo una acogida fantástica y, cuando terminó, todo el mundo se reunió en torno a ella para comentarla.

«La gente empezó a sugerirme que me apuntara a tal o cual actividad por la tarde», nos explicó. Descartó su plan original de escalar con cuerda cuando descubrió que un participante del año anterior se había fracturado el tobillo. Así que se decidió por una excursión en cuatrimoto cuando le dijeron que era la opción más segura.

«Habida cuenta de la situación, creí lo que me decían y no pedí detalles concretos relativos a la seguridad —nos reveló—. No podía imaginar que, si bien circularíamos por la carretera, habría un barranco de sesenta metros de altura a un lado. En resumidas cuentas, el conductor perdió el control del vehículo y caímos por el precipicio.»

La doctora Sabeti salió disparada del *cuatrimoto* y se estrelló contra los peñascos. Se fracturó la pelvis y las rodillas y sufrió lesiones en la cabeza. Fue trasladada de Montana al centro de traumatología de Seattle, donde la sometieron a veinticinco horas de cirugía en cuatro días.

«Los médicos dijeron que mis probabilidades de sobrevivir eran de un cinco a un ocho por ciento. Casi todas las personas que sufren esa clase de traumatismos mueren. Me cuento entre los más afortunados de los desgraciados.»

A causa de su experiencia en gestionar crisis y catástrofes, la doctora Sabeti ha reproducido mentalmente su accidente una y otra vez. Aun en situaciones imprevisibles, piensa que la preparación ayuda; estaba en tan buena forma que sus tejidos se regeneraron con rapidez y su cuerpo poseía la suficiente capacidad de recuperación como para soportar transfusiones de sangre diarias.

«Llevo cuarenta placas en el cuerpo y sufrí una conmoción cerebral tan grave que pasé varios meses sin ser capaz de leer ni una palabra. Perdí visión y sufro de vértigos crónicos. La mayoría de la gente que pasa por lo que yo pasé jamás vuelve a trabajar», nos relató. Pese a todo, ella ha regresado a su laboratorio y, si bien tardó varios meses, de nuevo rebosa ideas que la emocionan.

Tras cualquier tipo de catástrofe —un terremoto o un huracán, un accidente de avión, un brote del Ébola o un accidente devastador— los supervivientes no se limitan a retomar sus vidas donde las dejaron. Cambian para siempre. La aleatoriedad que supone el hecho de que sigan vivos los deja estupefactos y también un tanto abrumados cuando comprenden que sus propios actos contribuyeron a su destino. En las más terribles circunstancias, encontraron la manera de erigirse como uno de los afortunados supervivientes. Resulta aterrador y da que pensar. Es posible que la doctora Sabeti jamás supere las secuelas. Pero ella seguirá generando suerte para ella y para los demás.

Nadie quiere estar presente en un terremoto o en un huracán, y no es fácil salir bien parado de un incendio, un accidente de avión o un devastador siniestro. Podría parecer que ser uno de los afortunados supervivientes es cuestión de azar. Sin embargo, hacer lo posible para estar preparados, pensar con calma y recurrir al cerebro superior nos puede aportar esa pizca de suerte que marca la diferencia.

Quinta Parte

VISIÓN DE CONJUNTO

«En la naturaleza humana todo es posible. Amor.
Locura. Esperanza. Júbilo infinito.»

Arundhati Roy, *El dios de las pequeñas cosas*

16

El camino de la suerte: busca tu brújula

Ten en cuenta la diversidad de posibilidades a tu alcance. Oriéntate con brújula, no con mapa. Cambia de canción cuando toques la nota siguiente.

Barnaby volvió cierto día del Laboratorio de la Suerte emocionado por lo mucho que habíamos avanzado. Estaba convencido de que habíamos descubierto maneras de incrementar la suerte en frentes diversos. Pese a todo, de cara a emprender la etapa siguiente, quería saber qué implica la suerte en un contexto más amplio.

«La cuestión más importante que aún tenemos por resolver es qué significa tener suerte en la vida —expuso—. Hemos averiguado qué ingredientes hacen falta pero ahora debemos combinarlos con acierto.»

Los ingredientes que habíamos reunido incluían maneras diversas de generar buena suerte para mejorar la experiencia vital: éxito profesional, confianza en los hijos, energía en la vida amorosa y la capacidad de transformar un mal día en uno bueno. Todos ellos incrementan la sensación de control sobre las posibilidades que se abren ante uno. Ahora bien, si reúnes todas esas piezas, ¿qué te aportan en un sentido más trascendente?

«Se parece un poco a preparar una masa —dijo Barnaby—. Tienes sal, harina y agua, pero la forma de combinar los ingredientes marca la diferencia. Puedes acabar obteniendo una barra de pan blanco o un sofisticado pan trenzado. Tienes que saber qué prefieres y qué te propones hacer.»

Barnaby no me parecía la clase de persona que consume pan blanco ni pan trenzado; más bien pan integral con uvas pasas y semillas de amapola (o algo igual de peculiar e interesante). Sea como fuere, entendí a qué se refería. En la vida y en la suerte, si no sabes a dónde vas, es probable que nunca llegues a ninguna parte.

Hace algunos años, Barnaby estuvo investigando el inabarcable tema del sentido y el propósito de la vida, y llevó a cabo un estudio con alumnos universitarios. Se proponía averiguar cómo les ayudaría la universidad a alcanzar sus objetivos vitales. Sin embargo, comprendió enseguida que la mayoría de los estudiantes no tenían grandes objetivos vitales.

«Carecían de visión de conjunto. No sabían qué le pedían a la vida», me reveló Barnaby. Los alumnos que conoció en las universidades de todo el país se referían vagamente a su futuro postuniversitario, pero cuando les pedía detalles específicos sobre las trayectorias profesionales que imaginaban, le respondían con largos silencios y respuestas del estilo de «lo que encuentre» o «un trabajo bien pagado».[46] La indefinición no afectaba únicamente a las profesiones. Barnaby me dijo que se habría dado por satisfecho si alguien le hubiera dicho que aspiraba a casarse y comprar una casa junto al mar o que tenía la esperanza de volver a su ciudad natal para ayudar a sus padres enfermos. Cualquier cosa que hubiera apuntado a una reflexión más profunda sobre la vida y sus principales objetivos.

«Ya resulta bastante complicado hacer un sueño realidad cuando lo tienes. Para ser afortunado debes pensar con antelación y tener una idea general de lo que es importante para ti. En caso contrario, vas a parar a donde te lleva el río», concluyó.

«Creo que se llama "ir a la deriva"», apunté entre risas.

«Pero debes colocarte en el lugar adecuado para que la suerte te sonría —prosiguió Barnaby con gravedad—. Tener un objetivo influye enormemente en el resultado final.»

---

46. La única excepción digna de mención son los estudiantes que se disponían a especializarse en Medicina o Arquitectura, carreras que requieren una enorme preparación.

Casi todos somos conscientes de que no podemos controlarlo todo. Cuando preguntamos a los encuestados qué aspectos de su vida podían incrementar su suerte, la opción «planificar mi vida y mi profesión concienzudamente» fue la menos popular. Bastante más de la mitad de los encuestados pensaban que su suerte crecería si cambiaban de rumbo cuando el anterior no los llevara a ninguna parte. La mayoría (el 64 por ciento) opinaba que su buena estrella aumentaría si eran curiosos y buscaban nuevas oportunidades.

Pese a todo, Barnaby estaba señalando un detalle importante. Los encuestados tenían toda la razón al pensar que no se puede planificar todo de antemano y que es necesario abrirse a nuevas oportunidades. La capacidad de reconocer esas oportunidades (a menudo cuando otros no lo hacen) ayuda a generar suerte. Y ese es el quid de la cuestión. Hace falta un contexto para ver lo que tienes alrededor.

Volviendo a la metáfora del pan de Barnaby, es posible que tengas harina, agua y sal en la cocina, pero sin un objetivo en mente que implique preparar pan, comerlo o venderlo, no harás nada con los ingredientes. Una vez que sacas tu robot de cocina y procedes a preparar esa hogaza, tus perspectivas cambian por completo. Empiezas a atisbar la clase de posibilidades que pueden propiciar la magia de la buena suerte. Los paquetes de fruta deshidratada, pasas y trocitos de chocolate que llevan meses guardados en el armario de la cocina (sin que los vieras siquiera) adquieren de súbito un nuevo potencial. Los abres, los mezclas y creas una hogaza original y maravillosa. Y cuando ganas el premio de cocina en las fiestas de tu vecindad, puedes atribuir modestamente tu éxito a los productos que por azar tenías en la despensa. Sin embargo, en realidad, será el fruto de una casualidad premeditada. No has decidido de antemano el producto concreto, pero una vez que has emprendido el camino (preparar pan), has abierto los sentidos a las oportunidades que tenías al alcance y has visto lo que otros no veían.

Y los principios que se aplican a la fabricación de pan sirven también para… crear una línea aérea. Barnaby conoció hace poco a Tony Fernandes, el emprendedor que fundó la aerolínea económica AirAsia. Cuando hablaron, Fernandes atribuyó humildemente su éxito a la casualidad. Había estado dándole vueltas a la idea de cómo crear una compañía de bajo coste que permitiera volar a más de la mitad de asiáticos que nunca habían subido a un avión, le confesó a Barnaby. Buscaba el momento adecuado para poner en marcha su idea. Tras la tragedia del 11 de septiembre de 2001, el alquiler de aviones se desplomó y le resultó mucho más fácil aventurarse en el negocio. Él mismo lo definió: casualidad.

O puede que no.

«No sé lo que estabas haciendo tú a finales de 2001, pero yo estaba aquí y no se me ocurrió comprar una compañía aérea», observé cuando Barnaby me relató la historia.

«Sí, es un gesto de modestia por su parte atribuir el éxito a la casualidad. En realidad lo tenía todo listo y estaba esperando el momento adecuado. Cuando llegó, vio la oportunidad al momento y cazó la suerte al vuelo. Gracias a eso, ahora es multimillonario.»[47]

Cuando yo era joven, la vida me parecía una serie de pruebas que debía superar. Inconscientemente, creía que si trabajaba con ahínco y sacaba sobresalientes en todo, la suerte me sonreiría durante toda mi trayectoria vital. Sin embargo, cuando me acercaba a los treinta, comprendí que la vida no funciona igual que la escuela. En lugar de un camino en línea recta, sembrado de asignaturas y exámenes, que lleva a la victoria final en forma de toga y birrete, se abrían ante mí infinitas posibilidades en todos los terrenos, profesional, amoroso y personal, que me podían conducir… a cualquier parte.

Volviendo la vista hacia mi propia experiencia, entiendo que los estudiantes universitarios a los que Barnaby entrevistó le dieran respuestas tan vagas. Los niños de clase media tienen muy claro el camino al éxito: consigue buenos resultados en el colegio, saca una nota alta en la selecti-

---

47. Fernandes consiguió reunirse con el primer ministro de Malasia para proponerle la comprar de una compañía aérea gubernamental que estaba en números rojos. Cuando consiguió el visto bueno, hipotecó su casa y reunió el dinero como pudo. Al cabo de un año había saldado la deuda y estaba vendiendo billetes de avión económicos a personas que nunca habían volado.

vidad, entra en la universidad. Sin embargo, los estudios universitarios llegan a su fin. Y parte del proceso de hacerse mayor radica en descubrir que debes decidir qué camino tomar para generar tu propia suerte.

Barnaby señaló que nuestra percepción de lo que tiene importancia —y de lo que implica una vida con suerte— se transforma con los años. Cuando estudiabas en la universidad, es muy posible que ganar un campeonato de atletismo te hiciera sentir la persona más realizada del mundo. Ahora, en cambio, es probable que ese mismo trofeo esté olvidado en el fondo de un armario. Finalizados los estudios, tal vez pasaras meses obsesionado con la idea de organizar la boda perfecta, y ahora que estás criando cuatro niños y dos perros ni te acuerdas de por qué ese único día te parecía tan importante.

Puede que el trofeo y la boda te hayan ayudado a lograr esa vida dichosa que ansías, pero un acontecimiento aislado (de cualquier tipo) tan solo nos hace afortunados cuando se enmarca en un contexto más amplio. Así pues, por ejemplo, conseguir el papel protagonista de una película podría parecer el colmo de la buena suerte. Seguro que Lindsay Lohan pensó de ese modo cuando protagonizó su primer filme de la factoría Disney a la edad de doce años y saltó a la fama de la noche a la mañana con varios papeles que la convirtieron en un ídolo adolescente antes de tener edad suficiente para conducir. ¡Qué suerte! La adicción a las drogas e intentos de rehabilitación que marcaron sus años siguientes no se pueden considerar tan afortunados.

Pese a todo, Lohan tiene poco más de treinta años ahora mismo, así que podría dar un giro a su vida y seguir adelante. (Drew Barrymore lo hizo en circunstancias parecidas.) Viajaba a lomos de la suerte y se cayó. Podría volver a emprender ese mismo camino o escoger otro distinto para averiguar qué entiende por una vida venturosa en un sentido más amplio.

El primer papel profesional de Emma Watson, una actriz todavía más joven, fue el de Hermione Granger en las popularísimas películas de Harry Potter. Vaya, vaya. Vista la experiencia de Lohan, todos sabemos lo que les espera a las jóvenes estrellas. Pero Emma no perdió la cordura. Esperó un tiempo a rodar otras películas, se graduó en la Universidad

Brown y se convirtió en abogada internacional de derechos femeninos. Ah, y además es profesora de yoga titulada y medita para «sentirme siempre en paz conmigo misma». Protagonizar *Ponte en mi lugar* o *Harry Potter* es algo circunstancial. La posibilidad de que una circunstancia traiga suerte o desgracia depende de cada cual, del camino que escoja, del paso siguiente.

La reflexión me trae a la mente al gran músico de jazz Miles Davis. Decía que en el jazz no hay notas equivocadas: el hecho de que una nota sea acierto o error depende de la que toques a continuación. También podría haber dicho que no hay notas acertadas. Puedes partir de algo maravilloso y estropearlo o empezar con el sonido más aburrido del mundo y transformarlo en una melodía mágica. Ser capaz de crear un *riff* a partir de cualquier nota; eso es el jazz. También podríamos decir que es lo que nos trae suerte en la vida.

Parte de la emoción de asistir a una velada de jazz consiste en escuchar cómo un músico desafía al anterior. Recoge lo que el otro ha tocado y crea algo distinto, mayor, quizás incluso mejor. Lo que importa en último término es cómo se articula el conjunto.

En ocasiones la suerte avanza por caminos escabrosos, pero solemos creer (de manera inconsciente) que la vida tiende a nivelarse. Si le sucede algo bueno a una persona que ha sufrido suspiramos con alivio y le decimos: «Te lo mereces». Y cuando nos enteramos de que un famoso experimenta dificultades, tal vez lo compadezcamos pero no nos sorprende. Al fin y al cabo, también es humano. Nadie puede tenerlo todo.

Estaba pensando en las rutas que llevan a la suerte (y en las vías de entrada y salida de las mismas) cuando recibí una llamada del príncipe Talal de Jordania, que acudía de visita a Nueva York y deseaba reunirse conmigo. Como pertenecemos a la misma organización internacional desde hace años, nos conocemos bien. Siempre me ha gustado charlar con él porque es una persona muy culta que sabe captar los detalles más sutiles de la vida.

Así pues, me pareció buena idea reunirme con el príncipe en el hotel Saint Regis para tomar un café.

El príncipe Talal es nieto de un rey y sobrino de otro. Cuando nos sentamos, pensé que a las personas como él no les cuesta demasiado subirse al carro de la suerte. Un príncipe, por definición, ha nacido con buena estrella. Puede que la suerte no caiga del cielo, pero sin duda salpica los genes de una familia real. Aunque había escogido un atuendo informal (vaqueros ajustados y camiseta James Perse, por si te interesa), emanaba un aire regio que nunca lo abandona.

Él, tan cortés como siempre, me preguntó por mi trabajo y empezamos a charlar de la suerte. Hizo un par de comentarios inteligentes sobre la necesidad de buscar oportunidades y crear el propio destino. Yo jugueteé con la taza de café y por fin le pregunté si un príncipe —una persona a la que toda su vida han tratado de «su alteza real»— podía entender lo que implica propiciar la propia suerte.

«Pues claro que sí», respondió, frunciendo sus negras cejas.

«Algunas personas podrían pensar que usted no tiene necesidad de forjarse su suerte, por cuanto le ha venido dada», observé con tiento.

La inquisitiva expresión de sus ojos reveló que la coletilla periodística «algunas personas podrían pensar» no había colado.

«¿Eso piensa usted?», preguntó.

Carraspeé. Tomé un sorbo de agua.

«Usted dirá», respondí.

Y lo hizo.

¿La suerte le vino dada? Bueno, puede que no exactamente. Cuando el príncipe Talal tenía dieciséis años, salió un día a esquiar en las aguas del golfo de Aqaba en el mar Rojo. El conductor de la lancha se acercó demasiado a un malecón y Talal se estrelló contra el muro a toda velocidad. Afectado de lesiones internas generalizadas, pasó ocho meses en el Hospital Metodista de Houston, donde luchó entre la vida y la muerte y perdió medio hígado y una parte del pulmón.

«¿Ocho meses en el hospital?», le pregunté.

«Cuando te encuentras en esa situación, no tienes visión de conjunto —aclaró—. Te limitas a vivir día a día.»

Por más que tuviera sangre azul, no podía esperar que nadie lo rescatara. Durante ocho meses, hizo esfuerzos por salir adelante. Sobrevivió.

Abandonó el hospital, se graduó en la Real Academia Militar británica y recuperó su espíritu intrépido. Diez años después del accidente en el malecón y transcurridos tan solo seis meses de su boda con la hermosa princesa Ghida, sufrió un segundo golpe cuando le diagnosticaron un cáncer (linfoma no Hodgkin). Es posible que la medicación que tomó tras el primer accidente le provocara la enfermedad o, cuando menos, agravara el problema. Así que se sometió a otra ronda de hospitalización y tratamiento exhaustivo.[48]

«A esa edad, lo único que te importa es vivir, y dedicas toda tu energía a conseguirlo», dijo.

Mientras hablábamos, comprendí por qué el tema de la suerte me parece tan fascinante. Todo el mundo —sin importar procedencia y condición— está sometido a sus reglas. Las contingencias existen y cada cuál debe decidir cómo afrontarlas. Del esfuerzo, la resiliencia, la determinación y la persistencia que demuestres ante un infortunio dependerá tu suerte en la vida (o la carencia). El príncipe Talal no se dio por vencido. Se esforzó por sobrevivir una segunda vez. Y siguió bregando por recuperar su cuerpo y su existencia. Regresó al camino que había escogido, retomó su carrera militar y ascendió a los más altos rangos. Jamás he visto a nadie con una espalda tan recta como la suya (me sentía encorvada incluso cuando no lo estaba) y un talante tan imponente.

«He oído que ahora corre maratones», comenté.

Su ceño se suavizó y esbozó una leve sonrisa.

«No siempre me apetece, pero hay que seguir adelante», respondió con su elegante acento británico.

---

48. Las circunstancias familiares del príncipe Talal sin duda le permitieron acceder a excelentes servicios médicos que no estaban al alcance de todo el mundo en la zona. Su mujer ocuparía más tarde el cargo de presidenta del Centro Oncológico del rey Hussein de Jordania y ha contribuido a convertirlo en una institución de prestigio internacional. Cuando hablé con ella, me aseguró que se ha propuesto conseguir que todos los habitantes de la región puedan acceder a los mismos cuidados de calidad que disfrutó su marido. «Tuve el privilegio de viajar a Estados Unidos cuando mi marido enfermó de cáncer. Y es mi prioridad que otras esposas, otras madres, otras hermanas tengan posibilidades de albergar la misma esperanza que albergué yo. Sus lágrimas son iguales a mis lágrimas y su amor es idéntico al mío», me reveló.

Actualmente el príncipe Talal está en plena forma. Los músculos contornean su esbelta figura. (Sí, me fijé.) Un físico como el suyo se consigue a base de esfuerzo, no por chiripa.

«Me tomo mis deberes y mis responsabilidades muy en serio», me aseguró.

Cuando conocí al príncipe Talal en un acto oficial hace algunos años, lo consideré un hombre privilegiado y afortunado que formaba parte de una élite que yo apenas empezaba a vislumbrar. Lucía con elegancia gemelos de oro, pañuelo en el bolsillo y un traje inglés a medida de corte tan perfecto que te dolían los ojos solo con mirarlo. No sabía nada de su accidente ni del cáncer, ni tampoco de la tenacidad que hace falta para seguir adelante cuando tu vida se ha hecho añicos. Había tardado muchísimo tiempo en comprender que, por más que seas príncipe o rey, no tienes la felicidad garantizada. Debes forjar tu propia suerte, igual que los demás. Al príncipe Talal le sonrió la fortuna cuando entendió que, sean cuales sean los privilegios con los que has nacido, los puedes perder con la misma facilidad. Cuando luchas por crear un futuro dichoso para ti y tu familia, tienes muchas posibilidades de conseguirlo.

Cuando me reuní nuevamente con Barnaby, le narré la conversación. Había comprendido que, desde fuera, es fácil malinterpretar el origen de la suerte. ¿Tenía razón al atribuir a la fortaleza interior del príncipe su buena suerte (al margen de su familia y su título) o había sucumbido a sus encantos reales?

«No, tienes razón —respondió Barnaby, que asentía con aire meditabundo—. La suerte no nace de un único acontecimiento. Ni siquiera de las circunstancias de tu nacimiento.»

Ser miembro de la realeza se parece a protagonizar una película de éxito. Puedes acabar como Lindsay Lohan o como Emma Watson.

«Si te propones crear una vida dichosa, debes saber que todo está sujeto a diversas circunstancias que se van sucediendo. Sea cual sea tu punto de partida, acabarás sometido a una cadena de estructuras causales, cada una de las cuales puede conducir a la suerte», observó Barnaby.

Afrontar las circunstancias tal como se presentan —colocando cada eslabón en su lugar— es un modo de incrementar la buena estrella. Ahora bien, tratar de *predecir* qué sucederá no aumenta la fortuna necesariamente. Estamos rodeados de miles de millones de posibilidades distintas y la más mínima variación en una u otra puede desencadenar un desenlace nuevo e inesperado. Los científicos se refieren a este principio como «la teoría del caos». El primero en formularla fue el matemático y meteorólogo Edward Norton Lorenz. Se le ocurrió después de usar un programa de ordenador para predecir las condiciones meteorológicas y errar de manera estrepitosa. Lorenz concluyó que la más mínima (verdaderamente minúscula) desviación en la primera cifra que introducía en el modelo alteraba todo el resultado.[49] Debió de ser la explicación más elaborada del mundo para justificar un mal pronóstico del tiempo.

Lorenz se propuso demostrar que una pequeña variación en las condiciones iniciales se multiplica hasta transformar por completo las circunstancias posteriores. Propuso la famosa imagen de la mariposa que, al aletear en Brasil, provoca un tornado en Texas. La mariposa mueve las moléculas suficientes como para causar un pequeño cambio en la atmósfera. La magnitud del cambio se torna mayor según viaja por el mundo y, antes de que te des cuenta, la inestabilidad del aire provoca un tornado que azota un barrio elegante de Texas. Puede que arranque de cuajo la casa de un antiguo presidente, que deberá ser rescatado de entre los escombros.

«¿Por qué a mí? ¿En qué me he equivocado?», se preguntará.

La lista de sus errores podría ser larga o muy corta pero no guarda relación alguna con el tornado ni con el desastre, ni tampoco con el hecho de que el antiguo presidente haya perdido su hogar.

¿Te parece rocambolesco? Como a menudo sucede, un escritor de ciencia ficción intuyó esta teoría antes que los científicos. El relato *El ruido de un trueno* del escritor Ray Bradbury presenta a un grupo de cazadores que viaja en el tiempo hasta la época de los dinosaurios. Todo ha sido dispuesto de modo que no puedan alterar la historia (por ejemplo, únicamen-

---

49. Introdujo la cifra 0,506 y más tarde afirmó que debía haber introducido 0,506127.

te pueden disparar a un dinosaurio si está a punto de morir). Sin embargo, concluido el viaje, regresan a su época y descubren que el presente ya no es el mismo. En las recientes elecciones ha ganado un presidente distinto. Uno de los cazadores se fija en la mariposa aplastada que lleva pegada a la bota y comprende que la muerte del lepidóptero en el pasado remoto ha desencadenado tantos cambios como para alterar el resultado de las elecciones.

Preocupada, le pregunté a Barnaby si creía que la teoría del caos cuestionaba nuestra teoría de cómo propiciar la suerte. Si una mariposa, por el mero hecho de agitar las alas o morir aplastada bajo una bota, puede provocar tornados y cambiar el resultado de unas elecciones, ¿cómo concluir que podemos controlar la vida y la suerte?

Barnaby se inclinó hacia delante con aire impaciente.

«Cada vez que oigas hablar del efecto mariposa debes recordar que, al mismo tiempo, están sucediendo millones de cosas. ¡Hay infinitas mariposas agitando las alas! Es posible que cada una de ellas provoque un efecto en cadena, pero hay infinidad de factores que influyen a lo largo del recorrido y pueden cambiar las cosas.»

Sonreí. ¡Pues claro! Aunque la mariposa (en cierto sentido) provoque una tormenta, tú siempre podrías construir una casa a prueba de tornados o vivir en una zona donde no se produzcan ese tipo de fenómenos meteorológicos.

«Lo peor es tener la sensación de que careces de control sobre los acontecimientos y no atreverte a intentarlo. En ese caso, vives a merced de las mariposas. O de los demás —prosiguió Barnaby—. Me niego a ser el típico necio que espera a que sucedan las cosas y se conforma con lo que hay pensando que no se puede hacer nada. La mariposa solo provocará el tornado si nadie a lo largo del recorrido hace nada por evitarlo.»

«¡Me encanta esa actitud!», reconocí con una gran sonrisa.

Llevado por la pasión, Barnaby empezó a hablar un poco más deprisa.

«Abundan las ocasiones de cambiar el rumbo de los acontecimientos. Las cartas que te reparten no son las que vas a jugar durante toda la partida. Puedes sustituirlas, decidir cuáles te quedas y cuáles descartas.»

Esa misma mañana, yo había estado leyendo sobre las tres parcas de la antigüedad: las diosas de la mitología griega y romana que en las obras de arte se suelen representar tejiendo los hilos de la vida. Decidían cuándo empezaba la existencia de un mortal y cuándo concluía, pero no podían controlar lo que sucedía entretanto.

Numerosas religiones plantean también que ciertos acontecimientos están predeterminados, pero admiten que buena parte depende de cada cual.

«El sino es aquello que pasará si no haces nada por evitarlo, pero el destino se refiere a tu potencial y requiere de tu colaboración», afirmó Barnaby. Recordé el chiste del hombre que reza cada día para ganar la lotería. El sorteo se celebra a diario y él nunca gana. Así que sigue rezando, pero la suerte nunca le sonríe.

«Señor, soy un buen hombre. Rezo con devoción y no hago nada malo. ¿Por qué no me dejas ganar la lotería? ¿Qué más quieres de mí?», pregunta frustrado.

«Podrías echarme una mano y al menos comprar un cupón», responde Dios.

Barnaby soltó una carcajada.

«A Benjamin Franklin le habría gustado ese chiste. Creo que fue él quien dijo que Dios ayuda al que se ayuda a sí mismo.»

Lo comprobé, y fue Sófocles el primero en decir algo parecido hacia el año 400 antes de Cristo. Eurípides y Ovidio nos legaron su propia versión de la frase también. Los filósofos franceses e ingleses del siglo XVII la popularizaron («Dios ayuda a los que se ayudan a sí mismos», dijo el sacerdote y poeta George Herbert),[50] antes de que Franklin importara el aforismo a Estados Unidos. En otras palabras, la idea de que la suerte sonríe a aquellos que la buscan activamente posee hondas raíces en la poesía y la religión.

Barnaby señaló que, sean cuales sean nuestras creencias religiosas, tanto si crees en el destino como en el sino o en el libre albedrío, el mayor

---

50. Si crees que todo suena mejor en francés, he aquí un verso de Jean de La Fontaine: *Aide-toi et le ciel t'aidera* o Ayúdate a ti mismo y el cielo te ayudará.

pesar al mirar atrás suele ser no haber hecho lo suficiente por expresar todo tu potencial. Las personas afortunadas son aquellas que están dispuestas a arriesgarse, a ser una pizca temerarias y a darlo todo por alcanzar un objetivo. Es mejor haberlo intentado y fracasar que no haber intentado nada.

«Si participas en los Juegos Olímpicos y no ganas el oro, cuando menos habrás vivido la experiencia —señaló Barnaby—. Nada causa tanto pesar e infelicidad como no haber luchado por los propios sueños y preguntarte qué habría pasado si te hubieras atrevido.»

Para evitar esos remordimientos hay que tener un objetivo y saber qué entiendes tú por una vida afortunada. No significa que debas tomar un camino y no desviarte jamás, pero sí meditar a dónde quieres dirigirte. Le mencioné a Barnaby que acababa de toparme con un comentario de Joi Ito, el empresario y director del MIT Media Lab. Sugería que es mejor navegar por la vida con brújula que con un mapa. Me gusta la imagen y me parece un modo perfecto de describir cómo tomar la ruta de la suerte. Para orientarte con una brújula debes saber hacia dónde te encaminas y luego permanecer atento a los giros y revueltas del sendero. Un mapa (o Google Maps) te ofrece una ruta concreta, y según recorres fatigosamente el camino podrías pasar por alto los desvíos que propician la fortuna.

«Claro, he trabajado con Joi —dijo Barnaby (¡cómo no!)—. Es un genio y a menudo habla de los vertiginosos cambios que traen consigo las nuevas tecnologías. Lo más interesante es que, según el mundo se transforma cada vez más deprisa, la imagen de la brújula se torna más relevante.»

Para ser afortunado en un mundo que cambia de la noche a la mañana, necesitas saber hacia dónde te diriges en general, pero también debes ser flexible y desviarte cuando sea necesario. Tomar el rumbo correcto no siempre implica seguir la línea de puntos de tu GPS. Si todo el mundo toma ese mismo camino, tal vez quieras elegir uno distinto.

Navegar con brújula requiere cierto grado de intrepidez, pero también propicia las grandes oportunidades que apunta Joi Ito. Mi atlético marido y yo a menudo emprendemos largas caminatas por el bosque y Ron es sin duda de los que prefieren la brújula. Sabe a dónde se dirige, pero le gusta buscar su propia ruta. Un día, hace poco, estábamos recorriendo una senda preciosa y como a mí me preocupaban los bultos de las raíces, las piedras sueltas y la serpientes, mantenía la cabeza gacha para ver dónde ponía los pies. Ni siquiera sabía a dónde íbamos; me limitaba a seguirlo, pensando únicamente en el paso siguiente.

«¿Has visto ese precioso halcón?», me preguntó Ron al tiempo que se volvía a mirarme según alcanzábamos la cima de una cuesta empinada.

«No.»

«Volaba en círculo sobre nosotros cuando hemos pasado por la franja de pinos blancos.»

«¿Pinos blancos?», pregunté.

«Sí, justo después de la cascada.»

«¿Qué cascada?»

Mientras yo clavaba los ojos en la punta de mis botas, Ron había perfeccionado el arte de observar el camino al mismo tiempo que miraba adelante, arriba y a nuestro alrededor, que es el único modo de tener suerte con las vistas. Había vivido experiencias que yo me había perdido, porque si mantienes la cabeza gacha según avanzas por la vida (literal o metafóricamente), obvias la ocasión de tener suerte. En cambio, si sabes a dónde vas y confías en que (de un modo u otro) llegarás a tu destino, alcanzas igualmente la cima al mismo tiempo que avistas preciosos halcones.

Escoger una senda y desviarte por otra en el momento oportuno podría ser la fórmula ideal para generar suerte en el transcurso de una vida. Sin embargo, la mayoría sufrimos cierta miopía en lo concerniente al futuro. Abundan las situaciones que gestionar y los problemas que resolver en el día a día: trabajos exigentes, niños que piden la merienda o ayuda con los deberes o consuelo a media noche. Solo con solucionar esos problemas inmediatos ya nos sentimos afortunados. Igual que los estudiantes a los que Barnaby entrevistó (centrados en sus preocupaciones más inmediatas, como las clases, la cerveza y los partidos de fútbol), sabemos que el futuro llegará antes o después, pero damos por supuesto que se resolverá por sí mismo.

«Se parece a la conversación entre Alicia y el gato de Cheshire en *Las aventuras de Alicia en el país de las maravillas* —arguyó Barnaby—. Alicia quiere vivir aventuras, pero no sabe muy bien a dónde ir y el gato le dice que, si camina lo suficiente, acabará por llegar a alguna parte.»

La frase tiene su gracia, pero también recuerda a lo que hacemos la mayoría: seguimos caminando y damos por supuesto que la vida nos traerá experiencias, buenas o malas. La gente que se propone atraer suerte hace caso omiso del consejo del gato y sabe de antemano el paraje emocionante al que quiere llegar. Según lo expresó Barnaby, hacen planes y se atienen a ellos pero, si el plan falla, prueban otra cosa y otra más hasta que consiguen dejar atrás los inevitables reveses de la vida.

Barnaby acababa de llegar de un congreso en California, donde había conocido a varias personas extraordinarias que habían forjado su suerte en el curso de la vida identificando en qué momento debían cambiar de rumbo. Una de esas personas es Sherry Lansing, la antigua presidenta de producción de la 20th Century Fox y directora ejecutiva de Paramount Pictures.

«Qué suerte haberla conocido. ¡Siempre la he considerado un ejemplo a seguir!», exclamé. Lansing consiguió que le sonriera la suerte en una época en que las mujeres lo teníamos complicado. Fue la primera mujer que dirigió un estudio de Hollywood y se anotó una larga serie de éxitos, incluidas películas como *Atracción fatal* o *Titanic*. Supuso una inspiración para muchas de las que fuimos detrás. Y es famosa por su creatividad, bondad y belleza.

«Aún conserva todas esas cualidades, incluida la belleza —afirmó Barnaby—. De hecho, es deslumbrante. Notas el resplandor cuando entra en una habitación.»

«Espero que se lo dijeras», apunté.

A los sesenta años, Lansing sorprendió a todo el mundo cuando decidió abandonar la glamurosa vida de Hollywood. La gente se quedó de piedra. Nadie renuncia a los focos y al poder a menos que se vea obligado. Pero Lansing estaba decidida a pasar página.

«Por más que adores tu trabajo, tienes que saber cuándo ha llegado el momento de soltarlo y emprender un nuevo camino —le reveló a Barnaby.

A continuación, a modo de consejo, añadió—: El cambio nos mantiene jóvenes, así que nunca dejes de cambiar.»

Pensando que una vida afortunada no consiste en repetirse, se involucró en proyectos de lucha contra el cáncer y reforma de la educación pública. Ahora, diez años después, proyecta la alegría que antes le procuraban las películas en otras direcciones. Y, por lo que parece, su decisión la hace feliz… y la mantiene radiante.

En ese mismo congreso, Barnaby pasó un rato charlando con su amiga Arianna Huffington, la persona que creó de la nada su epónimo *Huffington Post* y que acabó por vendérselo a la empresa de medios AOL por 315 millones de dólares. Igual que Lansing, intuyó que parte de la ecuación de la suerte consiste en cambiar de rumbo en el momento adecuado.

Huffington, una mujer increíblemente decidida, había probado suerte en muchos ámbitos distintos a lo largo de su vida: ha sido escritora, activista, mujer de un congresista, candidata a gobernadora de California, conservador y liberal. Sin embargo, *The Huffington Post* le otorgó reconocimiento internacional. Le dijo a Barnaby que se acostumbró a trabajar dieciocho horas al día, un método infalible para que te sonría la suerte. Pero una tarde de abril, se desmayó en su mesa de despacho de puro cansancio y, al caer, se golpeó contra una esquina del escritorio y se fracturó el pómulo. Lo siguiente que recuerda es estar en medio de un charco de sangre en el suelo pensando: ¿El éxito consiste en esto?

Igual que Lansing, Huffington decidió que había llegado el momento de dedicarse a algo que diera un sentido distinto a su vida.

«Solía caminar por la calle hablando por teléfono o echando un vistazo a los mensajes. Un día, estando cerca de mi casa, en el Soho, miré a mi alrededor y vi un edificio precioso. Le pregunté a la amiga que me acompañaba cuándo lo habían construido y me dijo: "En 1929". Me pregunté qué más me había perdido.»

Huffington comprendió que, cuando no prestamos atención, nos perdemos esas pequeñas cosas —como una hermosa arquitectura— que nos ayudan a sentirnos afortunados. Y puede que también nos perdamos las grandes cosas, como disfrutar de buena salud.

«Me había acostumbrado hasta tal punto a vivir agotada que me hizo falta caer en redondo al suelo para pararme a mirar mi vida y reexaminar mis prioridades», le confesó a Barnaby. Complementando su éxito financiero con un tipo de buena suerte más espiritual y emocional, dejó *The Huffington Post* para difundir salud, bienestar y equilibrio a través de una empresa que bautizó con el nombre de Desarrollo Integral. Incluso ha emprendido una campaña para animar a la gente a dormir más. Quién sabe…, puede que los dulces sueños nos traigan suerte.

La idea de generar suerte cambiando de actividad parecía estar súbitamente en el aire. Victor Nee, el profesor de Cornell con el que habíamos paseado por Central Park unos meses atrás, se puso en contacto con Barnaby para comentarle cómo avanzaba su estudio sobre las empresas de tecnología. Uno de los indicadores del éxito, afirmó, era la rapidez con la que una empresa podía «reinventarse».

«En el campo de las nuevas tecnologías, el terreno se transforma por momentos y lo que rompía hace seis meses hoy se considera anticuado —señaló—. La habilidad más buscada es la capacidad de identificar las tendencias del nuevo mercado.»

Una de las claves consiste en actualizar lo que antes nos había descrito como conocimiento secundario. Sea cual sea la ruta que tomes, puedes emplear el conocimiento adquirido en cierta situación para generar éxito y suerte en otra distinta.

No hace falta ser un genio de la tecnología ni un magnate de los medios para percibir la importancia de «reinventarse». Barnaby expuso que casi todos lo hacemos de manera natural a lo largo de la vida.

«Pasas de ser un brillante estudiante universitario a emprender una carrera profesional o ejercer de padre o madre —observó—. Las distintas coyunturas nos obligan a tomar desvíos para generar nuevas formas de suerte.»

¿Te acuerdas de los picos que Barnaby dibujó una vez para mostrarme las cimas y los valles que caracterizan la vida? Pues ahora me recordó que para escalar un ámbito de la vida y atraer buena suerte primero tienes que descender. Puedes tratar de saltar de pico en pico, pero una existencia afortunada implica también el paso por el valle.

Tener suerte en la vida significa comprender dónde te encuentras ahora mismo sin dejar de mirar al frente en busca de nuevas oportunidades. Según las circunstancias van cambiando, hace falta coraje para afrontar nuevos desafíos y buscar fortuna en lugares inexplorados.

Me parecía un buen modo de empezar a forjar una vida con suerte. Ahora bien, hay algo más que necesitas. Y estamos a punto de descubrir qué es.

17

Cómo ser un privilegiado: convéncete de que puedes generar buena suerte

Considérate afortunado. Adopta la misma actitud ante el triunfo que ante el fracaso. Busca la dicha ante todo.

Cierto día, caminando por la calle, me percaté de que, después de tanto tiempo investigando la buena suerte con Barnaby, me sentía más afortunada. Cada vez más, me animaba a mí misma a identificar las oportunidades que me brinda la vida, a tomar decisiones meditadas y a persistir cuando otros abandonarían. Me emocionaba saber que tenemos más control sobre los distintos aspectos de la vida del que pensamos. Seas quien seas, la suerte nunca viene dada; tienes que generarla conscientemente.

Sin embargo, seguía intrigada por la pregunta de Barnaby: ¿qué define, a gran escala, la suerte en la vida?

Así pues, en nuestra siguiente reunión, decidí plantearle esa misma pregunta.

«¿Qué significa tener suerte en la vida?», le pregunté.

«Conocer tus sueños y tu potencial, supongo —respondió Barnaby. A continuación me miró y soltó una carcajada—. La respuesta ha sido rauda pero insatisfactoria, ¿no?»

«Exacto —asentí yo—. Te formularé la pregunta de otra manera. ¿A quién consideras el paradigma de persona afortunada? Alguien a quien le cambiarías el sitio sin pensártelo.»

Se quedó mirando al infinito un par de minutos y prácticamente pude ver el movimiento de sus engranajes mentales según examinaba distintas posibilidades. Di un sorbo a mi té con hielo. Aguardé. Por fin, mencioné un par de personas enormemente ricas con las que Barnaby había alternado últimamente. Personas que tenían aviones propios, islas privadas y mansiones en la ciudad. Barnaby conoce a muchos multimillonarios por cuanto ha aconsejado a varios de ellos cómo invertir en proyectos filantrópicos para lograr el máximo impacto. Si buscas personas afortunadas, ese grupo ofrece un buen punto de partida.

«Me caen bien y admiro lo que hacen por el mundo con sus recursos —reconoció Barnaby—, pero en el plano individual pasan los mismos apuros que todos los demás. —Me comentó que uno de ellos se había divorciado dos veces y el otro tenía problemas con uno de sus hijos adultos—. Han triunfado en algunos aspectos pero ¿tienen suerte en la vida en general? No lo sé.»

«¿Y no renunciarías a tu mujer y a tus hijas por averiguarlo?»

«Pues claro que no —respondió con una carcajada—. ¡Soy afortunado en ese aspecto!»

La última pregunta de nuestra encuesta nacional decía: «¿Te consideras una persona afortunada?». Un 67 por ciento de los encuestados respondieron afirmativamente y un 33 por ciento de manera negativa. Barnaby y yo nos preguntamos qué factores llevan a una persona a sentirse más afortunada que otra. Así que analizó los datos, buscó diferencias demográficas y no pudo encontrar nada. No importa el lugar de residencia, el dinero que ganas, si eres hombre o mujer, casado o soltero; las probabilidades de que te consideres una persona afortunada son las mismas en todos los casos.

Así pues, si las circunstancias externas no influyen en la percepción de la propia suerte, ¿acaso el secreto para ser afortunado radique sencillamente en... creerse afortunado? Tu propia actitud, optimismo y capacidad de esperanza podrían definir en último término tu suerte en la vida.

Al día siguiente, saboreando una copa de rosado en una cata de vino organizada por un amigo de mi marido, un médico encantadoramente sociable llamado Michael Nochomovitz, estuve sopesando la idea. La sala estaba atestada de personas interesantes y, hacia el final de la tarde, conocí a un científico llamado Jonathan Stamler que había acudido en avión desde Cleveland para la ocasión. Cuando le dije que estaba investigando la suerte, reaccionó con entusiasmo.

«Me dedico a la investigación de laboratorio, así que lo sé todo sobre la suerte», afirmó.

Stamler es un hombre divertido, listo y (según descubriría más tarde) conocido en todo el mundo por un descubrimiento relacionado con la función de las proteínas celulares. Al momento me habló de un amigo y colega suyo que recientemente había ganado el premio Nobel y opinaba que la suerte ejercía un papel muy real en la ciencia. No la suerte entendida como azar, sino de una clase bien distinta.

«Es un tipo brillante, y un montón de investigadores desean trabajar en su laboratorio —me dijo Stamler con gran emoción—. Cuando los entrevista, dedica un buen rato a hablar con ellos y luego concluye con una pregunta: ¿te consideras una persona con suerte? Si alguien responde negativamente, no lo contrata, por muy bueno que sea.»

«¿Tiene algo que ver con la teoría de Napoleón? —pregunté, y le mencioné la frase atribuida al emperador. "Si puedo elegir, dadme generales con suerte"», dijo mientras elegía a la cúpula militar.[51]

Stamler sonrió.

«Es un poco más sutil. En la investigación es importante estar convencido de que tienes suerte. Todo descubrimiento requiere creatividad, amplitud de miras y disposición a explorar. Hace falta una actitud positiva y el convencimiento de que puedes encontrar algo nuevo. Si no te sientes afortunado, es poco probable que tengas suerte.»

---

51. El comentario se atribuye con frecuencia a Napoleón, pero la fuente original es difícil de rastrear. Entre sus escritos encontré un comentario que dice: «La guerra se compone de una serie de accidentes (...) Tan solo ofrece un momento propicio. El arte de un general radica en saber distinguirlo.» Me gusta porque se parece a lo que venimos diciendo sobre atisbar la oportunidad y entonces hacer la suerte realidad.

Ahora yo también sonreía. Si los científicos más importantes del mundo reconocen que hace falta la actitud adecuada para que te sonría la suerte en el laboratorio, sin duda habíamos dado con algo importante.

Mirando a mi alrededor, comprendí que esa actitud positiva podía multiplicar la suerte de cualquiera. Como para demostrarlo, una mujer joven y guapa llamada Victoria James se acercó a rellenar nuestras copas de vino. De rostro juvenil y estilo discreto, habría sido fácil obviarla.

«Mucha gente todavía me confunde con la encargada del guardarropa», bromeó con una sonrisa dulce.

Sin embargo, teníamos delante a toda una estrella de la industria alimentaria: la sumiller titulada más joven de todo el país. Ha escrito un libro sobre el vino rosado y posee una magnífica reputación en algunos de los mejores restaurantes de Nueva York. A los veintipocos años se dedica a viajar por el mundo probando vino y supervisa la compra y la venta de botellas del restaurante premiado con una estrella Michelin en el que nos encontrábamos.

«¿Usted se siente afortunada?», le pregunté cuando se unió a nuestra conversación.

«Si te dedicas a esto, no tienes más remedio», respondió. Reconoció entre risas que en cierta ocasión trató de cultivar uvas Pinot Noir en una maceta que dejó en la escalera de incendios. El proyecto no prosperó, pero cuando crees en ti mismo la espiral de la suerte gira en muchas direcciones. Ahora sale con un chico que produce un rosado de California (de vides cultivadas en la tierra) distinguido con un galardón.

Convertirse en una experta en vinos podría parecer una ambición un tanto esnob, no demasiado apropiada para la gente como tú y como yo, que buscamos suerte en ambientes más terrenos. Sin embargo, Victoria me pareció una mujer sensata y pragmática, en absoluto afectada.

«Empecé a trabajar de camarera cuando tenía trece años —me relató. Encontró un bar restaurante cerca de su casa que no tenía demasiadas manías con la edad de sus empleados—. El tipo de bar en el que hay un montón de camareras llamadas Flo.»

Algunos años más tarde, cuando necesitaba dinero para la universidad, descubrió que un barman gana más que un camarero.

«Pero yo no sabía nada de vino ni de licores, así que decidí aprender», prosiguió. Asistió a clases, hizo amigos en la profesión, estudió incansablemente y probó vinos y más vinos. Recién descubierta su pasión y consciente de que el sector estaba dominado por hombres más maduros y arrogantes, confeccionó tarjetas de estudio con más de veinte mil entradas antes de presentarse al examen de sumiller.

Estaba convencida de que el futuro le depararía suerte. Y gracias a ello fue capaz de atraerla. Nunca se agobió pensando si los elegantes círculos de catadores la aceptarían o no. Adoptó una actitud positiva. Creó su propia suerte.

Cuando la joven se alejó otra vez, le señalé al doctor Stamler, admirada, qué lejos te puede llevar el talento cuando lo combinas con determinación y la convicción de que la suerte te sonreirá.

«¿Cree usted que llegará a ganar el premio Nobel, como su amigo?», le pregunté. Mi pregunta lo descolocó. (Yo se la había lanzado, en parte, en plan de provocación. Más tarde descubrí a través de fuentes confidenciales que su nombre se había barajado en varias ocasiones para el premio.)

«La concesión del Nobel depende de muchos factores», me respondió. Un descubrimiento importante que recibe el aplauso internacional solo es el comienzo. También hay que relacionarse con las personas adecuadas, conseguir apoyos y creer en ti mismo lo suficiente como para que otros crean también. Todos los agasajados cuentan que, cuando reciben la llamada de la Academia Sueca a primera hora de la mañana, apenas si se lo pueden creer. En realidad, nunca llega de forma totalmente inesperada. La mayoría de los premiados han trabajado muy duro para atraer ese golpe de suerte.

Dando un sorbo al rosado, comprendí que tanto si aspiras a ser científico como sumiller o si deseas ganar el Nobel, la respuesta a la pregunta «¿te consideras afortunado?» siempre debería ser afirmativa. Porque el primer paso para tener suerte en la vida es una actitud positiva. No se trata de nada místico ni mágico. Lo que pasa es que, cuanto más creas en tu capacidad de generar fortuna, más te esforzarás en conseguirla. Construimos una vida con suerte cuando creemos que merecemos ser afortunados.

Pasados unos días, Barnaby y yo seguimos charlando sobre lo que contribuye a la suerte en la vida, y él me habló de un conocido suyo, el doctor George Vaillant, un psiquiatra y profesor que había dedicado décadas a estudiar los ingredientes de una vida próspera. Y no en un sentido teórico. Vaillant supervisó el famoso estudio de Harvard que acompañó a cientos de hombres (sí, solo aceptaban hombres en aquella época) desde los comienzos de la carrera universitaria, en 1938, hasta el final de sus vidas. Es uno de los estudios más extensos que se han llevado a cabo y trataba de definir qué contribuye a una vida sana y feliz.

«Básicamente, trataban de identificar los ingredientes que aportan prosperidad —explicó Barnaby—. George siempre me ha dicho que la respuesta está muy clara. Cuando las personas vuelven la vista atrás, se dan cuenta de que el éxito, la fama y la riqueza no dan la felicidad. Lo que nos hace felices es la calidad de nuestras relaciones humanas.»

El estudio lleva setenta y cinco años en marcha y todavía continúa.[52]

«George dice que las conclusiones del estudio se pueden resumir en seis palabras.»

«¿Que son…?»

«La felicidad es el amor. Punto.»

Me reí. Y eso que solo estudió a los hombres.

El doctor Vaillant descubrió que la felicidad de una persona en su relación sentimental a los cincuenta predice su buena salud a los ochenta mejor que otros marcadores más evidentes como el colesterol. Una relación amorosa no tiene por qué ser todo flores, corazones y tarjetas Hallmark. Al fin y al cabo, toda pareja discute y pasa por momentos compli-

---

52. El doctor Vaillant está ya retirado y luchando contra la enfermedad. La investigación prosigue bajo la supervisión del nuevo director, Robert Waldinger. Alrededor de 1.300 hijos de los participantes originales (chicas incluidas) han accedido a tomar parte en el estudio en curso.

cados. En cambio, una unión afortunada se define por la disposición mutua a estar ahí cuando el otro lo necesita. Los vínculos no sentimentales también son importantes. La capacidad de hacer amigos, de charlar con gente y de contar con los demás contribuye a la felicidad y a la suerte a largo plazo.

Decidí releer algunos de los muchos libros y artículos que el doctor Vaillant había escrito sobre el estudio. El investigador concluía que muchos de los aspectos que normalmente se considerarían indicios de buena suerte —clase social, éxito de los padres, religión— apenas si tienen trascendencia. A partir de cierto nivel, la inteligencia ni siquiera forma parte de la ecuación, como tampoco la ideología política. (Si bien los hombres más liberales disfrutan de mejores relaciones sexuales. No explica por qué.) Lo que de verdad marca la diferencia, según el estudio, son las emociones positivas. El doctor Vaillant insistía en que los sentimientos de amor, esperanza y júbilo no solo son agradables sino esenciales para disfrutar de una vida próspera y también para la supervivencia de nuestra especie.

«Tenemos que cobrar consciencia de nuestras emociones positivas y no dejar de estudiarlas científicamente», afirma.

Siete décadas de estudio llevaron a la conclusión de que para tener suerte en la vida tienes que ser feliz. Reparar en las circunstancias positivas. Y no tener reparos en compartirlas con los demás.

Cuando hablé sobre el tema con Barnaby más extensamente, señaló que el principio según el cual nuestra concepción del mundo modela la suerte y el destino posee hondas raíces espirituales y religiosas. La larga trayectoria de Barnaby en el mundo de la filantropía le había brindado la oportunidad de conocer a algunos de los más importantes líderes religiosos y sociales, incluidos Nelson Mandela, el dalái lama, el rabino Jonathan Sacks, el pastor Rick Warren y el arzobispo Desmond Tutu.

«Todos ellos, de un modo u otro, comparten la idea de que las personas filtramos los acontecimientos a través de nuestros propios puntos de vista. Poseemos un patrón desde el que miramos el mundo. Y ciertas perspectivas favorecen el éxito más que otras.»

Podemos atraer suerte en un plano personal y global transformando nuestros modelos de pensamiento: el patrón con el que percibimos la realidad. Así pues, por ejemplo, hace cien años Mahatma Gandhi enseñó la importancia de combatir la opresión mediante la lucha pacífica en lugar de la violencia. Gandhi creía que nuestras actitudes y creencias construyen nuestro futuro y el de los demás.

«Gandhi pensaba que los pensamientos mudan en actos, los actos se convierten en hábitos y los hábitos definen el destino —me explicó Barnaby—. Así pues, hay una línea directa entre las convicciones de las que partes y el destino que creas para ti.»

Asentí. Me encantó oírle citar a Gandhi, porque hacía unos meses había llevado a cabo un proyecto con el nieto de Mahatma Gandhi, Arun Gandhi. De más de ochenta años en la actualidad, Arun se dedica a divulgar los mensajes de amor y esperanza que aprendió de su abuelo cuando, siendo adolescente, vivió con él en su ashram. Arun cree firmemente en lo que su abuelo le enseñó, que uno debe «ser el cambio que desea ver en el mundo». Sean cuales sean las circunstancias que afrontas, serás capaz de generar suerte para ti mismo y para los demás si vives con esperanza y altas expectativas. Se trata de escoger el futuro favorable que deseas y luego empezar a vivir como si ya hubiera sucedido.

Una actitud positiva posee muchas dimensiones. Creer que la suerte te sonríe no implica que todo vaya de maravilla a diario. Sin embargo, sí requiere ampliar las miras. Gandhi pasó muchos días (y semanas y años) en la cárcel pero transformó sus dificultades en fortuna a base de pasión y la convicción de que podía forjar un futuro mejor.

Barnaby me señaló que las personas con una actitud negativa tratan de evitar la desgracia mostrándose recelosas y desconfiadas.

«Sin embargo, en este mundo ya no basta con evitar la mala suerte —dijo—. Hace falta optimismo para ser afortunado y seguir adelante con esperanza.»

Ahora que estábamos estudiando el tema de cómo crear un destino próspero, Barnaby me preguntó si me gustaría conocer a Deepak Chopra, el gurú de la espiritualidad y la *New Age* con el que había empezado a trabar amistad. Barnaby ya me había hablado de Chopra y a mí me extrañaba que un científico serio como él sintiera tanto interés en algunas de las ideas del médico y escritor. Barnaby me explicó ahora que la concepción de Chopra sobre lo que implica una vida con suerte incluye descubrir los propios talentos y concederse a uno mismo la oportunidad de seguir su propio camino. Chopra aportó un punto de vista más racional a los tópicos sobre el karma al afirmar que, cuando haces lo posible por aumentar la felicidad y el éxito de los demás, estás sentando las bases de tu propia suerte.

Así pues, una tarde de lluvia, Barnaby y yo nos encaminamos al centro que Chopra tiene en Nueva York, conocido como el Hogar de Deepak. Aguardamos en su confortable oficina hasta que Deepak llegó puntual a nuestra cita, con aspecto relajado y sorprendentemente moderno, con pantalones y camisa negros, un chaleco Patagonia de color rojo y deportivas rojas a juego. Sus gafas negras estaban tachonadas de brillantes, llevaba una pulsera de plata en una muñeca y una Fitbit roja en la otra. Parecía el Elton John de los gurús, pero también intuitivo, considerado y original. Me cayó bien al instante. No hizo el menor aspaviento cuando le preguntamos qué significaba, en su opinión, aspirar a tener suerte en la vida en un sentido profundo. (Puede que, siendo quien es, le formulen a diario preguntas del estilo: ¿cuál es el sentido de la vida?).

«Yo creo que somos nosotros los que damos sentido y propósito a la vida en función de nuestro estado de consciencia —respondió—. Como seres humanos, creamos constructos a los que llamamos realidad, pero tan solo podemos acceder a la experiencia.»

Para demostrar a qué se refería, sacó el móvil y buscó un vídeo que le había enviado alguien ese mismo día, en el que se veía a un niño pequeño jugando con una peonza de colores. El niño la golpeaba una y otra vez para hacerla girar, sin entender del todo qué era pero igualmente maravillado.

«¿Qué es la experiencia? —preguntó Deepak retóricamente. A continuación, señalando el vídeo, prosiguió—: Esto es la experiencia: alegría, curiosidad, extrañeza, espontaneidad, atemporalidad y diversión. Él no distingue entre "yo" y "el otro". Tan solo es consciente de la experiencia misma.»

Deepak nos reveló que alberga una idea muy interesante sobre lo que implica «fluir». Los psicólogos a menudo emplean la palabra para describir el estado al que acceden los artistas o los músicos (o quien sea) cuando se involucran tanto en un proceso creativo que el tiempo desaparece y se tornan uno con su obra. Deepak concibe el término en un sentido todavía más amplio. Para él, fluir es «sumirse espontáneamente en el momento, sin remordimientos ni expectativas de futuro, sin sensación de ser un ente separado de tu obra».

Todos hemos vivido esos instantes en los que el tiempo parece volar y, en lugar de darle vueltas a la cabeza y preocuparnos, nos sentimos sencillamente en paz. ¿Es esa la base de una vida con suerte?

«Fluir te hace sentir profundamente vivo y, en consecuencia, genera una alegría intensa —explicó Deepak—. Puede que eso sea, al cabo, lo que todo el mundo busca, ya sea a través del sexo tántrico, de la biorretroalimentación, de la poesía de Rumi o de la realidad virtual o inventada.»

«O, en algunos casos, acumulando dinero», bromeó Barnaby.

Sea cual sea el enfoque que escojas, si el presente te procura alegría y tienes la sensación de que estás haciendo exactamente lo que deseas, es posible que hayas dado con la fuente de la buena suerte existencial definitiva.

«Habida cuenta de la diversidad de opciones, ¿qué actividad prefiere usted para experimentar la sensación de fluir?», le pregunté a Deepak.

Se encogió de hombros.

«Paso mucho tiempo paseando a solas por la calle, meditando y escribiendo. Creo que todos buscamos disfrutar de la paz mental que procuran la alegría, la levedad del ser y la espontaneidad natural.»

El escritor señaló también que muchos de nosotros nos enzarzamos en ideas preconcebidas de lo que está bien y lo que está mal, pero «lo que para una persona es una experiencia maravillosa puede no serlo para otra. Los seres humanos somos criaturas contradictorias y tendemos a ponernos en plan santurrón a la hora de definir el bien o la suerte».

Le confesé a Deepak que en ocasiones desearía haber estudiado astrofísica para poder conocer más a fondo el universo y todos los elementos que influyen en la suerte existencial. Pero él sacudió la cabeza y me dijo que ese no era el camino para encontrar el conocimiento que buscaba.

«El último modelo del universo incluye dos billones de galaxias, setecientos mil trillones de estrellas y billones y billones y billones de planetas. La Tierra no sería ni un grano de arena en las playas de este modelo», aclaró.

Y sin embargo tan solo podemos abarcar las experiencias que vivimos a diario. Deepak reconoció que incrementamos nuestra suerte (y la del mundo) cuando buscamos los aspectos positivos y tratamos de remplazar los negativos por otros más constructivos. Escribió en cierta ocasión que el estado de ánimo sigue al pensamiento, así que no nos conviene albergar ideas tristes. Una vez que nos embarga la ansiedad, cuesta mucho salir de ahí. Si potencias tu buen humor, tendrás más posibilidades de fluir, atraer suerte y disfrutar de una sensación de dicha.

Cuando nos marchamos, le confesé a Barnaby que me había encantado conocer a Deepak. Carismático sin proponérselo, ha buscado su propia suerte en la vida ayudando a los demás a entender mejor el mundo, y ahora entendía por qué tiene tantos seguidores. No teme razonar de un modo que desafía la sabiduría convencional.

«Si le he entendido bien, nos dice que, a través de nuestros pensamientos y actos, podemos modelar el mundo y nuestra propia felicidad.»

«Y esa felicidad es la base de una vida con suerte», concluí yo. «Exacto —asintió Barnaby—. Cada cual es responsable de sus propios actos y también de su manera de pensar. Soy yo el que decide mirar el mundo a través de un prisma positivo o negativo. Las consecuencias de mi forma de interactuar con el mundo pueden ser dichosas o desastrosas. Depende enteramente de mí.»

Cuando tenía poco más de veinte años, conocí a un hombre llamado Tom que era listo, inteligente e increíblemente trabajador. Había triunfado en varios proyectos y parecía destinado a grandes cosas. Me llevaba unos cuantos años y estaba poniendo fin a un matrimonio que había funcionado mal desde el principio. Acababa de dejar una enorme casa en las afueras de Maryland para mudarse a un minúsculo estudio en Manhattan. Una tarde, cuando acudí a visitarlo, lo encontré sentado en la cama (no había más sitio para sentarse). Mencionó que uno de los armarios de su antigua casa era un poco más grande que su nuevo apartamento.

«Pero, en realidad, no necesito nada más —me confesó con tranquilidad—. ¿Para qué quiero otra cosa? El gran armario y la enorme casa no me hacían feliz. Aquí tengo todo lo que quiero. Me siento muy afortunado.»

En aquel entonces, me quedé perpleja al oír el comentario. Tom era una de las personas más ambiciosas que conocía y sin duda ansiaba algo más que un estudio donde vivir. Pese a todo, parecía sereno y sincero cuando miró a su alrededor y proclamó su satisfacción. Solo ahora entiendo su reflexión en toda su magnitud. Me estaba revelando uno de los secretos que definen la suerte en la vida. Tom poseía persistencia, ambición y energía creativa a manos llenas. Sin embargo, comprendía intuitivamente que todo el mundo comete errores y sufre golpes del destino, pero él no pensaba permitir que ningún revés mermara su actitud positiva. Tom siempre vería el lado bueno de lo que tenía y de todo aquello que emprendía.

Puede que, más que ninguna otra cosa, la capacidad de ver la parte positiva de cualquier situación sea la clave de la suerte en la vida.

Mi amistad con Tom se prolongó a lo largo de los años y se puso en contacto conmigo cuando lo nombraron director ejecutivo de un importante banco de inversión. Un día me invitó a comer en el rascacielos en el que trabajaba. En una mesa para dos, en el comedor privado de la planta de los ejecutivos, contemplamos las vistas del vasto río en el que se yergue la estatua de la Libertad. El mundo entero parecía estar —literal y metafóricamente— a sus pies.

«Siempre has sido capaz de ver el lado bueno de las cosas, pero ahora no tienes que mirar muy lejos —observé, al tiempo que señalaba la ventana.»

Se encogió de hombros con modestia.

«En la vida hay momentos buenos y momentos malos, y no te puedes aferrar demasiado a unos ni a otros.»

Mencionó un poema de Rudyard Kipling que siempre le había inspirado. Habla de mantener intacta la firmeza cuando todos vacilan y te culpan por ello.

Asentí, por cuanto me había citado sus versos favoritos del poema varias veces a lo largo de los años.

«Si el triunfo y el desastre no te dominan y los tratas a ambos como dos impostores», recité.

Me miró sorprendido… y soltó una carcajada.

«Supongo que he repetido esas frases una y otra vez. Pero me parece importante afrontar el triunfo y el fracaso del mismo modo. Haces lo que puedes por tener suerte en la vida pero, pase lo que pase, lo único que controlas es tu propia actitud.»

Como para poner a prueba su teoría, la gigantesca compañía de inversiones quebró unos años más tarde.[53] Tom estaba destrozado. No sabía qué hacer a continuación y se sentía como vagando por un yermo. Sin embargo, finalmente aterrizó en lo más alto de otra gran institución financiera. Cuando acudí a comer con él un día, las vistas de su nuevo comedor privado eran aún más espectaculares.

«Has caído de pie», observé mientras un camarero de uniforme entraba y salía en silencio.

Tom se mostró tan realista como de costumbre.

«Ya conoces mi actitud respecto al triunfo y el desastre», respondió con una sonrisa.

Tom me enseñó una importante lección: pase lo que pase, eres tú quien decide si tienes suerte en la vida o no. Él mantenía la misma filosofía tanto si se encontraba en un salón del empíreo como en el estudio más modesto del mundo. Sumaba a su actitud positiva una ambición bien enfocada, y desde ahí aceptaba cualquier desafío que le saliera al paso.

Pocos días después de la conversación con Deepak Chopra, tomé un taxi al aeropuerto con motivo de un rápido viaje de negocios. Por lo general, clavo la vista en la pantalla del móvil cada vez que tengo un momento libre (¿y quién no?), pero había pensado tanto en la suerte y en la importancia de reparar en el entorno que decidí guardarlo y mirar por la ventanilla.

---

53. Tom era un alto ejecutivo de Lehman Brothers. En 2008, mientras rescataba a una institución financiera tras otra, el Gobierno de Estados Unidos dejó caer a Lehman. Las razones de esta segregación nunca han quedado del todo claras. Muchos creen que el cierre del gigante propició la crisis financiera global.

A las siete de la mañana hay poco tráfico y el taxi avanzaba a buena velocidad. La mañana era fresca y grandes nubarrones grises tapaban el cielo azul. Pero, según observaba el paisaje, avisté cómo un rayo de sol, por detrás de las nubes, iluminaba una zona del cielo en una imagen que recordaba a las representaciones de la presencia divina en las pinturas del Renacimiento temprano. Instantes después el sol, liberado de la nube, asomó por completo y súbitamente un despliegue de brillantes reflejos encendió el estrecho río que estábamos cruzando. La titilante luz salió disparada en todas direcciones. La escena fue sobrecogedora. Al momento otra nube tapó el sol y el efecto desapareció.

Mientras proseguíamos el trayecto, la ciudad de Nueva York, por lo general ruidosa y violenta, se me antojó callada y vulnerable. Sin el bullicio de la gente y los coches, el paisaje se tornaba frágil, los puentes y los edificios apenas más sólidos que un juego de construcción infantil. Había tenido la suerte de ver los fuegos artificiales del sol... porque estaba mirando. Sin embargo, sabía que el azar podía actuar en mi contra también. Un meteorito podía caer del cielo, el frágil puente se podía desplomar, las vidas que tan cuidadosamente construimos tal vez se deshicieran se súbito igual que castillos de arena. Yo no podía hacer nada para evitar la contingencia salvo estar preparada para ella.

Sin dejar de mirar por la ventanilla comprendí que es imposible controlarlo todo en esta vida, pero sí poseemos más control del que creemos. Escogemos nuestras oportunidades, nuestras perspectivas, el rumbo que tomamos en la existencia. A la postre, ¿qué es la vida sino las personas que amamos y las experiencias que compartimos con ellas? Creamos nuestra propia suerte a través de la dicha que recogemos y repartimos. Aprendemos a tratar el triunfo y el fracaso de igual modo y a buscar fortuna en lo que sea que nos depara el camino.

La suerte no es un momento aislado en el tiempo sino toda una vida de instantes que nosotros mismos propiciamos. Yo no creé el sol en el agua, pero me concedí permiso para alzar la vista y apreciarlo. Todos podemos encontrar rayos de sol como esos. Y cada vez que lo hacemos estamos creando nuestra propia suerte.

Agradecimientos

Escribiendo este libro, Barnaby y yo hemos aprendido hasta qué punto necesitamos a los demás para propiciar la suerte. Estamos profundamente agradecidos a Alice Martell, que es una magnífica agente además de amiga, asesora y animadora. Jill Schwartzman es la editora que cualquier escritor desearía: lista, intuitiva y capaz de dejar cualquier capítulo un poco mejor que al principio. Nuestro más sincero agradecimiento al equipo de Dutton, incluidas Amanda Walker, Carrie Swetonic, Liza Cassity, Becky Odell, Elina Vaysbeyn, Alice Dalrymple y Marya Pasciuto, así como Ivan Held, Christine Ball y John Parsley. Muchas gracias también a Marlene Ryan por su ayuda con la logística, a los maravillosos y serviciales bibliotecarios del Yale Club y a todos los amigos que han compartido nuestra emoción ante la idea de aprender a propiciar la suerte.

Llevar a cabo las investigaciones que requería este libro ha sido un placer. Hemos entrevistado a decenas de personas, hemos hablado con expertos de numerosos ámbitos y hemos aprendido algo de cada una de las personas que hemos conocido. Hemos narrado sus historias en estas páginas, así que ya conoces sus nombres, pero queremos agradecer especialmente su tiempo y su amplitud de miras a Martin Seligman, Susan Greenfield, Dan Ariely, Paul Zak, Helen Fisher, Arianna Huffington, Leonard Mlodinow, Josh Groban, Sherry Lansing, Doug Wick, Henry Jarecki, Bob Mankoff y Deepak Chopra.

Muchas personas han compartido su sabiduría con nosotros y han realizado valiosísimas aportaciones a nuestros procesos de reflexión aunque sus ideas no hayan sido mencionadas explícitamente. Nuestro más sincero agradecimiento a Krista Tippett, Steve Mariotti, Howard Gardner, Bill Drayton, Mark Gerson, Dan Goldstein, Michael Mauboussin,

Seth Godin, Stephen Kosslyn, Duncan Watts, Stanley Goldstein, Robert Frank, Tom Scott, Pina Templeton, Monica Seles, John Sculley, Andy Arluk, Paul Irving, Rick Von Feldt, Pun-Yin, Lynne Flynn, Charlotte Lee, Isaiah Kacyvenski, Marty Marcus, Gail Marcus, Patty Neger y Reb y Amy Rebele.

Barnaby lleva largos años desarrollando sus ideas sobre la suerte y el riesgo, que han sido perfiladas por las conversaciones con grandes pensadores, incluidos Ernst Mayr, Jonathan Sacks, Martin Nowak, John Krebs, Richard Dawkins, John Cacioppo, Jeff Epstein, Howard Nussbaum, Piet Hut, David Krakauer, John Bogle, John Templeton, Leon Cooperman, Freeman Dyson, Matthew Bishop, John Brockman, Joi Ito, Ned Phelps, Linda Stone, Je Hyuk Lee, Judea Pearl, Michael Shermer y Nolan Bushnell. El viaje no habría sido el mismo sin sus ideas e inspiración.

Ambos hemos pasado horas y horas pegados al portátil, trabajando y pensando, pero alzar la vista al final del día y encontrarte rodeado de tu increíble familia lo cambia todo. Abrazos inmensos a nuestros maravillosos hijos, que nos proporcionan dicha y nos hacen sonreír a diario. Y a nuestras parejas —mi marido, Ron, y la mujer de Barnaby, Michelle— todo nuestro amor y agradecimiento. Vosotros nos ayudáis a comprender lo que significa tener suerte en el amor.

Notas

Capítulo 1: Prepárate para ser afortunado

El microbiólogo francés Louis Pasteur salvó millones de vidas en el siglo XIX (y hasta hoy) al inventar el proceso para pasteurizar la leche y más tarde crear una vacuna contra la rabia. Pasteur, una de las primeras personas que entendió los mecanismos por los cuales los microbios causan la enfermedad, rechazó ideas científicas (incorrectas) que el mundo arrastraba desde tiempos de Aristóteles. A esos que se asombraron ante sus descubrimientos les respondió con la famosa frase: «la suerte acompaña a las mentes preparadas». Y, en efecto, sus avances fueron fruto de años de complejos experimentos en sus laboratorios de Estrasburgo y Lille, en Francia. Gracias a su concienzuda preparación, fue capaz de generar suerte para sí mismo y para millones de personas.

Capítulo 3: Elige a qué grupo de las estadísticas quieres pertenecer

El problema de la fiesta de cumpleaños únicamente se considera una paradoja porque la mente no comprende intuitivamente los exponentes y las estadísticas. La cuestión es: ¿cuántas personas hacen falta para que dos de ellas cumplan años el mismo día? Resulta que si reúnes a 23 personas en una sala, hay un 50 por ciento de probabilidades de que dos de ellas nacieran en la misma fecha. Si reúnes a 70 personas, la probabilidad aumenta al 99,9 por ciento.

El primer escollo es la tendencia a inferir, a partir de la coincidencia, que alguien debe de cumplir años el mismo día que tú. En una reunión de 23 personas, compararías tu caso con los otros 22 (tú y la persona A, tú y la persona B, tú y la persona C) para saber si alguien comparte cumpleaños contigo. Sin embargo, hablamos de algo distinto. Quédate al margen, porque es posible que el tipo que tienes al lado cumpla años el mismo día que la chica de ahí enfrente. Si los comparas a todos con todos (A con B, A con C, B con C...), hay 253 posibilidades de que se produzca la coincidencia.

Los matemáticos dicen que el enfoque más sencillo consiste en darle la vuelta al problema y buscar cuántas personas *no comparten* cumpleaños. Como hay 365 días en un año (sin contar el 29 de febrero), la probabilidad de que A no comparta cumpleaños con B es de 364/365 (o de un 99,7 por ciento). Ya hemos explicado que en una reunión de 23 personas habrá que efectuar 253 comparaciones, de modo que la ecuación se convierte en $(364/365)^{253}$. Con una buena calculadora, descubrirás que las probabilidades de que no se dé ninguna coincidencia son de 49,95. Y eso implica una posibilidad del 50,05 por ciento de que dos personas compartan cumpleaños. ¡Bravo! Has demostrado que, en una reunión de 23 personas, las probabilidades de que dos hayan nacido en la misma fecha superan el 50 por ciento. Haz los cálculos con 70 personas y la probabilidad aumentará al 99,9 por ciento. Conseguir el cien por cien ya es otra historia. Para eso necesitas 366 personas.

Capítulo 4: Calcula la trayectoria del disco y patina hacia allí

La conversación de Gretzky se ha adaptado de su autobiografía: *Gretzky: An Autobiography*, HarperCollins Publishers Canada, 1990.

Según los datos ofrecidos por la compañía de auditoria de información Nielsen, pertenecientes a 2016, los estadounidenses pasan una media de cuatro horas y 31 minutos al día mirando la televisión, además de otros 58 minutos viendo películas en soporte DVD o Blue-ray. La media de tiempo dedicado a aplicaciones y páginas web en los teléfonos inteligentes es de 39 minutos, y de 31 minutos en tabletas. Las cifras varían enormemente para los grupos de edad que abarcan de doce a diecisiete años y de dieciocho a veinticuatro. En esos casos, el tiempo ante la tele se reduce a la mitad, pero el dedicado a los teléfonos se duplica.

El análisis de *The New York Times* según el cual solo un 20 por ciento de estadounidenses vive a más de dos horas de trayecto en coche del hogar materno, apareció en el boletín semanal *The Upshot* el 23 de diciembre de 2015 firmado por Quoctrung Bui y Claire Cain Miller. Las personas con menores ingresos y un bajo nivel de estudios tienden a vivir más cerca del hogar materno, tal vez porque la familia extensa puede echar una mano con el cuidado de los hijos y de los mayores. Este tipo de servicios son caros en Estados Unidos y no están financiados por el Gobierno. Las dificultades para desplazarse merman las posibilidades de generar suerte.

La cadena de contactos que intervino en Facebook se describe en *The Facebook Effect*, de David Kirkpatrick, Simon & Shuster, 2010. [*El efecto Facebook*, Gestión 2000, 2011.]

La distribución libre e ideal es el principio por el cual los organismos se distribuyen en función de la prevalencia de oportunidades o recursos. En el mundo natural, las zonas ricas en recursos atraen y sostienen poblaciones más amplias que las áreas de recursos más precarios. Cuando un paraje incluye distintas condiciones localizadas, los organismos (plantas, animales u hombres en busca de un ligue) no se distribuyen de manera uniforme.

Capítulo 6: Avanza en zig cuando otros se mueven en zag

La tendencia de James Watson a forzar los límites le ayudó a ganar el premio Nobel, pero también suscitó gran polémica. Sus comentarios sobre la inteligencia y la raza en 2007 generaron tal escándalo que fue obligado a dimitir de al menos uno de sus proyectos científicos. Sufrió tal ostracismo que llevó su medalla a la casa de subastas Christie's para ponerla en venta porque, según dijo en aquel entonces, «nadie quiere reconocer que existo». Un multimillonario ruso pagó más de cuatro millones de dólares por la medalla y se la devolvió al doctor Watson diciendo: «Este premio por el descubrimiento de la estructura del ADN le pertenece».

Los antecedentes de *American Idol* en la televisión británica incluían *Pop stars* y *Making the band*. A Mike Darnell le encantaba *Making the band* y pensaba que las audiciones eran la parte más interesante del programa. De ahí que le emocionara tanto la idea de emitir *American Idol*, porque se centraba sobre todo en el *casting*.

Los biólogos británicos P. M. Driver y D. A. Humphries escribieron el libro *Protean Behaviour: The Biology of Unpredictability*, Oxford University Press, 1988, del que procede la información expuesta.

El psicólogo Stanley Milgram despertó el interés internacional con la investigación que llevó a cabo en 1967. Envió paquetes a 160 personas de Omaha, Nebraska, y les pidió que los reenviaran a gente que conocieran personalmente, con la intención de que cierto corredor de bolsa los recibiera finalmente en Boston. Si bien el proyecto adoleció de algunos fallos, Milgram concluyó que el paquete medio había pasado por las manos de cinco intermediarios antes de llegar a su destino (seis grados del principio al final). Ahora bien, la idea no era del todo original. El escritor húngaro Frigyes Karinthy publicó una historia en 1929 en la que sugería que cualquiera de los mil quinientos millones de personas del mundo (en aquel entonces) estaba conectada con todas las demás a través de cinco enlaces. El concepto ha sido adaptado a distintas versiones. En 1999, tres chicos aparecieron en *The Daily Show with Jon Stewart* para explicar que todo el mundo en Hollywood estaba conectado con el actor Kevin Bacon. O bien habían trabajado con él o conocían a alguien que había trabajado con él. *A seis grados de Kevin Bacon* se convertiría más tarde en un libro, un juego de mesa y la sintonía de un programa de televisión. Si bien Bacon al principio trató de distanciarse de la historia, al final participó en el juego. (¿Cómo negarse? Está a cero grados de Kevin Bacon.)

Capítulo 7: El poder de la persistencia y la pasión

El estudio en el que se basó Daniel Kahneman se realizó en un principio para evaluar el impacto de la educación superior en la vida. Pero Kahneman analizó los datos con mayor profundidad para extraer sus interesantes conclusiones. Las describe en el premiado libro *Thinking, fast and slow*, Farrar, Straus y Giroux, 2001 [*Pensar rápido, pensar despacio*, Debate, 2012].

Dada la increíble cantidad de dibujos que recibe Bob Mankoff cada semana, los rechazados pueden tener suerte igualmente si los eligen para uno de los libros que reúnen las viñetas descartadas de *The New Yorker*. Uno de los más conocidos es *The Rejection Collection: Cartoons You Never Saw and Never Will See in The New Yorker* (Gallery Books, 2006). Se hizo tan popular que se publicó una segunda parte, esta subtitulada *The Cream of the Crap* (Gallery Books, 2007). Entretanto, el dibujante de *The New Yorker* Sam Gross dice que ha numerado todas las viñetas que ha enviado a la revista a lo largo de las últimas décadas, y ya ha contado doce mil rechazos.

El doctor Martin Seligman empezó investigando cómo se desarrolla la sensación de indefensión. Al cabo del tiempo le dio la vuelta al tema para estudiar cómo favorecer una mentalidad positiva. Escribió un libro muy importante sobre el tema, *Learned Optimism*, Alfred A. Knopf, 1991 [*Aprenda optimismo*, Debolsillo, 2017]. Siguió perfilando sus ideas sobre psicología positiva en varios libros, incluidos *Authentic Happiness: Using the New Positive Psychology to Realize Your Potential for Fasting Fullfillment*, Free Press, 2002 [*La auténtica felicidad*, Zeta bolsillo, 2011] y *Flourish: A Visionary New Understanding of Happiness and Well-being*, Free Press, 2011.

Capítulo 8: ¿A cuántas cartas te juegas el futuro? (¿Y cuántas barajas tienes?)

La historia de Fred Smith se narra en el libro *Changing How the World Does Bussiness: FedEx's Incredible Journey to Succes: The Inside Story*, de Roger Frock, Berrett-Koehler Publishers, 2006. Frock es un antiguo vicepresidente de operaciones de FedEx y el tipo que mantuvo la conversación con Smith tras el fin de semana del casino.

Capítulo 9: El golpe de suerte que de verdad importa

El problema del centavo mágico es un ejemplo del poder del crecimiento exponencial. Si te limitaras a sumarle un centavo cada día, tardarías más de 27.000 años en conseguir diez millones de dólares. Ahora bien, si duplicas la cantidad todo cambia. Empiezas a la baja y la primera semana el centavo se convierte en 2 centavos, 4, 8, 16, 32, 64 centavos. Hasta ese momento nada para tirar cohetes. Pero he aquí el aspecto que tendría la progresión en el ciclo completo del mes de marzo:

1 de marzo: 0,01 dólares
2 de marzo: 0,02
3 de marzo: 0,04
4 de marzo: 0,08
5 de marzo: 0,16
6 de marzo: 0,32
7 de marzo: 0,64
8 de marzo: 1,28
9 de marzo: 2,56

10 de marzo: 5,12

11 de marzo: 10,24

12 de marzo: 20,48

13 de marzo: 40,96

14 de marzo: 81,92

15 de marzo: 163,84

16 de marzo: 327,68

17 de marzo: 655,36

18 de marzo: 1.310,72

19 de marzo: 2.621,44

20 de marzo: 5.242,88

21 de marzo: 10.485,76

22 de mazo: 20.971,52

23 de marzo: 41.943,04

24 de marzo: 83.886,08

25 de marzo: 167.772,16

26 de marzo: 335.544,32

27 de marzo: 671.088,64

28 de marzo: 1.342.177,28

29 de marzo: 2.684.354,56

30 de marzo: 5.368.709,12

31 de marzo: 10.737.418,24 dólares.

Te conviene más aceptar el juego en marzo (31 días) que en febrero (28 días) porque, como muestra la progresión, la diferencia sería de más de nueve millones de dólares. Una vez que comienzan las grandes cifras, los números aumentan a toda velocidad. Por supuesto, si conoces a alguien que te lo ofrezca de verdad y no solo en teoría, llámanos.

El desglose geográfico de los galardonados con los premios MacArthur es muy interesante. Los estados más poblados del país son actualmente California, Texas, Florida y Nueva York, por este orden. Si analizamos el lugar de nacimiento de los premiados MacArthur, veremos que Florida y Texas se encuentran al final de la lista, y las cifras se reducen aún más entre los ganadores que vivían en esos estados en el momento de recibir el premio. Nueva York, que ocupa el cuarto lugar en cuanto a población, ostenta el primer puesto tanto en ganadores oriundos del estado como en afincados en él en el momento de recibir el galardón.

Capítulo 11: Afortunado en amores

El estudio de Helen Fisher sobre la dopamina se publicó en 2005 en *Journal of Comparative Neurology* (493:58-62). El artículo se titulaba «Amor romántico: una observación fMRI del mecanismo neurológico en la elección de pareja». Dirigió la investigación con Arthur Aron, del departamento de Psicología de la Universidad del Estado de Nueva York-Stony Brook, en el departamento de neurología y neurociencia de la Facultad de Medicina Albert Einstein de Nueva York.

Capítulo 14: La ambulancia en la puerta de casa

El estudio de la Escuela de Salud Pública de Harvard apareció en 2009 en la publicación online *PLOS*. Fue dirigido por investigadores de la misma escuela y contó con la colaboración de la Universidad de Toronto y la de Washington.

La información sobre los ataques de tiburones y otras desgracias provocadas por animales en Estados Unidos entre 2001 y 2013 procede de la base de datos CDC Wonder, un recurso desarrollado por los Centros de Prevención y Control de Enfermedades que ofrece datos sobre salud pública.

Las citas del doctor James Andrews y del doctor Christopher DiGiovanni proceden del artículo «Sports Medicine Said to Overuse M.R.I.'s», de Gina Kolata, que apareció en *The New York Times* el 28 de octubre de 2011.

El teorema de Bayes se formula matemáticamente mediante la ecuación siguiente:

$$P(A/B) = \frac{P(B/A)P(A)}{P(B)}$$

Donde A y B son eventos y $P(B) \neq 0$.

- ✧ P(A) y P(B) son las probabilidades de observar A y B de manera independiente.
- ✧ P(A/B), una probabilidad condicional, es la probabilidad de observar el evento *A* en caso de que *B* sea verdadero.
- ✧ P(B/A) es la probabilidad de observar el suceso *B* en caso de que A sea verdadero.

Vale, es un tanto lioso. Pero los cálculos funcionan y la idea principal es que debes tener en cuenta las probabilidades de distintos tipos de eventualidades antes de obtener una predicción ajustada. Por eso, en el ejemplo que ofrecíamos, una prueba médica positiva que posee una fiabilidad del 90 por ciento podría significar igualmente que tus probabilidades de sufrir la enfermedad son del 1 por ciento.

Los estudios sobre la salud de los estadounidenses aparecieron en la publicación inglesa de temas médicos *The Lancet*. Otro estudio, publicado en abril de 2016 en la revista *JAMA*, muestra las diferencias de longevidad de los estadounidenses en función del lugar de residencia. Los más pobres de las grandes ciudades tienden a una esperanza de vida similar a la de sus vecinos de clase media.

La estimación de que la longevidad depende de los genes en un 25 por ciento aparece en el artículo «Human Longevity: Genetics or Lifestyle? It Takes Two to Tango» de Giuseppe Passsarino, Francesco De Rango y Alberto Montesanto, publicado en *Immunity and Ageing* en 2016.

Varios multimillonarios de Silicon Valley invierten enormes sumas de dinero en proyectos que intentan alargar la esperanza de vida. Google destinó mil millones de dólares a lanzar una empresa denominada Calico (por California Life Company), que se dedica a investigar intervenciones para retrasar el envejecimiento y contrarrestar las enfermedades relacionadas con la edad. Numerosas empresas de biotecnología emergentes y laboratorios de investigación estudian también cómo incrementar nuestra suerte mediante una vida más larga (y sana).

Capítulo 15: Cómo ser afortunado en caso de catástrofe
(natural o de otro tipo)

Cita de Stephen Grosz extraída de *The Examined Life: How We Lose and Find Ourselves*, W. W. Norton, 2013 [*La mujer que no quería amar y otras historias sobre el inconsciente*, Debate, 2014].

Cita del piloto John Wiley (e información sobre el inaudito caso del vuelo 1549) extraída del artículo «What Went Right: Flight 1549 Airbus A-320's Ditch into the Hudson», publicado en *Popular Mechanics* el 30 de septiembre de 2009.

El estudio de 568 accidentes de vuelos comerciales sucedidos entre 1983 y 2000, que implicaron a 53.487 pasajeros, reveló que 52.207 habían sobrevivido. La información apareció en «Survivability of Accidents Involving Part 121 U.S. Air Carrier Operations, 1983 through 2000», un informe publicado por el Consejo de Seguridad de Transporte Nacional en marzo de 2001.

Cita de Joan Didion extraída de su libro *The Year of the Magical Thinking*, Alfred A. Knopf, 2005. [*El año del pensamiento mágico*, Random House, 2015.]

Capítulo 16: El camino de la suerte: busca tu brújula

La cita de Joi Ito procede del libro *Whiplash: How to Survive Our Faster Future*, escrito con Jeff Howe, Grand Central Publishing, 2016.

Capítulo 17: Cómo ser un privilegiado: convéncete de que puedes generar buena suerte

Más sobre las conclusiones de George Vaillant en su libro *Spiritual Evolution*, Harmony Books, 2008. [*La ventaja evolutiva del amor*, Ridgen, 2017.]

El Hogar de Deepak, donde visitamos al escritor y pensador, está ubicado en el complejo ABC Carpet & Home, unos maravillosos almacenes situados en Manhattan, en el cruce entre la calle 19 y Broadway. Algunas de las ideas que hemos incluido proceden de su libro *The Seven Spiritual Laws of Succes: A Practical Guide to the Fulfillment of Your Dreams*, New York Library, 1994. [*Las siete leyes espirituales del éxito*, Edaf, 1996.]

Acerca de los autores

Janice Kaplan ha ejercido con enorme éxito de editora de publicaciones, productora de televisión, escritora y periodista. Antigua jefa de redacción de la revista *Parade*, Janice ha escrito trece libros de gran popularidad, incluido el superventas *El diario de la gratitud*, que ha merecido el aplauso internacional. Aparece regularmente en programas de televisión. Vive en la ciudad de Nueva York y en Kent, Connecticut.

Barnaby Marsh es experto en asunción de riesgos. Como investigador Rhodes en Oxford, es pionero en el estudio de la toma de decisiones en situaciones complejas. Ha colaborado profesionalmente con grandes corporaciones, filántropos e importante fundaciones. Actualmente prosigue sus investigaciones académicas en el Programa de Dinámicas Evolutivas de Harvard y en el Instituto de Estudios Avanzados de Princeton. Vive en la ciudad de Nueva York.